# 누가,
# 학교폭력 해결을
# 가로막는가?

**교육부 어울림 프로그램 비판**

# 누가,
# 학교폭력 해결을
# 가로막는가?

교육부 어울림 프로그램 비판

초판 1쇄 인쇄  2019년 7월 26일
초판 1쇄 발행  2019년 8월  8일

지은이 문재현 김수동 최진숙 이명순 김명신 서영자 허정남 임오규 김미자 신용대 김두환 윤재화
펴낸이 김승희

기획 정광일
편집 조현주
북디자인 김정숙

인쇄제본 (주)현문
종이 월드페이퍼(주)

주소 서울시 양천구 목동동로 293, 22층 2215-1호
전화 02) 3141-6553
팩스 02) 3141-6555
출판등록 2008년 3월 18일 제313-1990-12호
이메일 gwang80@hanmail.net
블로그 http://blog.naver.com/dkffk1020

ISBN 979-11-5930-109-4  03370

이 도서의 국립중앙도서관 출판예정도서목록(CIP)은
서지정보유통지원시스템 홈페이지(http://seoji.nl.go.kr)와
국가자료종합목록시스템(http://www.nl.go.kr/kolisnet)에서 이용하실 수 있습니다.
(CIP제어번호 : CIP2019029085)

# 누가, 학교폭력 해결을 가로막는가?

## 교육부 어울림 프로그램 비판

문재현 김수동 최진숙 이명순 김명신 서영자 허정남
임오규 김미자 신용대 김두환 윤재화 지음

살림터

2018년 대전교육청에서 학교폭력을 예방한다면서 공식 SNS에 올린 카드 뉴스가 논란이 된 적 있다. 카드 뉴스는 '가해 학생의 표적이 될 수 있는 말과 행동을 주의하기', '지나치게 자기 뜻대로만 하거나 잘난 척하지 않기', '"싫다"라는 의사표현은 부드럽고 단호하게 전달하기', '스스로 누군가의 좋은 친구가 되도록 노력해 보기', '친구들과 다양한 활동으로 어울려 보기' 등 다섯 가지 방법을 삽화, 사진과 함께 제시했다. 이 게시물이 올라오자 여론이 들끓었다.

"피해 학생을 두 번 울리는 것이다."

"가해자를 위한 학교를 만들려고 하는 것이냐."

"학교폭력 원인 자체를 가해자가 아닌 피해 학생들에게 있다는 것은 2차 가해다."

비판의 목소리가 넘쳐났다. 급기야 해당 교육청에서는 카드 뉴스에 피해자를 탓하는 내용이 들어갔다는 것을 인정하고 공식 사과문을 발표한 뒤 게시 글을 삭제했다. 하지만 대전교육청의 카드 뉴스는 지금도 SNS에 돌아다니고 있다.

대전교육청의 사례는 빙산의 일각이다. 지금 교육부와 교육청에서 진행하고 있는 학교폭력 예방 프로그램인 어울림 프로그램에는 대전교육청에서 문제가 된 카드 뉴스와 같이 피해자를 탓하는 내용이 넘쳐나기 때문이다.

2013년 박근혜 정부는 핀란드의 왕따 예방 프로그램인 '키바 코울루 프로젝트'의 이름을 따 '한국형 키바 프로그램'이라 하면서 '어울림 프로그램'을 국가수준의 학교폭력 예방 프로그램으로 밀어붙이려고 했다. 우리 평화샘에서는 이 어울림 프로그램이 학교폭력에 대한 제대로 된 진단이 없고, 교사의 자발성을 존중하지 않으며, 사회적 합의 과정이 없다는 것을 비판했다. 하지만 최근에는 별다른 대응을 하지 않았다. 왜냐하면 연구학교 중심으로 진행되었고, 대다수 현장 교사들로부터 아무런 효과가 없다고 외면받고 있기 때문이었다.

그런데 놀랍게도 박근혜 정부에서도 일방적으로 강행하지 못했던 프로그램을 국민의 촛불로 탄생한 문재인 정부에서 추진하는 사태가 발생했다. 특히 정부 정책을 항상 먼저 나서서 시행했던 충북도교육청은 2019년 계획에서 학교폭력 사안 발생 시 가장 먼저 어울림 프로그램 운영 여부를 필수 점검하겠다고 학교장 연수에서 밝혔다.

그래서 평화샘 프로젝트 연구팀에서는 교육부와 충북도교육청에 어울림 프로그램이 국가수준 학교폭력 예방 프로그램으로 자격이 있는지 함께 토론해 보자고 제안을 했다. 이에 대해 교육부는 어울림 프로그램은 이미 검증을 마친 프로그램이라며 함께 논의하는 것을 거부했다. 어떻게 검증을 했느냐고 물었더니, 프로그램에 참여한 학교의 사전·사후 조사 결과를 통해 검증을 했다는 것이었다. 충북도교육청은 교육부에서 진행하는 것이라 따를 수밖에 없다고 하면서 교육부에 문의하라는 이야기만 반복했다.

평화샘 프로젝트 연구팀은 교육부를 비롯한 관계기관과 함께 어울림 프로그램에 대해서 토론하는 것은 어려운 상황이라고 판단하고, 어울림 프로그램을 직접 확인해 보기로 했다.

어울림 프로그램을 살펴보는 것은 고역 그 자체였다. 여전히 제대로 된 진단이 없었고, 이 프로그램, 저 프로그램을 모아서 짜깁기한 조악한 수업지도안일 뿐이었다. 그 내용은 학교폭력의 원인을 개인에게 전가시키고 낙인을 찍고 있으며, 피해자들을 돕는 것이 아니라 오히려 더 힘들게 만들고, 무엇보다 교사들에게 나쁜 선입견을 갖게 하는 독소가 많은 위험한 프로그램이었다.

우리를 더욱 충격에 빠트린 것은 평화샘 프로젝트 시리즈인 『학교폭력, 멈춰!』의 그림과 내용을 무단으로 사용한 것이었다. 국가기관에서 저작권을 위반하는 것도 어이가 없었지만, 앞에서는 우리 평화샘 프로젝트를 모른다고 하고 뒤에서는 버젓이 표절을 하는 교육부와 개발자들의 이중적인 모습에 놀랄 수밖에 없었다.

평화샘 프로젝트 연구팀에서는 교육부와 어울림 프로그램 개발을 맡던 한국교육개발원에 표절에 대한 입장을 듣고 그것을 시정하기 위한 대화를 제안했다. 하지만 교육부와 한국교육개발원은 별로 문제 될 것이 없다면서 계속 대화를 거부하였다.

당초 대화와 토론을 통해 문제를 풀어 보려고 했던 평화샘 연구팀의 생각은 교육부, 17개 시·도 교육청, 한국청소년정책연구원, 한국교육개발원의 거부로 한 치도 앞으로 나갈 수 없었다. 교육부와 한국청소년정책연구원은 겉으로는 별로 문제 될 것이 없다고 하면서 교사용 프로그램은 사이버 연수로 대체하고, 어울림 심화 프로그램은 누리집 자료실에서 내리는 등 겉과 속이 다른 행동을 했다. 심지어 2019년 4월 새로 개발한 어울림 심층 프로그램을 포함한 모든 프로그램을 학교에 비밀번호를 부여하여 교사들만 이용할 수 있도록 꼼수를 부리기도 했다.

도대체 교육부는 왜 이렇게 무리하게 어울림 프로그램을 강행하려고 하는 것일까?

얼마 전 민중을 개, 돼지라고 해서 사회적으로 물의를 일으켰던 교육부 고위관료의 말에서 그 힌트를 찾을 수 있다. 정책은 교육부가 만들고 교사들이나 일반 사람들은 그대로 따라야 한다는 관존민비의 사고가 여전히 남아 있기 때문일 것이다. 이러한 교육부의 태도로 인해 가장 큰 피해를 보는 것은 학생들이다. 학교폭력의 현실을 가장 잘 아는 것은 학생들이다. 따라서 모든 학교폭력 예방 정책의 출발점은 아이들의 목소리를 듣는 것이다. 물론 그 정책과 프로그램을 구체적으로 실행하는 교사와 오랫동안 학교폭력 문제를 연구해 온 전문가들의 목소리도 들어야 한다. 하지만 교육부는 그 어떤 이야기도 들으려고 하지 않는다.

이처럼 교육부가 독이 든 어울림 프로그램을 계속 강행하겠다는 상황에서 평화샘 프로젝트 연구팀은 독은 빨리 제거하는 것이 최선의 길이라는 판단을 하기에 이르렀다. 그래서 변호사와 상의하여 평화샘 프로젝트의 표절에 대해서 민·형사 소송을 제기했다. 그리고 어울림 프로그램의 문제점을 정리하여 시민들에게 알리고, 올바른 학교폭력 예방 프로그램에 대한 사회적 공론화 과정을 만들기 위해서 책을 출간하기로 했다.

지난 몇 달 동안 전국에 있는 평화샘 선생님들은 주말마다 모여 어울림 프로그램을 읽고 토론을 했다. 그리고 그 내용을 바탕으로 글을 쓰고 다듬었다. 그렇게 만들어진 이 책에는 연구원들이 하나씩 주제를 정해 자신들의 경험, 그리고 학생들과 직접 수업을 진행하면서 나온 목소리를 모아서 집필한 글들을 실었다.

이 책을 만들면서 평화샘 프로젝트 연구팀은 학교폭력 문제는 예방과 대처, 치유를 넘어 공동체 창조라는 새로운 비전을 만드는 것임을 확인하였다.

마지막으로 이 책이 나오기까지 고마운 분들을 이야기하려고 한다.

우리를 믿고 자신들 세계의 목소리를 들려준 청소년들. 자신이 겪은 경험을 생생하게 들려준 교사들과 평화샘 교실의 많은 초등학생들. 이 책의 표지 모델 뿐 아니라 이러한 내용의 책을 쓴다고 하니 기꺼이 표지 모델이 되겠다고 나서 주었던 여러 아이들.

어울림 프로그램을 함께 검토하고 민원을 제기하거나 꼼꼼하게 교정 의견을 내주었던 평화샘 교사들에게도 고마운 인사를 전한다.

또한 이 책을 낼 수 있도록 적극적으로 도움을 준 살림터 정광일 사장과 편집부에도 감사의 인사를 전한다. 이 책을 교사, 부모, 상담사, 학교폭력 정책 담당자, 학교폭력 문제에 깊은 관심을 가지고 있는 시민들에게 권한다.

2019년 7월
저자를 대표하여 김수동 씀

차례

# 교육부,
# 학교폭력 문제 해결의 걸림돌

문재현

## 누가 실타래를 엉키게 할까

왕따라는 말을 처음 들은 것은 1995년 무렵이었다. 왕따 현상이 본
격적으로 생겨나기 시작했던 시기이니 늦게 들었던 것은 아니었다.
하지만 그 현상에 대해서 자세히 몰랐고 그것이 피해 아이나 우리
사회에 미칠 영향에 대한 통찰력을 갖지 못했다. 그저 막연히 아이
들 세상에 어른들이 알지 못하는 일들이 생겨나고 있구나 하는 생
각만 했다. 그때 그 징후를 심각하게 인식하고 대처했더라면 좋았
을 텐데, 그러지 못했던 것이 내 삶에 부메랑이 되어 돌아왔다. 아들
둘이 모두 왕따를 당했는데, 어떻게 대처할 줄 몰라 제대로 도와주
지 못했던 것이다. 큰아들은 초등학교 1학년 때 왕따를 당했는데 처
음에는 그것이 왕따인지도 몰랐다. 밝고 자신감 있던 아이가 거칠고
성마른 아이로 변해 가는 과정을 대책 없이 지켜보았을 뿐이다. 중
학교 때도 왕따를 당했는데, 이번에는 자세히 듣고 대처하려고 했지

만 아들은 나를 믿지 않았다. 어차피 어른들은 아이들을 이해도 못하고 아버지가 나를 도울 수 없으니 얘기를 할 필요가 없다는 것이었다. 그래서 아이에게 내가 상처를 준 것에 대해 반복해서 사과하고 전 세계를 다 뒤져서라도 해결 방법을 찾을 것이고 절대 물러나지 않을 거라는 약속을 하고서야 실체를 파악할 수 있었다. 아들은 자신이 왕따가 되기 시작한 순간을 이렇게 글로 정리했다.

> 남자들 가운데 짱이었던 서중이는 여자아이와 놀거나 이야기하면 "너도 여자냐?"면서 놀리고 왕따시켰다. 나도 여자아이와 놀았다는 이유로 남자아이들 사이에서 왕따가 되었다. 사건의 경과는 이랬다. 엄마 심부름으로 여자아이들의 짱인 선영이 집에 찾아갔다. 원래 심부름만 하고 바로 돌아올 생각이었지만 마침 저녁 시간이라 아주머니가 밥이라도 먹고 가라면서 붙잡아서 밥을 먹고 집으로 돌아왔다. 그런데 다음 날 학교에 가 보니 남자애들이 나를 이상한 눈초리로 바라봐서 왜 그렇게 보느냐고 물어봤다. 애들은 내가 여자애 집에 갔다는 이유로 너도 여자라며 날 놀리고 배신자 취급을 했다. 그때부터가 내 지옥의 시작이었다. 애들이 날 왕따시키기 시작한 것도 이때부터다. [1]

놀랍게도 아들은 서중이를 그다지 미워하지 않았다. 서중이는 중

---

1) 문재현 외, 『학교폭력, 멈춰!』, 살림터(2012), 233쪽.

간에 전학을 왔는데 밝고 사교성도 있는 아이였다. 그런데 공부를 못한다고 선생님한테 무시당하고 아빠한테 알려서 맞는 일이 반복됐다고 한다. 서중이는 그때부터 선생님에게 반항하기 시작했고 친구들을 괴롭히면서 자기 말을 듣지 않는 아이를 표적으로 삼아 다른 아이들도 괴롭히게 했다고 한다. 큰아들이 말을 잘 듣지 않으니 남녀 아이들의 대립을 이용해서 왕따를 시켰던 것이다. 그래서 지금도 큰아들은 서중이보다는 당시 담임선생님을 비롯한 어른들에 대한 분노가 더 크다. 큰아들이 왕따를 당한 또 다른 까닭도 있다. 어렸을 때부터 아빠인 나와 항상 놀이를 했고 마을과 뒷산을 나들이하면서 어느 계절에 어디서 어떤 꽃이 피고 그 꽃에 어떤 곤충이 찾아오고, 주변에 어떤 새와 동물들이 있는지 그림처럼 묘사할 수 있었다. 그리고 그 모든 현상을 전래동요와 이야기로 할 수 있었는데, 그것이 다른 아이들에게는 이상한 취미를 가진 아이로 비쳐졌던 것이다.

둘째 아들도 왕따를 당했다. 초등학교 3학년 때였다. 아이의 반에는 여자아이들이 다섯 명이었고 남자아이는 한 명뿐이었다. 처음부터 그런 것은 아니었다. 초등학교 1학년 때는 남자아이가 셋이었다. 그런데 여자아이들에게 괴롭힘을 당하면서 한 명씩 학교를 떠났다. 1학년 때 한 명이 떠났고, 2학년 때도 또 한 명이 떠나서 둘째 아들만 남게 되었던 것이다. 2학년 말 즈음에야 나는 둘째 아들에게 왜 ○○이가 전학을 갔느냐고 물어보았다. ○○이는 여자아이들에게 항상 무시를 당하고 '찐찌버거'라는 별명으로 불렸다고 한다. 그 뜻이 무엇인지 물으니 '찐따', '찌질이', '버러지', '거지'라는 말을 줄인 것이라고 했다.

3학년 때 남자아이 한 명이 남으니 이제는 우리 아이 차례가 된 것이었다. 둘째 아들도 처음에는 이야기를 하지 않았다. 하지만 밝고 이야기를 잘하던 아이가 우울해지고 말이 없어진 것을 보면서 이 징후가 심각하다고 판단했다. 그래서 담임교사를 찾아가 상담을 했는데, 거기서 왕따 현상이 무엇인지 실감할 수 있었다. 아들과 함께 교실로 가고 있는데 반 여자아이 다섯 명이 복도를 다 장악하고 당당하게 걸어왔다. 아들은 그 아이들을 피해서 가려고 구석으로 밀려났다. 그런데 담임교사는 이 현상을 이해하지 못했다. 또한 아이가 항상 비웃음을 당하고 놀이에서 배제되는 것도 애들끼리 흔히 있는 갈등이라고 말했다. 오랜 이야기를 통해서 간신히 담임교사를 설득했지만, 이번에는 교장이 문제였다. 아이들 문제에 어른이 나섰다고 펄펄 뛴다는 것이었다. 그래서 교장 면담을 요청했더니 개인적으로 면담을 할 수는 없고 학교운영위원회, 학교폭력대책자치위원회 합동회의를 열 테니 거기 와서 이야기를 하라고 했다. 나는 단독 면담을 원하는 것이라고 했지만, 내가 찾아간 교장실에는 학교운영위원들과 학교폭력대책자치위원들이 다 와 있었다. 이런 상황에서는 문제를 해결할 가능성이 없었기 때문에 결국 아이를 전학시켰다. 새로운 학교에서는 남자아이들의 또래 관계를 만들어 주는 나와 아내의 개입을 통해서 문제를 해결할 수 있었다.

아이들의 문제를 겪고서 나는 학교폭력이 엉킨 실타래 같다는 생각을 하게 되었다. 원인과 결과가 복잡하게 엉켜서 어디서부터 풀어야 할지 난감했기 때문이다. 이런 상황에서는 실타래를 성급하게 잡아당기지 말고 섬세하고 치밀하게 현실을 진단하는 것부터 시작하는 것이 중요하다. 만약 누가 실타래를 일방적으로 잡아당긴다면 문제 해결은 더욱 어려워진다. 학부모가 일방적으로 교사를 비난하고, 가해자가 피해자를 비난하고, 문제 해결 프로그램을 만들어야 할 당사자인 교육부가 그 책임을 교사나 피해자들에게 떠넘긴다면 실타래가 더 엉키게 된다.

교육부가 학교폭력 예방 프로그램이라고 만든 어울림 프로그램에서는 학교폭력의 가해자나 피해자가 가족의 보호를 제대로 받지 못하는 불행한 아이들이라고 진단한다. 과연 그럴까? 가정 내에서 이루어지는 갈등과 폭력의 주된 요인은 불량식품이나 컴퓨터 게임, 스마트폰 사용 문제 등이다. 다시 말하면 기업의 이윤동기가 가족 경험을 구조적으로 결정하는 요인인데, 이를 아이의 개인 문제, 부모들의 문제라고 진단하는 것은 진실을 얼마나 왜곡하는 것일까? 나는 두 아들의 경험과 그 뒤 학교폭력 연구과정 및 실천을 통해서 이러한 잘못된 진단이 얼마나 문제인지 간단하게 반박할 수 있게 되었다.

두 아들의 왕따문제는 해결했지만 이것이 우리 사회를 그늘지게 하는 심각한 문제임을 파악했기 때문에 교사들과 함께 이를 깊게 연구하려고 마음먹은 것은 2009년이다. 10여 명의 교사들과 함께 학교폭력 예방, 대처, 치유 프로그램을 만들기 위한 모임을 만들었고, 그 이름을 '평화샘'이라 지었다. '평화를 만들어 가는 선생님'이라는 뜻과 함께 '평화가 샘처럼 솟게 하는 모임'이라는 뜻을 담은 것이다. 그때부터 지금까지 10년간 지속적인 연구를 해 왔다. 처음에 가까운 청주지역의 교사들은 거의 매일 모였고, 지금도 한 달에 한 번씩은 꼭 모여서 사례를 공유하고 함께 만든 '평화샘 프로젝트'를 더 향상시키기 위해서 노력하고 있다.

우리가 연구하고 실천하는 과정에서 가장 협조하지 않았던 곳이 교육부와 교육청이었다. 초기에는 연구에 필요한 자료를 요청했지만 어떤 도움도 받지 못했다. 노는 아이들 문제를 어떻게 파악하고 있는지 물었을 때도 개인적으로 이야기할 때는 문제의 심각성에 동의했지만, 자료를 요청하거나 대응책을 물었을 때는 그런 것은 없다고 잡아떼는 것이 일관된 반응이었다.

2011년 12월 대구에서 왕따를 당하던 중학생이 자살을 했을 때도 마찬가지였다. 마침 그때는 우리의 연구 결과물인 『학교폭력, 멈춰!』,『학교폭력 어떻게 만들어지는가』의 출간을 앞두고 있었다. 학교폭력 문제에 대한 전 사회적인 문제 해결의 의지가 피부로 느껴질 때였으니 두 책에 대한 반응은 폭발적이었다. 많은 사람들이 가해자, 피해자 중심의 대책이 아니라 방관자를 방어자로 바꾸는 평화샘 프로젝트에 열렬한 지지를 보냈고, 정부 역시 교육부를 제외하고는 적극적이었다. 학교폭력 전문가들과 국무총리의 간담회는 처음 예정된 한 시간을 넘어 두 시간 이상 지속되었다. 그때 주제가 '노는 아이들', 곧 일진문제였고 며칠 뒤 일진문제에 대한 정부 차원의 발표가 나왔다.

경찰청에서는 전체 간부를 대상으로 한 강의를 했다. 수도권에 있는 경찰서장 이상 모든 간부들이 서울경찰청에서 나의 강의를 들었고, 지방에 있는 간부들도 화상회의 시스템을 통해서 강의에 참여하였다. 경찰 가운데는 내가 만든 학교폭력의 모델과 실천 방법에 대해서 일종의 전도사처럼 홍보하고 다닌 사람도 있을 정도였다.

당시 구성되어 있던 정부대책팀에서도 주제발표를 했는데 대다수가 우리 프로그램의 취지와 원리에 동의했다. 하지만 교육부만은 예외였다. 교사들에 대한 포상과 학교폭력 담당 교사에 대한 보상 시스템 등 자기들이 만든 방안만을 고집할 뿐이었다.

대법원에서 열린 학교폭력 예방을 위한 행사에서도 조벽 교수와 내가 기조강연을 했다. 전 사회가 이렇게 반응하고 있었지만 교육부와 교육청의 반응이 없어 너무 답답했기 때문에 교육부 장관 면담을 요청했다. 교육부 고위관료와 교육감들이 전문가들과 함께 모여 머리를 맞대면 교실과 학교 차원의 프로그램은 물론 국가 차원의 프로그램을 만들 수 있지 않을까 생각했기 때문이다. 안타깝게도 당시 교육부 장관은 '나보다 더 영향력이 있으면서 뭐 하러 만나려고 하느냐'면서 만남을 거부했고, 교육부도 뭔가 하고 있음을 보여 주는 형식적인 행사만 열었다.

학교폭력을 외면하거나 배제하는 것은 현 정부 역시 마찬가지다. 아니 오히려 정책의 우선순위에서 아예 사라진 느낌이다. 당시 분위기 때문인지 이명박 정권은 범정부적 과제로 학교폭력 문제를 다루었다. 그래서 평화샘도 발언권을 가지고 참여를 할 수 있었다. 하지만 박근혜 정권에서는 이런 참여가 불가능했다. 박근혜 정권은 민간이 정부의 정책 역량을 넘어서는 것을 견디지 못했다. 그래서 평화샘과 같은 자발적인 연구와 활동에 대해서는 철저히 차단했고, 교육부 중심의 정책과 프로그램을 일방적으로 시행했다. 어울림 프로그램이 바로 교육부가 학교폭력 정책에 대한 주도권을 되찾고 재질서화하기 위한 수단이 되었다. 그런데 현재 교육부는 박근혜 정권의 학교폭력 정책에 대한 어떤 검토도 없이 그 정책을 확산하고 강화하는 정책을 실시하고 있다. 학교폭력으로 인해 힘든 아이들과 오랫동안 학교폭력을 연구해 온 사람들의 목소리를 듣는 과정도 없었다. 전 이주호 교육부 장관처럼 유은혜 교육부 장관도 우리의 면담 요청을 거절했다. 어울림 프로그램이 효과가 있기 때문에 그럴 필요가 없다는 것이다. 가장 오랫동안 왕따와 일진문제를 연구해 온 나와 평화샘에 대해 학교현장도 전혀 모르고 아이들의 목소리도 들어 보지 못한 교육부 장관과 관료들이 어떻게 이처럼 오만할 수 있는 것일까.

정부 차원의 프로그램이 전 사회적인 영향력을 가지려면 각계각층의 참여가 있어야 한다. 오랫동안 그 문제를 연구했던 사람들의 경험과 아이디어를 듣는 것은 너무도 당연한 것이다. 하지만 교육부는 우리 의견을 묻지도 않았고 우리가 만남을 요청해도 당신들은 관여할 바가 아니라는 태도를 유지할 뿐이었다. 심지어 어울림 프로그램을 개발한다는 학자들은 평화샘 프로젝트 책을 여기저기에서 표절했으면서도 우리를 전혀 모르고 있는 것처럼 행동했다. 이러한 행태 속에 올바른 진단과 처방이 나올 수 없는 것이 당연하다.

## 왕따는 그 사회집단의 사회문화적 특성을 반영한다

요즘 방탄소년단이 세계적인 인기라고 한다. 아이돌에 대해서 별 관심이 없는 나는 그 인기가 어느 정도인지 가늠할 수 없었다. 이렇게 어떤 상황에 대해서 잘 모르거나 가늠이 되지 않을 때에 필요한 것이 상황공유모델이다. 상황공유모델을 만드는 데 중요한 방법이 이야기와 비유, 역할극이다. 방탄소년단의 인기를 나름대로 가늠하게 된 것은 방탄소년단의 미국 상륙을 1964년 비틀스의 미국 진출에 비유한 이야기를 듣고 나서다. 당시 그 충격을 영국의 침공이라고 표현했는데, 방탄소년단의 미국 진출이 거기에 비견된다는 것이었다.

왕따문제처럼 그 당사자가 아니고서야 그 아픔을 알 수 없고 경험자가 그것을 표현할 수도 없는 문제일 때도 그 고통을 자기 문제처럼 이해할 수 있게 하는 상황공유모델이 필요하다. 나는 왕따당한 사람들의 아픔을 자기의 소속 집단에서 추방당하거나 저주받은 사람의 고통과 연결할 때 적절하게 표현할 수 있다고 믿는다. 철학자 클로드 레비스트로스는 자기 동족들에게 저주받은 자가 파괴되는 과정을 이렇게 설명하고 있다.

사람들은 저주받은 사람을 멀리하고, 이들을 보면 이미 죽은 사람처럼 대할뿐더러, 문제만 일으키는 골칫거리로 취급한다. 사회는 기회가 있을 때마다 온갖 태도를 취하며 이 불행한 희생자를 죽음 근처로 몰아가기에, 이 사람은 마치 그것이 운명인 것처럼

피할 생각도 하지 못한다. 사회적 존재가 해체되면 몸이 살아 있더라도 이에 항거할 수 없다.[2]

이렇기 때문에 학교폭력 연구자들은 왕따를 인간에 대한 공격의 최고 형태라고 규정한다. 한 사람에게 인종차별이나 성폭력보다 더 심각한 상처가 될 수 있기 때문이다. 인종차별이나 성폭력은 이미 범죄로 규정되어 있기 때문에 사회적 이슈가 되면 보호받을 가능성이 있다. 하지만 왕따는 자기가 속한 집단 모두에게 배제되고 거부당하는 것이라 그 누구도 벗어날 수 없다. 그 공동체 전체가 문제를 인식하고 함께 변화를 모색할 때만 문제 해결이 가능하기 때문이다.

게다가 사회적 배제는 그 사회의 문화적 특성에 따라 각기 다른 모습을 가지고 있기 때문에 어느 사회에서 통하는 대책이 다른 사회에 통한다는 보장도 없다. 그 사회에서 가장 고통스러운 어떤 말이나 거부 행동이 한 사람에게 집중될 때 왕따 현상으로 나타나는 것이기 때문이다.

일본의 경우는 왕따 현상을 '이지메'라고 하는데, 이지메의 시작이 보통 언어폭력에서 비롯된다고 한다. 왜 그럴까? 일본의 아이들은 부모들에게 늘 '남에게 폐를 끼치면 안 된다'는 말을 듣는다. 당연히 폐를 끼치는 행동을 했을 때는 혼이 나기 마련이다. 그래서 일본 아이들은 '남한테 폐를 끼치면 당해도 싸고 그 책임이 나한테 있

---

2) 요아힘 바우어, 『공감의 심리학』, 에코리브르(2006), 117쪽.

다'는 생각이 내면화되어 있다. 따라서 '너는 왜 남에게 폐를 끼치느냐'는 말을 듣는 순간 아이는 위축되고 어떻게 대처해야 할지 몰라서 당황할 수밖에 없다. 그 말이 곧 친구들 세계로부터 추방선언인 것이다. 문제는 그다음이다. 도움을 요청해도 똑같은 말을 듣게 된다. 선생님은 '너는 왜 다른 아이들에게 폐를 끼치느냐'고 하고, 다른 부모들도 그 아이에게 '선생님과 다른 아이들에게 폐를 끼치느냐'고 비난한다. 심지어 자기 부모에게도 그 말을 듣게 되면 아이는 세상에서 완전히 고립될 수밖에 없다. 이러한 일본의 전통적인 인간관계와 심리에 바탕을 둔 것이 이지메이기 때문에 일본 사회는 여전히 해결 방법을 찾지 못하고 있다. 가해자보다 피해자를 비난하는 감정이 일본인들의 마음 밑바닥에 깔려 있기 때문이다. 지금도 일본에서는 학교폭력 문제가 생기면 여전히 가해자가 아닌 피해자가 전학을 간다. 자살사건이 언론에 공개되어 전국적 사건이 된 경우에나 가해자의 프라이버시 보호를 위해 전학을 갈 정도로 피해자들의 권리는 철저히 외면당한다.

영국에서는 집단 괴롭힘을 '불링(Bullying)'이라고 하는데 신체적 폭력이 기본이라고 한다. 여러 명의 아이가 한 아이를 신체적으로 괴롭히는 것이 불링의 주된 형태인 것이다. 그것을 서양의 한 심리학자는 서양 문화의 특성이 반영된 것이라고 본다. 서양에는 '일단 싸워서 이기지 못하면 그때에 대화한다'는 속담이 있다. 옛날부터 서양인들은 먼저 싸우고 이기지 못하면 상대방을 라이벌로 인정하고 존중하는 문화가 있었다는 것이다. 따라서 라이벌로 인정받지 못한 사람들은 무시를 당해도 대응하기 어려운 상황에 놓이게 되는 것이다.

이와 달리 한국에서 왕따문제가 지닌 속살은 '너랑 안 놀아'이다. 우리나라 사람들은 예로부터 함께 웃고 함께 우는 관계를 인간관계의 이상으로 생각해 왔다. 그래서 아플 때나 가족이 죽었을 때 모두가 모이고 가족 잔치나 경사가 있어도 모두가 참여함으로써 기쁨을 함께 누리려고 한다. 따라서 한국인들은 가족 안에서나 학급 안에서 또는 마을에서 함께 어울리지 못하고 배제될 때 죽을 만큼 힘든 상태가 되는 것이다. 특히 어렸을 때는 놀이집단에서 배제되는 것이 가장 큰 고통이 된다. 그래서 한국의 교실에서 왕따문제를 찾고자 하면 사건이 생겼나, 아닌가로 판단하면 안 된다. 반에 다른 아이들과 어울리지 못해 섬처럼 존재하는 아이가 있다면 그 교실에는 왕따가 있는 것이다. 교사들은 섬처럼 존재하는 아이들에게 다른 친구들에게 어울려 놀라고 말하지만 그것은 도움이 아니라 폭력이 될 수밖에 없다. 집에서 부모랑 놀지 못하고 유치원에서도 왕따가 되고 초등학교에 와서도 그 상태를 벗어나지 못하는 아이에게 '네가 적극적으로 놀라'고 하는 것은 혼자서 사회 전체를 바꾸라는 요구와 다름없기 때문이다. 이는 어떤 사람도 수행할 수 없는 거대한 과제이다.

평화샘 프로젝트를 실천하는 교사들은 놀지 못하는 아이들과 일대일 놀이를 통해서 그 아이의 놀이능력을 키운다. 그러면 선생님과 그 아이 주변으로 다른 아이들이 몰려든다. 이때 교사가 왕따당한 아이와 다른 아이들을 놀이로 접속시킨다면 관계가 회복될 수 있다. 교실에서 놀지 못하는 아이가 있으면 왕따가 있는 것이고 다른 아이들이 그 아이에게 놀이를 하자고 초청하면 왕따문제는 해결되기 시작하는 것이며, 놀지 못하는 아이가 다른 아이들에게 놀이를 제안하고 그것이 수용된다면 왕따문제는 실질적으로 해결된 것이다. 이 과정에서 교사의 역할은 결정적일 수밖에 없다. 아이들이 함께 노는 힘을 상실하고 권력관계가 공고한 상태에서는 교사의 역할 없이 평등한 놀이관계가 형성될 수 없기 때문이다. 하지만 많은 교사들이 여전히 아이들과 관계를 회복하는 것보다는 피해자 탓을 하곤 한다. 지금도 왕따에 대한 강의를 할 때면 피해자도 문제가 있다고 이야기하는 교사를 만난다. 그때마다 나는 이렇게 말한다.

"만약 선생님이 학교에 있는 모든 선생님으로부터 따돌림을 당하는 경우를 생각해 봅시다. 너무 고통스러워서 이렇게는 안 되겠다고, 이제부터 내가 적극적으로 사람들을 만나고 관계에 끼어들어야겠다고 생각하고 그렇게 행동한다면 다른 선생님들이 어떻게 반응할까요? 선생님의 행동을 수용할까요, 아니면 눈치도 없다고 더 따돌릴까요?"

그러면 한 사람의 예외도 없이 대답한다.

"더 따돌림을 당하겠지요."

"그러면 아이들 가운데 놀이에 참여하지 못해 떠도는 아이에게 가서 어울려 놀라고 하면 그것이 도움일까요, 괴롭힘일까요?"

"괴롭힘이겠네요."

## 왜 상담기법은 왕따문제에 무력할 수밖에 없을까

2012년은 대구 중학생이 자살한 이후 우리 사회에서 학교폭력 문제에 대한 인식과 대처 방안에 대한 여러 가지 노력이 가장 많이 나타났을 때이다. 그때 범죄학회 등 여러 학회로부터 초청을 받았는데, 그 가운데에는 상담학회도 있었다.

2012년 여름 연세대 대강당에서 열린 심리학회에 참석했는데, 보통 100여 명 정도 참여하던 학회에 무려 300여 명이나 참가하였다. 대강당의 좌석을 다 채우고 주변에도 사람들이 빽빽하게 서 있을 정도로 많았는데 이상하게도 분위기가 달궈지지 않았다. 그렇다고 강의에 대한 반응이 없었던 것도 아니다. 300명이 모두 숨을 죽이고 내 강의에 집중했고 한 사람도 조는 사람을 발견할 수 없었다. 그 까닭을 알게 된 것은 강의가 끝나고 질문을 받으면서였다. 공식적인 질문뿐만 아니라 끝난 뒤 개인적 질문도 이어졌는데, 모두가 하는 말이 '우리 상담사들이 왜 왕따를 당한 아이들을 도와줄 수 없는가'에 대한 것이었다. 무력감이 상담사들을 짓누르고 있었던 것 같다. 그때도 나름대로 내 생각을 이야기했지만, 이제 학교폭력에 본격적인 관심을 갖고 연구한 지 13년이 되니 왜 그런지 설명을 할 수 있을 것 같다.

먼저, 상담사들이 아이들의 세계를 잘 알지 못하는 것이 이유일 것이다. 아이들하고 대화를 하려면 친해져야 하고, 친해지려면 아이들의 언어와 문화, 인간관계를 깊게 알고 있어야 한다. 나는 아이들 세계를 이해하기 위해서 은어와 속어부터 공부해야 했다. 아들과 다른 청소년의 도움을 받아서 1년쯤 공부하니 아이들의 언어를 거의 이해할 수 있었다. 내가 들을 힘을 갖게 되자 아이들은 자기 세계의 은밀한 이야기들을 털어놓기 시작했다. 그리고 아이들과 이야기할 때는 절대 이른바 '꼰대질'을 하지 않았다. 내가 이야기하는 시간은 전체 이야기 총량의 5% 이상을 넘지 않도록 하는 것이 원칙이었고, 그 5%도 아이들 이야기를 듣기 위한 구체적인 질문이 다였다. 그렇게 한 달 정도 이야기를 하면 아이들이 어느 순간 내 말을 듣고 있었고, 몇 달이 지나 서로 이야기를 주고받으면서 50 대 50의 이야기 관계를 형성할 수 있었다. 하지만 여전히 자기 문제나 자기 학교의 문제는 잘 이야기하지 않았다. 다른 아이나 다른 학교의 문제를 이야기하면 그것들을 종합해서 나름대로 정리하는 것이 내 일이었다. 그래서 나는 지금도 아이들이랑 이야기할 때 아무리 깊게 대화를 해도 아이들 세계를 50% 이상 알지 못한다고 생각한다. 아이들의 이야기를 듣지도 않고 그 세계도 모르면서 어울림 프로그램 개발자들이 아이들의 심리를 개조하려는 것을 내가 무모하다고 보는 까닭이다.

상담사들이 왕따문제를 해결할 수 있는 위치에 있지 못한 것도 문제다. 왕따문제는 교실에서 발생한다. 따라서 그 문제를 해결하려면 교사가 아이들과 협력하면서 교실을 공동체로 만들어 가야 한다. 그런데 상담사는 외부에 있기 때문에 문제 해결을 지원할 수는 있어도 주체가 되기는 어렵다.

마지막으로 전문성이 문제다. 상담사들은 상담기법의 전문가인데, 상담기법 자체가 왕따문제를 해결하기보다는 왜곡시킬 가능성이 높다. 상담기법을 보면 내담자의 이야기를 상담사들이 경청하고 되돌려주는 방식으로 진행된다. 그리고 그 결과는 그 사회나 집단의 구조나 상황을 변화시키는 것이 아니라 내담자의 심리를 변화시키는 것으로 마무리하기 마련이다. 이런 방식은 누구한테도 이야기할 사람이 없어 상담사라도 잡고 이야기하려고 하는 사람들에겐 도움이 될 수 있을 것이다. 하지만 왕따처럼 한 집단 전체가 피해자를 괴롭히는 문제에 적용하면 어떻게 될까? 어울림 프로그램의 근간은 '나 전달법', '비폭력대화' 또는 '회복적 생활교육' 같은 심리학에 기반을 둔 상담기법이다. 당연히 공동체적인 문제 해결 방법이 아니라 문제를 개인화시켜서 그 사회에 책임을 묻지 못하게 함으로써 기득권 세력을 보완하는 역할을 한다. 당연히 구조적인 문제에서 비롯된 괴롭힘을 갈등으로 정리하고 그 문제 해결의 책임을 피해자에게 지운다. 괴롭힘 상황은 변함이 없는데 갑자기 괴롭힘이 갈등으로 변하는 마법을 부린다면 피해자들의 내면은 어떻게 될까? 자신의 감정을 부정당하니 자기를 표현할 감정도 말도 잃어버리게 되는 것이다. 감당할 수 없는 구조적 2차 가해가 되는 것이다.

이런 폭력이 학교폭력 예방 프로그램이란 이름으로 아이들에게 강요되는 것은 교육부와 교육청, 상담사들이 거만한 목소리로 아이들에게 가르치려고 하기 때문이다. '너희들이 문제야. 특히 피해자 너희들이 생각을 바꾸고 가해자의 마음을 이해하려고 하는 것이 중요해. 내가 이런 말을 했으니 너희들이 알아서 문제를 해결해. 나는 예방교육을 했다 알겠지?'라고 말하기 위해서다. 아이들이 듣고 싶은 것은 그런 거만하고 차가운 목소리가 아니라 좋은 친구와 그 친구로부터 오는 환대와 우정의 목소리다.

왕따가 구조적인 문제이고 어른들이 힘을 합쳐 해결해야 할 문제라고 생각한다면, 내가 우리 아들에게 했던 것처럼 철저한 반성과 문제가 해결될 때까지 물러서지 않겠다는 다짐을 하고 아이들이 믿고 함께 노력할 수 있는 조건을 만드는 데 모든 힘을 쏟아야 한다. 그런데 그러한 조건을 만들 수 있는 위치에 있는 사람들이 피해 아이에게 책임을 묻고 네가 바뀌지 않으면 안 된다고 하는 것이다.

그렇다고 상담사들을 학교에서 내보내자는 것은 아니다. 상담사들도 역할을 할 수 있기 때문이다. 좋은 프로그램을 소개하고 아이들을 중층적으로 상담하고 힘든 아이들에게 피난 공간을 제공할 수 있다. 하지만 그러한 역할이 의미를 가지려면 교실 안에서 왕따문제를 해결할 수 있는 공동체적 실천이 있어야 하고, 상담사들이 그러한 실천과 연계된 지원 활동을 할 수 있어야 한다.

일본의 심리학자 오자와 마키코는 전문성을 세 가지로 설명한다. 첫 번째는 한정된 분야에 정통한 스페셜리스트의 측면, 두 번째는 그 분야를 효과적으로 다룰 수 있는 깊은 경험의 축적, 세 번째는 그것을 직업으로 삼아서 그 업무에서 수입을 얻는 프로 직업인으로서의 특성이다. 오자와 마키코가 실토하는 것처럼 현재 상담사들은 왕따문제에 정통하지도 않고 문제 해결의 경험도 없다. 왜냐하면 왕따문제를 다루려면 구조와 상황, 심리 문제를 총체적으로 다루어야 하기 때문이다. 여기서 구조는 아이들 사이의 권력관계를 말한다. 아이들 사이의 권력관계는 절대적이라서 아이들은 교사와 어른들이 개입하지 않는 한 문제를 해결할 가능성이 없다. 또한 이러한 권력관계에서 벗어나기 위한 아이들의 간절한 마음을 모르면서 마음을 보살핀다는 것도 문제다.

왕따 상황에 처한 아이의 진짜 마음은 무엇일까? 아이들에게 물어봤을 때 나온 답변이다.

"왜 어른들은 모든 것을 아는 것처럼 말하면서 우리들 문제는 모르죠. 우리가 얘기를 해야만 안다는 것인데, 왕따를 당한 아이는 얘기를 할 수 없어요."

"어른들이 먼저 알아서 해결해 주면 안 되나요?"

따라서 상담사들이 학교폭력의 구조와 상황에 대해서 말하는 것을 듣지 않고 단지 마음의 문제로 바꿔치기하는 것은 마음을 돌보는 것이 아니라 마음에 대한 테러라고밖에 볼 수 없다. 그러한 마음은 아이들의 간절한 마음, 공동체적인 마음이 아니라 어른들 또는 기성 사회가 아이들에게 요구하는 규칙과 태도라고 볼 수 있기 때문이다.


## 국가수준 학교폭력 예방 프로그램의 조건
### – 어울림 프로그램과 올베우스 프로그램 그리고 평화샘 프로젝트의 비교

왕따는 현재 전 세계적 현상이다. 그래서 많은 나라가 대처 프로그램을 만들고 있는데, 학교폭력 예방 프로그램이라고 이름 붙은 것만

해도 500여 개가 넘는다. 그 가운데 체계적이고 효과적인 프로그램은 다섯 손가락으로 꼽을 정도도 되지 않는다. 내가 볼 때 노르웨이의 올베우스 프로그램, 핀란드의 키바 코울루 프로젝트 그리고 우리가 만든 평화샘 프로젝트 정도가 실제로 문제를 해결할 수 있는 프로그램일 것이다.

올베우스 프로그램과 키바 코울루 프로젝트는 교실 차원, 학교 차원, 지역 차원, 국가 차원의 프로그램을 다 갖추고 있다. 이와 달리 평화샘 프로그램은 교실 차원, 학교 차원 프로그램은 갖추고 있고 지역 차원, 국가 차원 프로그램은 준비는 되어 있지만 실행할 수 없는 상태이다. 교육청과 교육부에서 평화샘 프로젝트를 수용할 때만 실행할 수 있기 때문이다. 평화샘 프로젝트를 국가적으로 실시하든 실시하지 않든 먼저 생각해 봐야 할 것은 성공했던 프로그램의 조건이 어떤 것인지에 대해서 살펴보는 일일 것이다.

첫째, 올베우스 프로그램과 키바 코울루 프로젝트는 모두 오랜 연구와 실천으로 학문적 권위와 사회적 설득력을 갖춘 개발자들이 존재한다. 프로그램이 성공하는 데 정부의 보증보다는 개발자의 권위가 더 중요하다고 해도 지나친 말이 아닌 것이다. 특히 올베우스 프로그램을 만든 단 올베우스 교수는 학교폭력 예방 프로그램의 아버지라고 부를 정도로 유명하다. 북유럽에서는 1970년대 초반부터 왕따 현상(불링)이 사회적 이슈가 되었지만 학교와 교육 당국은 그 심각성을 인정하지 않았다. 당연히 개입을 위한 노력을 하지 않아 시민사회와 마찰을 빚었다. 올베우스 교수는 그런 상황에서 가장 먼저 불링의 사례를 연구하고 교실과 학교 차원의 대처 프로그램을 만든 사람이다.

둘째, 교실, 학교 차원의 프로그램이 지역과 국가 차원의 프로그램이 된 것은 특별한 계기가 있었기 때문이다. 1982년 가을 노르웨이에서 10대 초반 소년들이 자살한 사건이 발생했다. 특별한 증거는 없었지만 왕따문제로 인한 사건으로 추정되었고, 전 사회 차원의 심각한 파문이 일어났다. 사태를 해결하기 위해 수상 직속의 위원회가 설치되었고, 1년 동안 사회적 토론을 거쳐 1983년 가을부터 전국의 초등학교와 중학교를 대상으로 프로그램을 실시하고 전국가적 캠페인을 전개했다. 올베우스 캠페인 영상 자료 하나를 살펴보자.

한 아이가 투명인간 취급을 당하고 있다. 그 아이의 영상은 실루엣으로 등장할 뿐 실체감이 없다. 그 아이가 교실에 있든 학교 로비에 있든 강당에 있든 아무도 아는 척을 하지 않는다. 그런데 식당에서 사건이 생겼다. 한 친구가 와서 인사를 하며 같이 앉는 순간 투명인간 취급을 받던 아이가 뚜렷한 실체로 등장한다. 그리고 자막이 나타난다. 왕따를 당할 때 '멈춰'를 외치면 도움을 받을 수 있습니다. 이어서 계속 자막이 나오는데, 이런 내용이다.

"왜 아무도 대그(영상에 나오는 아이 이름)를 도와주지 않는가? 우리는 이 폭력을 막을 수 없는가?"

"지금 교사는 이 폭력 앞에 무엇을 할 것인가?"

"당신은 이 폭력에 동의하는가? 우리는 이 아이를 보호할 수 없는가?”

“왜, 아이는 매일 머리가 아픈가? 왜 아이는 아무에게도 이 폭력을 말할 수 없는가?”

모든 사람들을 상대로 '당신이 이 사실을 알고 있는가? 당신이 무엇을 할 것인가?'에 대해 반성과 실천을 촉구하는 이 홍보 캠페인은 그저 밝은 화면에 '학교폭력 없는 행복한 충북교육' 같은 형식적인 캠페인으로 일관하는 한국과는 인식의 깊이와 대응 수준이 얼마나 다른지 알려 주는 사례이다.

셋째, 가해자-피해자 틀이 아니라 가해자-피해자-방관자 틀에 기초한다. 피해자에게 어떤 요구를 하는 것이 아니라 방관자가 방어자가 되는 과정을 조직함으로써 피해자를 돕고 가해자를 변화시키는 프로그램이다. 따라서 올베우스 프로그램과 키바 코울루 프로젝트, 평화샘 프로젝트는 괴롭힘을 갈등으로 바꾸는 심리기법을 배제하는 공통성이 있다.

넷째, 프로그램의 진행과정을 살펴보면 학교 차원의 선택과 결정이 중심이다. 물론 정부에서 먼저 국가 차원의 프로그램을 만든다. 이 프로그램의 실태조사부터 프로그램의 마련, 개발, 운영까지 교육부와 교육청은 조력자 역할을 맡는다.

이제, 교육부가 만든 이른바 국가수준 프로그램인 어울림 프로그램이 이러한 성공의 조건을 갖추고 있는지 살펴보자.

첫째, 어울림 프로그램은 사회적으로 그런 프로그램이 있는지, 누가 그 프로그램을 만들었는지도 모르는 실정이다. 오랫동안 이 분야를 연구한 우리가 보더라도 그 개발자는 듣도 보도 못한 사람들이다. 심리학자와 교육자들인데 이들은 현장 연구 경험이 전혀 없어 어떤 학문적, 실천적 권위도 담보하지 못하고 있다.

둘째, 우리 사회도 전 사회적 협의와 지지를 받는 프로그램이 만들어질 수 있는 특별한 계기가 있었지만 그 기회를 교육부가 차 버렸다. 2011년 대구 중학생 자살사건 이후의 전 사회적 논란, 관심, 문제 해결을 위해 무엇이라도 해야 한다는 각계각층의 노력이 있었을 때 그 에너지를 수렴하는 주체가 교육부여야 했다. 하지만 이 글의 앞머리에서 이야기한 것처럼 교육부가 사람들의 관심과 요구를 차단하고 진정한 학교폭력 예방 프로그램을 만들 수 있는 절호의 기회를 놓치고 말았다. 그러고는 정책적 주도권을 되찾기 위해 국가수준 프로그램을 만든다는 명분 아래 공모 방식을 통해 프로그램을 진행하고 연구학교 운영 및 평가를 통해 그 프로그램 확산을 시도했다. 또 프로그램을 검증한다면서 연구학교의 교사와 학생들에게 설문조사를 실시했다. 지금까지 연구학교에서 나쁜 평가가 나오지 않았다는 것을 생각하면 이것이 얼마나 '눈 가리고 아웅'하는 것인지 잘 알 수 있다. 개발자와 참여 교사, 연구학교라는 폐쇄회로 안에서 진행하고 그 내용도 사회적으로 공개하지 않으면서 성공적인 프로그램이라고 강변하는 것은 그들 스스로가 이 프로그램에 대한 자신감이 전혀 없다는 것을 보여 주는 것이다.

셋째, 어울림 프로그램은 가해자-피해자 틀을 바탕으로 한다. 가해자-피해자 틀은 가해자는 격리하고 피해자는 보호한다는 것인데, 어울림 프로그램은 피해자가 가해자의 신경을 거스르지 않는 표현과 몸짓으로 문제 해결을 위해 노력할 것을 요구한다. 역할극을 활용하는 방식을 보면 기가 막힐 수밖에 없다. 원래 역할극은 피해자의 아픔에 참여자 모두가 공감하고 함께 문제를 해결하기 위한 행동이 핵심이다. 피해자보다는 가해자와 방관자의 변화를 기본으로 하고 그러한 지지와 협력 속에서 피해자의 회복을 지원하는 것이다. 그런데 어울림 프로그램의 역할극은 피해자의 행동을 바꾸는 것으로 변용시켜 버렸다. 가해자의 역할은 피해자가 나 전달법으로 말하면 '그래, 알았어'라고 말하는 것이 전부이며, 방관자가 자기 역할을 반성하면서 방어자가 되는 과정을 조직하는 내용은 아예 없다. 더구나 어울림 프로그램에 나오는 역할극 대본은 형식적인 수업과정에서는 실행 가능하지만 실제 상황에서는 절대 일어날 수 없는 것이다. 학교폭력 예방 프로그램은 하나의 정책이다. 단지 학급운영 프로그램이나 수업지도안이 아니라 사회를 구성하는 모든 사람들이 왕따문제를 해결하기 위한 참여와 소통 방법이 그 안에 담겨야 하고, 사람들이 이 정도면 해결할 수 있다는 인식을 할 수 있는 비전이 담겨야 한다. 그런데 어울림 프로그램은 현실에 대한 진단도 처방도 될 수 없는 공허한 수업지도안에 불과하다는 것이 우리의 판단이다.

넷째, 학교 차원의 선택과 결정이 아니라 정부의 강요가 프로그램 진행의 모든 것을 결정한다. 어울림 프로그램을 실시하는 교사들에게 확인한 바, 그들 가운데 그 프로그램이 왕따문제 해결에 도움이 되리라는 확신이 있는 사람은 없었다. 그들의 말을 들어 보자.

"당연히 학교폭력 예방에 도움이 안 돼요. 하라고 하니까 하는 거지, 모듈수업은 애들한테 의미가 없었어요. 예산이 나오니까 외부 강사 불러다가 동학년끼리 놀 때만 애들이 좋아했어요."

"사실 만든 사람들도 좀 피상적인 것 같아요. 이러면 이럴 거라는 추측만 가지고 만들지 않았나 싶어요."

장학사들 역시 마찬가지다. 프로그램에 대한 어떤 평가도 없이 국가수준 프로그램이니 진행할 수밖에 없다는 영혼 없는 공무원의 모습을 보여 주었다. 놀랍게도 그들이 말한 내용은 한 사람이 이야기하는 것과 같았다.

"저나 교육지원청은 교육부나 도교육청의 행정권한 위임 사무를 이행하는 역할을 합니다. 일종의 심부름꾼이죠. 어울림 프로그램 심부름은 교육부에서 시켰습니다."

"시·도 교육청이 수탁기관이지만 돈만 걷어 주는 거예요. 모든 것은 교육부에서 하고 있으니 교육부로 물어보세요."

"교육부에서 전문가라고 해서 위탁을 해서 연구 결과가 나온 것을 우리가 어떻게 검증을 해요. 교육부에서 추진하는 사업을 교육청에서 어떻게 안 해요."

학교폭력 예방 프로그램은 그 자체가 참여와 연대, 공감과 보살핌, 문제에 대한 도전과 창조라는 가치의 창출 과정이어야 한다. 그런데 어울림 프로그램은 행정명령과 매수라는 방법으로 진행할 수밖에 없기 때문에 무력감과 절망, 관료주의를 확산하는 내용이 되고 말았다. 공무원이니까 시키면 해야 되고 어울림 프로그램을 실시하면 몇십만 원에서 몇백만 원 정도의 운영비를 받을 수 있으니까 한번 해 보자는 정도의 참여 수준으로 절박한 왕따문제를 해결할 수 있을까?

따라서 어울림 프로그램은 문제를 해결하는 것이 아니라 악화시키는 일종의 독약이다. 최근 몇 달 동안 평화샘 연구원들은 어울림 프로그램을 깊이 있게 검토하면서 이것은 절대 예방 프로그램이 될 수 없다는 데 판단을 같이하였다. 그래서 교육부에게 묻고 싶다. 독약에 설탕을 발라서 달콤하게 만든다면 그것이 과연 독약일까, 사탕일까?

어울림 프로그램에 대해 문제를 제기하는 우리를 두고 교육부와 교육청의 장학사들은 '왜 이렇게 우리를 괴롭히는지 모르겠다', '자기들 프로그램을 받아 달라고 생떼를 쓴다'고 뒷담화를 하고 있다. 이에 대한 우리의 입장을 말해 두자면, 평화샘 프로젝트는 관료적인 과정과는 같이 갈 수 없다는 것을 알려 주고 싶다. 그래서 세종교육청, 대구교육청, 제주교육청, 부산교육청 등에서 우리 프로그램을 실시한다고 도움을 요청했을 때 그것을 거부한 것이다. 교육감의 치적 과시 또는 브랜드 가치를 높이고 싶은 욕망만 있을 뿐 아이들을 돕고자 하는 진정성을 발견할 수 없었기 때문이다. 현재 자기 돈과 시간을 내면서 평화샘 프로젝트를 실시하는 교실이 많다. 그런데 교육부와 교육청은 이런 교사들의 자발성과 열정을 인정하지 않는다. 그러니 교육청에서 진행하는 평화샘 프로젝트에 참여하면 수백만 원의 학급운영 지원비를 주겠다는 식의 프로그램으로 변형되고, 교육부에서는 어울림 프로그램과 같은 황당한 정책이 나오는 것이다. 귤이 양자강을 건너면 탱자가 되듯이 아이들의 아픔을 해결하는 진정한 프로그램도 교육청을 거치면 관료적 통제구조로 둔갑한다. 그래서 우리는 학교폭력 문제 해결을 가로막는 걸림돌은 교육부와 교육청, 교육 관료들이라고 생각한다.

마지막으로 올베우스 프로그램, 키바 코울루 프로젝트와 평화샘 프로젝트의 근본적 차이를 강조하고자 한다. 두 프로그램과는 달리 평화샘 프로젝트는 놀이를 바탕으로 한다. 앞서 이야기한 것처럼 한국 사회 왕따문제의 본질은 '너랑 안 놀아'이기 때문이다. 따라서 올베우스 프로그램이 첫날 첫 시간을 4대 규칙을 만드는 것으로 시작한다면, 평화샘 프로젝트는 교실, 학교 차원에서 모두가 함께 놀면서 공동체를 만드는 것부터 시작한다. 어색하고 불안하고 불편한 첫 만남을 설레고 기쁘고 편안한 환경으로 바꾸는 마법의 지팡이가 놀이인 것이다. 그래서 평화샘 프로젝트를 설명할 때 강조하는 것이 공동체 창조 프로그램인 것이다. 바로 이러한 놀이를 통해서 학교폭력을 예방하는 규칙을 만드는 힘을 확보하고 문제가 생겼을 때 이미 형성된 신뢰를 바탕으로 관계를 회복할 수 있는 것이 평화샘 프로젝트의 힘이다.

교실, 학교 차원의 평화샘 프로젝트가 국가 차원의 프로젝트가 되는 것은 간단하다. 모든 교실에서 새 학기 첫 순간에 진짜 놀이를 할 수 있는 시간을 만드는 것이다. 아이들과 노는 것은 교사들의 역할이며 실제로 많은 교사들이 첫 시간에 놀이를 하고 4대 규칙, 나들이, 평화회의를 하고 있다. 교육부 관료와 교육청 장학사들만 모를 뿐이다. 자발적으로 아이들과 놀이로 시작하는 공동체 만들기를 모든 교실에서 진행할 수 있도록 지원한다면 그것이 바로 지역, 국가 차원의 프로그램이다. 이런 조건을 만들고 실행하는 것이 정부와 교육청의 역할인 것이다. 많은 교사들이 교실에서 이런 관계를 창조하고 있기 때문에 문제를 해결할 수 있는 힘은 이미 갖추어져 있다. 교육부와 교육청이 이런 현실을 깨달을 때 진정한 국가 차원의 프로그램을 꽃피울 수 있을 것이다.

# 잘못된 진단,
## 허황된 처방

최진숙

어울림 프로그램을 알게 된 건 꽤나 오래전 일이다. 2013년 서울 코엑스에서 열린 학교폭력 예방 프로그램 국제 세미나에 참여했는데 어울림 프로그램과 핀란드의 키바 코울루 프로젝트에 대한 발표가 있었다. 그때 어울림 프로그램 사례를 듣고 나서 '이게 학교에서 일반화가 되겠어?'라는 생각을 했다. 학교폭력에 대한 예방효과는 둘째 치고 상담사들이 학교에 와서 프로그램을 진행하는 방식이라 전국 모든 학교에 투입할 수 있을지 의문이었다. 또 많은 외부 인력으로 인해 발생하는 예산을 어떻게 감당할까 싶어 어울림 프로그램 사례를 듣는 내내 불편했다. 그래서 어울림 프로그램은 성공할 수 없다는 생각을 하게 되었고 당연히 별다른 기대도, 관심도 갖지 않았다.

　그러다 내가 어울림 프로그램에 다시 관심을 갖게 된 것은 작년이었다. 생활부장인 나에게 학교폭력 담당자가 어울림 프로그램을 하면 예산을 준다는데 신청할지를 물었다. 그래서 공모신청 여부를 결정하기 위해 부장회의를 열었다. 어울림 프로그램을 살펴본 부장들은 모듈이 너무 많고, 내용도 어디선가 본 듯한 것들이어서 굳이 학교 차원에서 할 필요가 있느냐는 반응이었다. 더구나 주어진 지도안으로 진행해야 하는 것이라면 하지 않는 것이 좋겠다고 결정했다.

그리고 용인 평화샘 선생님들 학교에서도 어울림 프로그램을 진행한 학교가 있다는 걸 알게 되어 어떻게 운영하는지 물어보았다. 한 학교는 교육과정에 한두 시간 정도 배정했고, 전문적학습공동체 연수시간에도 두 시간 정도 운영했다고 한다. 또 다른 학교에서는 한 학년에서만 했는데 부장교사 학급만 운영하고 예산은 동학년이 다 같이 나눠 썼다고 했다. 어울림 프로그램 운영 공모 학교조차 제대로 진행하지 않는 것을 보면서 예산 지원이 없으면 당장 사라질 것이 뻔해 보였다.

그런데 올해 교육부에서 어울림 프로그램에 대한 사이버 연수를 개설하고 교사들에게 참여하라는 홍보 공문을 시행하고, 시·도 교육청과 지역 교육청에서 적극 추진하는 것을 보면서 이 프로그램을 자세히 검토해 봐야겠다는 생각을 했다.

교육부는 어울림 프로그램을 국가수준 프로그램이라고 한다. 정부에서 추진하는 프로그램은 정책의 하나이며, 정책을 세우려면 가장 먼저 현황과 문제점을 파악하여 정확한 진단을 해야 한다. 진단은 현실에 바탕을 두고 당사자들의 목소리를 들어서 누구든지 공감할 수 있는 내용이어야 한다. 그래야만 학교폭력에 대한 상황 인식이 공유되고 문제를 해결할 수 있기 때문이다. 그래서 어울림 프로그램이 과연 국가수준 프로그램으로서 의미가 있는지, 학교폭력을 제대로 진단하고 있는지 자세히 살펴보았다.

## 시각장애인 코끼리 만지기식 진단

우리가 평화샘 프로젝트를 만드는 과정에서 가장 먼저 한 것은 우리나라 학교폭력의 현황과 문제점을 파악하는 것이었다. 수년 동안 각종 자료를 찾아 모았고, 현장 교사·부모·아이들의 목소리를 들었다. 그리고 오랜 논의와 토론을 통해 우리나라 학교폭력에 대한 진단을 내릴 수 있었고 평화샘 프로젝트를 만들었다. 평화샘 프로젝트에서는 학교폭력을 다음과 같이 진단하고 있다.

첫째, 한국 학교폭력은 주로 교실에서 발생하는 것이 특징이다.

둘째, 학교폭력은 교실 권력관계를 바탕으로 발생한다. 요즘 아이들 사이에서는 권력구조가 형성되어 있고 하나의 계급사회를 이루고 있다.

셋째, 교실과 학교에서 왕따, 전따 등 심각한 집단 괴롭힘을 주도하는 아이들이 학교 밖에서 집단 패싸움이나 성적 일탈, 흡연, 음주 등 일탈 행위를 하는 아이들과 일치한다.

넷째, 학교폭력의 가해자, 피해자는 상당수가 부모와 사회의 보살핌을 받지 못하는 아이들이다. 이것은 우리 사회와 어른들의 보살핌 체계 자체가 붕괴되어 있다는 것을 말해 준다.

다섯째, 피해자 가운데에는 장애인, 다문화, 한부모, 조손가정, 기초생활수급자 및 차상위 계층 등 사회경제적 약자가 많다는 것이다. 따라서 학교폭력 문제 해결을 위해서는 단지 사건을 다루는 차원이 아니라 문화적 차원에서 접근해야 한다.

학교폭력 문제를 해결하기 위해서 가장 기본적으로 검토해야 할 것은 먼저 교실 차원에서 평등한 교실 환경을 만드는 것이다. 교실에서 폭력이 주로 이루어지고 교사의 힘만으로는 해결할 수 없다는 것이 분명하기 때문에 교사와 아이들이 함께 협력해서 수직적인 관계를 수평적인 관계로 만들 수 있어야 한다.

다음으로 폭력을 용납하지 않는 학교문화를 만드는 것이 중요하다. 이를 위해서는 학교폭력은 절대 용납하지 않겠다는 구성원들의 인식과 학생들과의 소통 의지 및 문제 해결 역량을 가진 교사가 있어야 한다.

마지막으로 학교폭력 문제가 지역사회 문제이기 때문에 지역공동체 역시 문제 해결의 주체로 나서야 한다는 것을 모두가 인식해야 한다. 이러한 공유된 인식이 있을 때 아이들을 보살필 수 있는 지역사회 복지망을 현실화시킬 수 있다. 평화샘 프로젝트에서 교실 프로그램, 학교 프로그램, 마을공동체 프로그램으로 연구가 확장되는 이유가 여기에 있다. [3]

---

3) 문재현 외, 『평화! 행복한 학교의 시작』, 살림터(2013), 18~19쪽.

어울림 프로그램에서는 학교폭력의 증상과 원인을 어떻게 진단하고 있을까? 여섯 개의 모듈마다 초등학생 기본, 심화, 교사용, 부모용이 있는데, 이를 모두 살펴보았다. 놀랍게도 그 모든 내용에서 제대로 된 진단을 찾을 수 없었다. 그래서 어울림 프로그램 가운데 진단이라고 할 수 있는 단편들을 모아 정리할 수밖에 없었다.

학교 단위의 표준화된 예방 프로그램을 구성하여 실시한다면 학교폭력 예방과 교실 문화 개선에 많은 기여를 할 것으로 예상된다. 본 프로그램은 이러한 필요성과 기대에서 출발하였으며 홍종관(2009)이 학교폭력의 심리적 원인으로 제시한 '감정 및 욕구 표현능력', '인간관계능력', '문제해결능력과 스트레스대처능력', '충동조절능력', '타인에 대한 공감이해능력' 중 감정조절을 중심으로 프로그램을 개발하였다.

– 감정조절, 초등학교 저학년 학생용 기본, 3쪽

아이들의 공감능력을 향상시켜 내면에서부터 자기 마음을 이해하고 친구의 마음을 이해하게 된다면 폭력적인 사태는 그 발생 빈도가 훨씬 줄어들 것이다.

– 공감, 초등학교 저학년 학생용 기본, 3쪽

학급공동체 안에서 기능적 의사소통의 증가는 긍정적인 학급 풍토로 연결되지만, 역기능적 의사소통은 학급 내 갈등의 심화와 또래 괴롭힘으로 연결될 수 있다.

–의사소통, 초등학교 저학년 학생용 심화, 1쪽

또래 간의 역학관계에서 실패를 경험하면서 그 귀인을 자기 자신에게 돌림으로써 자기존중감은 낮아지고 학교폭력의 가·피해자가 되는 악순환이 반복되는 것이다. 그만큼 초등학교 고학년 시기에 자신에 대한 긍정적인 자기존중감을 형성하는 것은 학교폭력 예방을 위해서도 중요하다.

−자기존중감, 초등학교 고학년 학생용 기본, 3쪽

어울림 프로그램에서는 학교폭력이 일어나는 원인과 증상을 모듈별로 다르게 보기 때문에 그 처방도 제각각이다. 갈등해결 모듈은 학생들의 갈등해결능력이 부족해서, 공감 모듈에서는 공감능력이 부족해서 학교폭력이 일어난다고 본다. 자기존중감 모듈에서는 자기존중감을, 의사소통 모듈에서는 의사소통능력을 향상시키면 학교폭력이 예방된다고 한다.

어울림 프로그램에서는 통합적으로 인식하고 풀어 가야 할 사건을 조각조각 나눈 다음에 개발자들이 각자 모듈별 입장에 맞게 해석하고 있다. 분리될 수 없는 것을 분리했기 때문에 통합 프로그램이 나올 수 없고 조각 난 진단과 처방으로는 결코 문제를 해결할 수도 없다. 이것이 시각장애인들이 자기가 만져 본 제각각의 부분만으로 코끼리를 정의하는 것과 뭐가 다른가.

## 구조의 문제를 개인의 갈등 문제로

진단에서 가장 중요한 건 아이들 사이에 존재하는 권력관계를 파악하는 것이다. 권력관계를 알려면 아이들이 직접 학급 안에서 느끼는 위계서열을 표현하게 하거나, 교사가 같이 놀면서 아이들의 관계가 어떤지 살필 수도 있다. 평화샘 프로젝트는 학기 초, 첫 만남을 교사와 아이들이 함께 노는 것으로 시작하고 아이들 놀이 모습을 관찰한다.

이때 놀이의 분위기와 흐름을 장악해 아이들을 지배하는 아이가 있다면 이 아이는 아이들 권력관계에서 위에 있는 것이고, 인기 있는 아이 눈에 들기 위해 애쓰거나 주변을 빙빙 도는 아이는 그런 아이들과 어울림으로써 서열의 위로 올라가고 싶어 하는 것이다. 혼자 섬처럼 존재하는 아이는 그 어디에도 낄 수 없는 왕따를 의미한다.

아이들은 교실 내에 존재하는 권력관계를 온몸으로 느끼고 있다. 그것은 지식의 문제가 아니라 절박한 삶의 문제이고 적응의 문제이기 때문이다. 권력관계를 바탕으로 한 괴롭힘 상황에서 서열이 낮은 아이들은 서열이 높은 아이들에게 제대로 항의할 수가 없다. 학급 내 수직적 위계서열이 더욱 분명한 반은 하나의 계급사회로 표현된다. 한 고등학생의 말을 들어 보자.

학교는 절대 평등사회가 아닙니다. 안타깝지만 지금까지는 말이죠. 학교는 그야말로 계급사회입니다. 권력구조는 크게 세 부류로 나눌 수 있습니다. 한 부류는 소위 노는 애들, 또 한 부류는 놀지 않고 평범한 애들, 그리고 마지막 부류는 소심하거나 많이 착하거나 또는 특이하거나 왕따 경험이 있는 애들, 요즘 애들의 표현을 빌리자면 찌질한 아이들로 나눌 수 있습니다. [4]

위계에 의한 권력 구조 문제는 비단 고등학교, 중학교만의 문제가 아니라 유치원과 초등학교에서도 존재한다. 왜냐하면 어울림 프로그램의 진단과는 달리 왕따문제는 유치원 때부터 나타나기 때문이다. 다만 아이들의 세계를 보지 못하거나 의도적으로 보지 않으려고 하는 어른들은 이를 알지 못하고 있을 뿐이다.

이 시기에 정상적인 친구 집단과 어울리지 못할 경우 갈등상황에서 협동과 타협과 같은 바람직한 문제 해결 방법을 학습할 기회를 갖지 못하고 폭력적인 방법으로 문제를 해결할 가능성이 높기 때문이다(장지영, 2003). 즉, 또래 간의 사소한 장난으로 여겨질 수도 있는 별명 부르기, 놀림, 조롱, 욕설과 같은 시빗거리가 심각한 수준의 폭력으로 발전할 수도 있다는 것이다(서진, 2009).
 – 갈등해결, 초등학교 저학년 학생용 기본, 3쪽

본 프로그램은 초등학교 저학년 학생들의 갈등해결을 위해라는 6가지 주제에 따른 활동으로 구성하였다. '놀리는 친구', '순서를 지키지 않는 친구', '양보하지 않고 고집 부리는 친구', '무리한 부탁을

---

4) 문재현 외, 『왕따, 이렇게 해결할 수 있다』, 살림터(2012), 15쪽.

하는 친구', '장난이라고 하면서 때리는 친구', '놀이에 끼워 주지 않는 친구'와의 갈등상황을 제시한다.

– 갈등해결, 초등학교 저학년 학생용 심화, 4쪽

　학교폭력 문제도 감정 문제의 연장선에 있다. 즉, 감정을 다루는 서툰 능력을 가진 사람과 사람의 만남인 것이다.

– 감정조절, 초등학교 고학년 학생용 기본, 3쪽

　어울림 프로그램에서는 아이들 사이의 권력 구조에 대한 인식 없이 학교폭력 문제를 대등한 개인 사이의 갈등 문제로 다루고 있다. 놀리는 것도 갈등, 무리한 부탁을 하는 것도 갈등, 장난이라고 하면서 때리는 것도 갈등, 놀이에 끼워 주지 않는 것도 갈등이다. 심지어는 왕따를 집단과 개인 간의 갈등이라고 표현하고 있다.

　갈등은 서로의 가치관이나 입장의 차이 때문에 생긴다. 따라서 갈등관계에서는 피해자, 가해자라는 개념이 있을 수 없다. 학교폭력을 갈등으로 보는 순간 가해자가 피해자를 괴롭힐 만한 이유가 있다고 볼 수밖에 없다. 따라서 문제의 원인을 제공한 피해자가 괴롭힘 행동을 한 가해자의 입장을 공감하고 이해해야만 하는 것이다.

　"따돌리는 아이, 주연이는 어떤 마음 상태일까요?"

– 자기존중감, 초등학교 고학년 교사용, 35쪽, 39쪽

> "(가해 행동을 하는) 승민이의 뒷이야기를 들려주고 빈 의자 기법 '응원샤워'를 활용하여 모둠별로 승민이 처지에 대한 이해 및 공감 하기 활동을 한다."
>
> — 공감, 초등학교 저학년 학생용 기본, 7쪽

학교폭력을 위계를 바탕으로 한 문제로 보지 않고 대등한 관계에서 벌어지는 갈등문제로 보았을 때는 피해자를 돕지도 못하고, 가해자에게는 자신의 행동을 반성하고 성찰할 기회를 빼앗아 버린다. 또한 '절대 기죽지 마라', '피해 아이에게도 문제가 있다'라며 자기 아이 보호에 급급한 가해자 부모의 논리에 힘을 실어 줄 뿐이다.

어울림 프로그램을 본 부모와 학생들은 이렇게 말한다.

"못된 애들한테는 짱 좋은 내용인데요. 진짜 못된 아이들한테는 다 빠져나갈 수 있는 구실을 주고 있어요."

"교육부가 가해자 학부모들이 항의할까 봐 걱정되어서 그런 거 만든 거예요?"

"이거 만든 사람은 학교를 안 다녔나 봐요. 아이들 세계를 전혀 모르는 것 같은데요."

"애들 사이에 권력관계가 없다고 보는 거예요?"

## 개인 특성 때문에 생기는 학교폭력?

어울림 프로그램은 학교폭력이 개인의 특성 때문에 생긴다고 보고 있다.

많은 사람이 왜 사느냐고 인생의 목적을 물으면 행복하기 위해 사는 것이라는 대중적인 답변을 한다. 그러고 보면 감정이란 것은 곧 인생의 목적도 될 수 있는 커다란 요소일 수 있다. 행복한 아이는 다른 아이를 가해하지 않는다. 또한 행복한 아이는 자신의 행복을 침해하는 사람에 대한 방어능력 또한 뛰어나다.

－ 감정조절, 초등학교 고학년 학생용 기본, 4쪽

학교폭력근절종합대책(2012)에서 의사소통능력의 부족은 학교 폭력의 주요 원인의 하나로 지적되고 있다. 즉, 타인과 관계를 원만 히 맺고 협력하는 사회적 상호작용 능력의 부족, 소통과 감성능력의 부족은 학교폭력과 밀접한 관련이 있는 요인이다.

－ 의사소통, 초등학교 고학년 학생용 심화, 1쪽

학교폭력 가해 행동에 대한 국내 연구의 메타분석에 따르면 학교 폭력을 유발하는 개인적인 중요 요인으로 낮은 자기존중감을 들고 있다(박진희, 김현주, 2015).

－ 자기존중감, 초등학교 고학년 학생용 심화, 3쪽

그래서 어울림 프로그램은 해결도 아래와 같이 피해자가 스스로 해야 한다고 보고 있다. 학교폭력의 책임을 피해자에게 오롯이 돌리고 있는 것이다.

누군가가 기분 나쁘게 한다고 해서 "아! 기분 나빠!"라고 하는 것을 상대방이 주는 기분 나쁜 감정을 그대로 받아들이는 것입니다. 그 감정을 받지 않을 수도 있습니다. 누군가 좋은 감정이 들게 하면 받으면 되지만 기분을 나쁘게 한다고 해서 내가 기분이 나빠지는 것은 내가 그것을 그대로 받기 때문입니다. 어떻게 하면 기분 나쁘게 하는데도 기분 나빠지지 않을 수 있을까요?

- 감정조절, 초등학교 고학년 학생용 기본, 17쪽

무엇보다 중요한 것은 자기표현, 자신감 있는 대처법 함양으로 학생들의 내적인 역량을 강화시켜 다양한 갈등상황을 슬기롭게 극복하게 함으로써 학교폭력의 불씨를 사전에 예방하고자 한다.

- 의사소통, 초등학교 고학년 학생용 심화, 2쪽

부정적인 자기상을 긍정적으로 변화시켜 내면의 역량을 강화하고, 또래 관계에서의 갈등상황을 성공적으로 해결함으로써 학교폭력 상황을 예방한다.

- 자기존중감, 초등학교 고학년 학생용 기본, 4쪽

이 프로그램을 읽은 초등학생, 중고생, 교사들 모두 한목소리로 이 프로그램을 만든 사람들은 어떤 사람들인지 궁금해했다.

"자신을 속이라는 것 같은데요. 내가 괴롭힘을 당하고 있는데 '그건 내가 잘못 생각해서 그런 거야'라고 피해자 탓을 하는 거 같아요."

"어떻게 피해자한테 자신의 행동을 되돌아보라고 해요? 잘못한 사람이 돌아봐야지."

"왕따당하는 애들은 말 못해요. 그러다 더 왕따당하게요."

"피해자를 2차, 3차 가해하는 거죠."

"그건 너무 비인간적이에요. 피해자에게 성격을 고치라고 말하는 건데 그건 불가능한 일이잖아요. 그걸로 괴롭힘 문제가 해결되는 것도 아니고."

이 프로그램은 왕따를 당하는 아이들의 심리상태를 전혀 알려고 하지 않는다. 다음은 오랫동안 왕따를 당했던 아이가 교사와 친구들 앞에서 고백한 이야기다.

"제가 왕따당했을 때, 담임선생님이 저한테 너도 노력해야 한다. 네가 먼저 아이들에게 다가가고 어울려야 한다고 말했어요. 저는 그럴 때마다 화장실에 가서 울었어요."

왕따당하는 아이들은 그 상황을 한시라도 빨리 벗어나고 싶고 누군가 이 문제를 해결해 주기를 간절히 바라고 있다. 왕따라는 죽음과 같은 고통 속에서 숨쉬기조차 버거운 아이에게 네가 좀 더 노력하면, 네가 슬기롭게 대응한다면 이 상황에서 벗어날 수 있다고 말하는 것은 벼랑 끝에 서 있는 사람을 밀어내는 것과 같다. 어울림 프로그램은 피해자에게 자신의 행동을 뒤돌아보면서 타인에 대한 이해와 배려로 집단 따돌림 상황을 극복하라고 한다. 심지어 왕따를 알고 있는 교사나 부모에게도 개입하지 말고 관망하라고 조언하고 있다.

이 시기에 학급 내에서 다수의 여학생들과 조금 다른 행동 특성을 보이는 친구를 배제하는 모습이 나타납니다. 과거 교사의 권위가 인정받을 때에는 교사의 개입과 훈계로 해결되는 경향이 있었으나 현재는 절대 아닙니다.

– 학교폭력 인식 및 대처, 초등학교 고학년 교사용, 27쪽

아이는 보복이 두려워서 말을 못하고 있는 것입니다. 자녀가 따돌림 피해 상황이나 징후가 보이면 우선은 관망이 필요합니다. 직접적이고 빠른 해결을 위해 바로 학교로 찾아가는 것은 아이에게도 사안의 해결에도 도움이 되지 않습니다.

– 학교폭력 인식 및 대처, 초등학교 저학년 학부모용, 27쪽

피해자 개인의 특성으로 생긴 왕따이니 개인의 역량으로 슬기롭게 해결하고 어른들은 개입하지 말라고 하는 프로그램이 과연 학교폭력 예방 프로그램이 맞는지 의심스럽다.

### 집단 따돌림에 둔감한 초등학교 저학년?

1학년 아이들에게 왕따에 대해 물어본 적이 있다.

"애들아, 집단 따돌림이라고 들어 봤어?"

대다수 아이들은 멀뚱멀뚱하는데 한 여자아이가 말한다.

"못 들어 보긴 했지만 무슨 뜻인지 알 것 같아요."

"무슨 뜻인 거 같아?"

"여러 명이 한 사람을 따돌리는 거예요."

"맞아, 그럼 너네는 집단 따돌림을 뭐라고 불러?"

"왕따요."

"교육부 사람들이 너희들이 집단 따돌림을 잘 몰라서 가르쳐야 한다고 하는데, 그건 어떻게 생각해?"

"우리 잘 알아요."

"너희들은 왕따를 언제부터 알았어?"

"저는 다섯 살 때요."

"저는 여섯 살 때, 어린이집에서요."

"뭐 해 오면 놀아 줄게 하면서, 해 가지고 갔는데 안 놀아 줬어요."

"너랑 놀면 재미없어. 이러면서 다른 애들하고만 놀았어요."

"친구들한테 나랑 놀지 말라고 했어요."

아이들 목소리에서 드러나듯이 아이들은 어린이집이나 유치원에 다니기 시작하면서 왕따를 경험한다. 그런데 어울림 프로그램은 초등학교 저학년 아이들은 학교폭력을 잘 알지 못하고 집단 따돌림의 폐해에도 둔감하다고 보고 있다. 그리고 저학년 아이들 사이에서 일어나는 별명 부르기, 놀림, 조롱, 욕설은 심각한 폭력이 아니라 그저 또래 간의 사소한 장난으로 여겨질 수도 있는 시빗거리로 취급할 뿐이다.

집단 따돌림에 둔감하고 그 폐해를 인식하지 못하는 초등학교 저학년 학생을 대상으로 집단 따돌림의 인식·예방·대응 능력을 키우고자 다음과 같이 구성하였다.

– 학교폭력 인식 및 대처, 초등학교 저학년 심화 집단 따돌림, 7쪽

학교폭력을 처음 당하는 시기에 대한 청소년폭력예방재단(2011) 조사 결과, '초등학교 1~3학년 때'라고 응답한 학생 비율이 2010년 에는 17.5%였으나 2011년에는 26.5%로 나타나 학교폭력의 저연 령화가 날로 심각해지고 있다.

– 학교폭력 인식 및 대처, 초등학교 저학년 학생용 심화 언어폭력, 5쪽

교육부의 학교폭력 실태 조사에서 나온 바와 같이 실제 학교폭력 이 시작되는 초등 3, 4학년, 그중에서 4학년 아동을 중심으로 각 학 급에서 실시할 수 있는 놀이, 학급회의, 역할극 등의 다양한 방법으 로 구성하였다.

– 학교폭력 인식 및 대처, 초등학교 고학년 학생용 기본, 3쪽

같은 모듈 안에 초등학교 저학년에 대한 진단과 고학년에 대한 진 단 내용이 다른 것은 무엇 때문일까? 개발자들이 전체적으로 상황 과 원칙을 공유하고 연구를 시작한 것이 아니라 각기 달리 연구했다 는 것, 그리고 서로 간에 소통이 전혀 없었다는 것을 보여 준다. 개발 자들 사이에서도 이렇게 소통이 안 된다면 전 사회적 소통은 더욱 기대할 수 없다. 교육부는 사람들 사이를 연결하고 네트워크를 통해 서 시너지 효과를 만드는 정책을 만든 것이 아니라 문제 해결의 통 로를 막아 버린 것이다.

## 왜 교육부는 시계를 거꾸로 돌리는가!

어울림 프로그램은 전형적인 가해자-피해자 틀로 학교폭력 문제를 보고 있기 때문에 학교폭력이 있을 때 가해자와 피해자만을 불러 해결하려고 한다. 이런 시각은 학교폭력을 일부 소수 아이들의 문제로 치부해 공동체가 참여하여 해결할 수 있는 길을 차단한다. 개인 특성 때문에 학교폭력이 일어난다고 봐서 해결 역시 개인의 성격을 변화시키거나 피해자, 가해자 역량 강화를 중시한다. 무엇보다 방관자를 이해하지 못하기 때문에 괴롭힘 상황에서 아이들이 방어자로 나서게 가르칠 수도 없다. 평화샘 프로젝트뿐만 아니라 노르웨이 올베우스 프로그램이나 핀란드 키바 코울루 프로젝트에서는 가해자-피해자-방관자 틀을 바탕으로 하여 방관자를 방어자로 만드는 것을 핵심 내용으로 하고 있다.

평화샘이 학교폭력을 연구하기 시작했던 2009년, 2010년 당시에는 방관자의 개념을 알고 있는 사람이 거의 없었다. 2011년 대구 중학생 자살사건으로 학교폭력을 온 사회가 나서서 해결해야 할 문제로 인식하면서 평화샘 프로젝트가 전국적으로 큰 반향을 일으켰다. 방관자를 방어자로 바꿔야 학교폭력이 예방되고 해결된다는 평화샘의 철학은 이제 우리 사회에서 일반적인 인식이 되어 가고 있다. 그런데 교육부는 이런 사회적 인식과 시대적인 흐름에 역행해 다시 예전의 가해자-피해자 구도로 되돌리려고 하고 있다. 교육부가 이런 시대착오적인 정책을 펴는 까닭이 학교폭력을 제대로 알지 못해서라면 무능한 것이고, 알면서도 고집하는 것이라면 스스로가 가해자라는 것을 드러내는 것이다.

환자가 의사의 진단과 처방에 의존하는 건 의사가 질병에 대해 더 잘 알고 있다고 전제하기 때문이다. 학교폭력에 대해 가장 잘 알고 있는 건 아이들이다. 교육부가 진정으로 학교폭력을 예방하고 해결하기 위한 프로그램을 만들 의지가 있다면 그 시작은 아이들 목소리에 귀를 기울이는 것부터 해야 할 것이다.

# 일진문화를
## 외면하는 어울림 프로그램

이명순

2009년 무렵, '일진' 이른바 '잘나가는 아이들'의 행위가 사회적으로 크게 문제가 된 적이 있었다. 졸업식 행사에서 친구에게 달걀과 밀가루를 뿌려 대고 졸업식 기념으로 친구를 속옷만 입힌 채 찬물에 빠뜨린 사건이 뉴스에 보도되었기 때문이다. 이는 단지 일부 지역이 아니라 전국적인 현상이었고, 졸업 때가 되면 중·고등학교 교사들은 아이들의 일탈을 막기 위해 시내 곳곳을 순찰해야 했다. 그때까지 나는 일진이라는 말을 몰랐고, 그것이 초등학교 아이들 사이에서도 주류 문화가 되었다는 것은 더더욱 알지 못했다. 물론 교실에서 몇몇 인기 있는 아이들이 어울려 다니는 현상은 알고 있었지만, 그런 아이들을 일진이라고 부른다는 것을 알지 못했던 것이다. 당시 교육부는 일진이라는 말 대신에 불량서클이라는 용어를 사용했다. 지금 생각해 보면 일진이 아이들 세계에서 흔히 일어나는 현상이 아니라 특별히 불량한 아이들이 일으키는 소수의 문제로 축소시키려는 의도였다. 나 역시 일진은 학교 밖에서 물의를 일으키는 일부 특별한 아이들, 그것도 뉴스에 나오는 특정 지역 아이들을 일컫는 것이라고 생각했다.

그러다 2010년 6학년 아이들을 맡게 되면서 일진문화가 무엇인지 구체적으로 알게 되었다. 각 반에서 잘나가는 아이들이 쉬는 시간만 되면 복도에 나와 무리를 이루어 놀았다. 평범한 아이들은 그 무리 곁을 지나가지 못했고, 그 곁을 지나가려면 너무 무섭고 긴장된다고 호소했다. 그래서 동료 교사들과 함께 생활지도 명목으로 조를 짜서 쉬는 시간마다 아이들이 모여 있지 않도록 복도를 순시하기도 했다. 하지만 아이들은 나에게 그 아이들을 일진이라고 부른다는 것을 알려 주지 않았다. 그러던 어느 날 그 무리에 끼어 있는 우리 반 세호가 이런 말을 했다.

"얼마 전 야시장에서 놀고 있는데 진욱이한테 놀자고 전화가 왔어요. 만나서 3단지 아파트 배드민턴장으로 저를 데려갔어요. 알고 보니 진욱이가 중학교 형한테 오라는 전화를 받고 혼자 가기 무서우니까 저를 데려간 거예요. 거기 가니까 중학교 2학년 일짱 형이 가운데 앉아 있고 다른 형들이 양옆으로 쭉 늘어앉아 있었어요. 저랑 진욱이는 형들 앞에 섰는데 일짱 형이 우리보고 돌아가면서 웃겨 보라고 했어요. 무서워 죽는 줄 알았어요."

진욱이는 6학년 사이에서 짱으로 불리는 아이였고, 진욱이와 세호가 당한 일은 이른바 물갈이였다. 일진 선배들이 후배들 군기 잡는 것을 물갈이라고 한다. 일진 아이들 세계를 잘 몰랐던 나는 두려워하는 아이를 그저 안타까워하며 바라보고만 있었던 것이다.

눈앞에 어떤 사회현상을 대면하고 있으면서도 그 의미와 실상을 제대로 인식하지 못하는 증세를 황상민 교수는 『한국인의 심리코드』라는 책에서 '사회인식불능증'이라고 설명한다. 생각해 보니 내가 이 '사회인식불능증'이라는 병에 걸려 있었던 것이다. 어디 나뿐이랴. 대다수 교사들, 전문가들도 마찬가지일 것이다.

일진 아이들을 다른 말로 노는 아이들이라고 한다. 논다는 것은 어른처럼 논다는 것을 의미한다. 술 먹고, 담배 피우고, 노래방 가고, 연애하고, 오토바이 타고 이런 것으로 평범한 아이들과 차원이 다른 자기들만의 문화를 만들어 가는 것이다. 이런 과정을 통해서 거대한 네트워크를 형성한 일진 아이들은 개별화되어 있는 다른 아이들에 비해서 절대적인 우위에 설 수밖에 없다. 아이들이 왕따를 당하면서 어른들한테 도움을 요청하지 못했던 것은 어른들이 그 아이들을 제어할 수 있다는 어떤 기대도 할 수 없기 때문이다. 어른들의 무지가 일진과 왕따를 만들고 유지시키는 동력이 되는 셈이다. 이런 어른들의 불완전성과 무능력 때문에 여전히 아이들은 왕따와 일진문제로 고통받고 있다. 아이들은 자신들이 이야기하기 전에 어른들이 먼저 알고 해결하기를 바란다.

어른들이 일진문제를 해결하려면 먼저 정확한 진단이 필요하다. 일진문제는 학교폭력에 가장 큰 영향을 미치는 요소이기 때문에 일진문제를 고려하지 않고 학교폭력 문제를 다룬다는 것은 사실상 아무엇도 하지 않는다는 말과 같다. 그런데 어울림 프로그램에서는 일진에 대해 언급조차 하고 있지 않다. 증상 자체도 파악하지 못하고 있는데, 어떻게 올바른 진단과 그것을 바탕으로 한 처방이 나올 수 있을까. 그래서 평화샘 프로젝트에서 일진문제는 지난 20여 년 전부터 가장 중요한 문제였고, 지금도 그러하다는 것을 밝힘으로써 학교폭력 해결을 위한 주춧돌을 놓고자 한다.

## 새롭게 진화하는 일진문화

### 일진의 탄생과 문화 변동

1980년대까지만 해도 노는 아이들을 캡짱, 짱, 깡패, 날라리라고 불렀다. 이 아이들은 밖에서는 일탈행위를 했지만 학교 안에서는 조용히 지내는 비주류였다. 이러한 모습이 1990년대 중반 이전까지 이어지다가 1990년대 중반 이후 변화가 생겼다. 바로 공부 잘하는 아이들과 노는 아이들이 함께 어울리며 무리를 이루게 된 것이다.

그때 왜 이런 변화가 생겼을까?

이를 위해서는 1990년대 초 대중문화 지형의 변동을 살펴보아야 한다. 먼저 눈에 띄는 것은 대중문화의 수용 주체가 대학생에서 청소년으로 이동한 것이다. 이 세대는 그 이전 세대와 달리 용돈을 받으며 자란 세대이다. 그래서 뉴키즈온더블록이나 당시 아이돌 그룹의 내한 공연 티켓을 구입할 수 있는 경제력을 가지고 있었고, 워크맨(소형 녹음기)과 음반, 또는 테이프를 사서 소비할 수 있었다.

특히 이 시기는 대중문화가 양적, 질적으로 팽창하던 시기이다. SBS와 같은 민영방송이나 인터넷방송, 엠넷 같은 매체의 탄생은 대중문화를 양적으로 팽창시키는 요인이었다. 그리고 대중문화의 양적 변화는 질적 변화로 이어졌다. 연예인들에 대한 사회적 인식, 특히 청소년들의 인식이 크게 변했다. 부모 세대에는 연예인들을 딴따라라고 불렀고 공부 잘하는 아이들은 연예인을 추종하지 않았다. 그런데 1990년대 초반에 등장한 서태지나 GOD는 아이들 누구나 되고 싶어 하고 큰 영향을 주는 문화 권력이 되었다. 이제 공부 잘하는 아이나 예전에 놀던 아이나 모두 함께 놀 수 있는 기반이 만들어진 것이다.

이렇게 해서 공부 잘하는 아이, 싸움 잘하는 아이, 잘생긴 아이, 부잣집 아이들이 함께 놀면서 네트워크를 형성할 수 있게 되었고, 이로 인해 학교 안에서 가지는 영향력은 이전 세대와 비교할 수 없을 정도로 커졌다. 노는 아이들은 이제 교실과 학교 내에서 가장 높은 서열을 차지하고, 유행이나 놀이, 성에 관한 기준을 정하고 아이들에게 강요할 수 있는 힘을 갖게 된 것이다. [5]

---

5) 문재현 외, 『평화! 행복한 학교의 시작』, 살림터(2013), 171~172쪽.

## 일진문화의 진화

2012년 일진문화에 관한 최초의 단행본인 『학교폭력 어떻게 만들어지는가』가 출간되었다. 평화샘 교사들이 몇 년 동안 노력한 결과였다. 이 책은 2011년 대구 중학생 자살사건으로 학교폭력에 대한 사회적 관심이 높아져 큰 반향을 얻었다. 학교폭력을 담당하는 경찰들은 거의 이 책을 읽었고, 학교폭력 담당 장학사나 교사들 역시 많이 보았다고 한다. 일부 교사와 많은 경찰들이 일진문화를 이해하게 되면서 일진 아이들은 생존하기 위해 여러 가지 변화를 시도했다.

2011년 이전에는 교실과 학교에서 권력을 행사하는 과정이 공공연하게 일어났다. 삥 뜯기도 공공연하게 진행되었다. 선배한테 상납해야 하니까 돈 내라고 요구하고 연애기념일(투투데이, 백일기념일), 생일, 빼빼로데이 같은 기념일에 선물 등을 강요했다. 티켓 강매나 오토바이를 구입할 때 돈을 모금하는 형식으로 갈취하기도 했다. 그렇게 갈취한 돈을 아파트나 마을의 공원, 놀이터 등에서 선배에게 상납을 했고, 선배들은 상납이 잘 안 될 때 물갈이라 해서 집단적인 폭력을 행사했다. 또한 일진끼리 집단패싸움으로 짱 가리기를 하는 등 자신들의 힘을 과시하기도 했다.

하지만 자기들의 모습이 드러나면서 아이들은 보다 은밀하고 지능적인 방식으로 위계를 유지하고 강화시키는 모습을 보여 주었다. 일진과 일진문화가 어떤 양상으로 달라졌는지 마을 배움길 연구원과 학창 시절 일진이었던 청년의 대화를 통해 확인할 수 있다.

연구원: 2011년 이후 일진 내에서 변화가 있었다고 하는데 어떤 변화가 있었어요?

○○○: 2011년 대구 중학생이 자살하고 사회적으로 떠들썩하고 경찰들도 왔다 갔다 해서 조심스러웠어요. 그래서 직접 드러내기보다는 은밀해졌다고나 할까요. 삥 뜯는 것도 애매한 것으로 바꾸고, 경찰들이 와도 이걸 학교폭력이라고 해야 할지 애매하게요.

연구원: 삥 뜯는 것이 애매해졌다는 것은 무슨 뜻이에요?

○○○: 예전에는 수금하듯이 걷었는데 이제는 빌려 달라고 해요. 그런데 말이 빌리는 거죠. 안 갚는다는 것은 다 알죠.

연구원: 일진 내부에서도 부류가 나뉜다면서요?

○○○: 예, 조용한 아이들, 쉴드 치는 아이, 양아치 짓 하는 아이 이렇게 나눠요.

연구원: 어떤 기준으로 나누는 거예요?

○○○: 조용한 애들은 보통 학교생활이나 성적 같은 데 치중하면서도 부모님이 잘나가거나 형이 있거나 한 아이들이에요. 그런 아이들은 진짜 싸움을 잘하는 아이도 있지만 인맥이 쩔어서 싸움이 일어나면 인맥 통해서 해결해요. 굳이 나서지 않죠. 양아치 짓 하는 아이들은 그냥 약간 2진이라고 하기도 애매하고 3진이라고 부르기도 애매한 부류들이에요. 직접 몸으로 행동하는 아이들이요. 쉴드(방패) 치는 아이들은 선생님이 곤란할 때나 곤경에 빠진 아이들을 도와주기도 해서 마치 정의로운 아이들처럼 보일 수도 있어요. 그런데 그 아이들도 알고 보면 서열이 높은 아이들이에요.

연구원: 그 가운데 누가 가장 서열이 높아요?

○○○: 조용한 아이들이 가장 높죠. 걔네들은 학교에서 조용히 있어서

선생님들이 봤을 때 성적도 좋고 열심히 학교생활을 하니 괜찮은 아이라고 보죠.

**연구원:** 쉴드 치는 아이들은요?

**○○○:** 쉴드 치는 아이들도 서열이 아주 높아요.

**연구원:** 교사들 입장에서는 쉴드 치는 아이들에 대해서는 좋게 생각하겠는데요?

**○○○:** 그렇게 많이 생각하죠. 보통 그런 아이들이 학생회나 선도부에 잘 들어가요. 선생님 입장에서는 아이들 관리도 해 줘서 편하고. 젊은 선생님들 입장에서는 아이들을 잘 이끌어 가는 리더십 있는 아이들로 판단을 하기 때문에 보통은 그런 아이들이 선도부나 이런 곳에 들어가는 거예요. 그리고 잘못이 있어도 선생님들이 몰래 조금씩 조금씩 빼 줘요. 벌점이나 이런 것이 있으면 가라고 하고. 그런 것 많아요.

**연구원:** 그런 상황이라면 일진 아이들은 자신들의 문제를 선생들은 모를 거라고 하고, 피해 받는 아이들은 선생들이 우리를 도와줄 거라는 기대를 갖지 않겠네요?

**○○○:** 거의 기대를 갖지 않죠. 신고를 하든 뭐 하든 어차피 선생들은 적극적으로 나서지 않을 거고. 쉴드를 치는 아이들인 선도부나 반장 아이들이 이런 것이 들어왔다고 알려 주면 선생님들 눈 피해서 잠깐 안 하다가 또 하는 거고. 그러니 큰 기대감이 없죠. 그리고 젊은 교사들은 아이들 세계를 잘 아니까 일진 아이들과 친구처럼 지내고 일진 아이들은 자기가 세다는 것을 그렇게 증명하죠.


일진 아이들이 공공연하게 자신의 존재감을 드러내던 것에서 음

성적이고, 은밀하고, 나름대로 명분을 갖추려는 모습으로 바뀌고 있다는 것을 실감할 수 있었다. 이처럼 일진 아이들의 겉모습은 바뀌고 있지만 어른들은 이런 변화를 전혀 느끼지 못했다. 인터뷰에 나오는 것처럼 조용한 아이들은 모범생으로, 쉴드 치는 아이들은 정의로운 아이들로 여기고 있으니 말이다. 이런 일진 아이들의 변화에 대해서 교사들이 이해하지 못해 아이를 돕지 못하는 사례를 강의를 가면 종종 발견할 수 있다.

"예쁘고, 피아노도 잘 치고, 거기다 정의롭기까지 한 아이가 있어요. 그런데 어떤 아이가 '그 아이 때문에 힘들어 죽겠다. 나를 너무 힘들게 한다'고 하는 거예요. 저는 그 아이가 왜 힘들다고 하는지 이해가 안 돼요."

"선생님이 권력관계에 대한 이해가 없으면 아이는 말을 하기 어려울 겁니다. 그런데 지금 선생님은 힘들어하는 아이의 목소리를 전혀 받아들이지 않고 있으니 얘기할 수 없겠네요. 그리고 선생님이 생각할 때 그 아이가 정의롭게 행동한다는데, 어떻게 하는지 알고 싶군요."

"어떤 애들 사이에 문제가 있으면 걔가 나서면 딱 정리가 되는 거예요."

"여자아이들이 다른 아이들을 왕따시키는 명분이 세 가지가 있어요. 척하기, 따라쟁이, 꼬리치기인데 그 아이는 뭘 해도 다 허용되는 아이잖아요. 그럼 그 아이는 반에서 어떤 존재일까요?"

"아, 그럼. 얘가 여왕이네요. 공주네요."

교사들도 어쩌지 못하는 아이들의 문제 상황을 정리할 수 있는 아이라면 교사보다 더 강한 권력이 있다는 것을 의미한다. 그런데도 교사는 쉴드 치는 아이를 정의로운 아이로 여기고 교사를 돕는다고 착각한다면 과연 피해 아이를 도울 수 있는 길이 무엇이 있을까?

더욱이 교사들과 친분을 과시하고 선도부나 학생회장 등의 공식적인 권력까지 갖게 되면  명실상부한 권력이 되는 것이다. 이런 상황에서 평범한 아이들이 선택한 전략은 가능한 한 눈에 띄지 않고 자기만을 보호하는 것밖에 없다. 선생님과 기성세대를 원망하며 무력감과 분노에 휩싸인 채. 아무런 희망도 없으니 이곳이야말로 지옥이다.


## 일진문제를 어떻게 해결할 수 있을까?

우리가 학교폭력 문제를 해결하기 위해서는 구조와 상황, 심리와 관련된 문제를 전체적으로 파악해야 한다. 아이들 사이의 권력관계를 만들어 내는 것이 일진문제이고 그것이 상황을 규정하고 아이들의 심리를 다양하게 물들이고 있기 때문이다. 그런데 이 문제를 근본적으로 해결하기 위해서는 아이들의 노력만으로는 어렵다. 부모와 교사, 아이들이 동시에 노력해야 하며 그 시작으로 담임교사와 부모의 공동 행동이 필요하다. 한 학급의 부모와 교사가 협력해서 일진 아이를 변화시켜 가고 있는 평화샘 김 선생의 다음 사례는 그래서 중요하다.

"선생님, 어제 졸업생들이 왔는데, 우리 학교에 담배를 피우는 아이가 있다는 거예요. 그래서 제가 6학년 현성이냐고 물었더니 어떻게 알았느냐면서 깜짝 놀라더라고요."

복지실에 다른 문제를 상의하러 갔다가 복지사 선생님에게 우리반 현성이가 담배를 피운다는 말을 듣게 되었다. 담배는 초등학생이 쉽게 구할 수 있는 물건이 아닐뿐더러 작년부터 현성이가 6학년들과 어울려 다닌다는 것을 알고 있었기에 이 사안은 단순 일탈이 아닌 중학교 일진들과 연결된 사건일 거라는 직감이 왔다. 그래서 바로 현성이를 불러서 물어보았다.

"현성아, 너 담배 피운다는 이야기가 있던데?"

"네? 누가 그래요? 아닌데요."

"중학교 형들이 이야기했다는데."

"누가요?"

"누군지는 중요하지 않고 언제부터 피웠어?"

"딱 한 번 피웠어요."

"그래. 정말 그런지는 형들한테 더 물어보면 되고. 너 요즘에 중학교 형들하고 어울려 다니는 걸 본 사람들이 많던데, 누구랑 다니는 거야?"

"아, 그거는…."

"어떤 형들이랑 다녔는지, 그리고 담배는 어디서 뚫었는지, 몇 번이나 피웠는지 등등 자세한 내용을 여기에 적어 보자."

형들이랑 다니면서 담배를 구하고 피웠을 거라는 내 이야기에 현성이는 더 이상 변명하지 않고 자세한 내용을 종이에 적어 가기 시작했다. 담배를 뚫었다는 말은 일진 아이들이 사용하는 은어이다. 아이들은 이렇게 선생님이 자기들 세계의 언어를 이해하면 숨길 수 없다고 생각하기 때문에 술술 이야기하는 경우가 많다. 현성이를 통해 같이 어울렸던 중학교 아이들과 그 아이들 사이의 서열관계, 담배를 구한 장소 등을 자세히 알 수 있었다. 청소년이 담배를 사는 과정도 자세히 알 필요가 있어서 물어보았다.

"담배는 어디서 뚫었어?"

"중학교 형들이 가져왔어요."

"너는 담배 뚫는 곳 몰라?"

"○○동에 슈퍼가 하나 있는데 저도 한 번 심부름한 적 있어요."

"어떻게?"

"지나가는 어른한테 부탁해서 담배 뚫어 오라고 형들이 시켰는데, 도저히 못하겠어서 담배 못 뚫고 그냥 갔다가 혼났어요."

"냄새 문제는 어떻게 해결하니?"

"입 냄새는 가글로 해결하고요, 손가락을 사용하지 않고 나무젓가락에 끼워서 피워요. 핸드크림을 바르기도 하고요."

"그런 방법을 어떻게 알았어?"

"형들이 알려 주죠."

역시 예상대로 이 사안은 여러 중학교의 일진들이 연결된 사건이었다. 나는 즉시 생활부장에게 알리고 일진문제를 여러 번 다루어

보고 작년부터 현성이를 보아 온 3학년 이 선생에게 도움을 요청했다. 뿐만 아니라 그 이야기를 해 준 졸업생들의 담임이자 현재 동학년인 정 선생에게도 알리고 졸업생들에게 자세히 물어봐 줄 것을 부탁했다. 옆 반 박 선생에게는 현성이와 같이 어울려 다니는 아이들에게 이 사안에 대해 자세히 물어봐 달라고 했다.

현성이와 이야기하고 있는데 동학년 정 선생과 박 선생이 현성이 무리의 다른 아이들과 이야기한 내용을 가지고 왔다.

"선생님, 진석이가 그러는데 현성이가 ○○중 아이들을 만난 건 주로 PC방이었대요. 담배 피운 것도 꽤 된 거 같다고 해요."

"우리 반 민수도 현성이가 담배를 피우는 걸 알고 있었고 현성이가 △△중 애들과도 알고 지낸다고 했어요. 민수가 다니는 학원에 같이 다니는 애들이라고 하네요."

아이들의 이야기는 충격적이었다. 현성이 무리의 아이들은 모두 현성이가 담배를 피운 걸 알고 있었다. 현성이가 자랑하듯이 이야기를 해서 알고 있었는데 그동안 교사들에게는 절대 말하지 않았던 것이다.

## 일진의 세계로 들어가는 문—일진 용어

앞서 말한 것처럼 '담배를 뚫는다', '물갈이' 등의 일진 용어를 나와 이 선생이 사용하자 현성이는 더 이상 버티지 않고 사실을 이야기했다. 물론 전부는 아니었고 우리가 알고 묻는 정도에서만 이야기를 했지만 말이다. 일진 아이들은 자기들 세계의 비밀을 어른들에게 말하지 않는다. 이는 또래 안의 규칙이기도 하고, 어차피 말해 봤자 어른들이 알지도 못하고 해결할 수도 없다고 생각하기 때문이다. 따라서 아이들이 쓰는 언어나 행동이 무슨 의미인지 모를 때 교사나 부모들은 아이들을 도울 수 없다.

"물갈이 하러 간다고 해서 어항에 물 갈러 가는 줄 알았죠."

예전에 물갈이 사건으로 모인 부모들에게 상황을 이야기하자 그게 그런 것이었느냐고, 알았으면 못 가게 말렸을 텐데 몰라서 그냥 보냈다고 안타까워하던 태성이 할머니 경우가 그렇다. 이번에도 교사들이 일진에 대한 인식이 없었다면 그냥 선도위원회를 열고 징계를 하는 선에서 문제를 마무리했을 거고, 현성이는 일진 속으로 더더욱 깊게 빠졌을 것이다.

부모와 교사들이 협력하며 학교 차원에서 함께 해결해야 하는 일진문제

현성이와 면담을 마친 생활부장 임 선생은 교감, 교장에게 알리고 학교 차원에서 해야 할 일을 진행하였다. 현성이와 현성이 무리들, 그리고 졸업생들과 면담한 내용을 정리해 보니 현성이가 무려 4개 학교 중학생들과 관련 있다는 것을 알 수 있었다. 관련된 아이들만 11명이었다. 처음 우리가 생각한 것보다 훨씬 규모가 컸다. 학교에서는 전담기구 회의를 열어 공동 대응하기로 했다. 나는 바로 현성이 부모님을 만나서 이야기를 했다.

"어휴, 좀 이상하긴 했어요. 주말이면 집에 있지를 않고 늘 바깥으로 돌아다니고, 용돈도 주면 금세 써 버리고 무엇보다 손에 자꾸 핸

드크림을 바르는 거예요. 설마 했는데 그게 담배 냄새 없애려고 그 랬던 거네요."

해마다 학교폭력 문제로 학교를 자주 방문했던 현성이 엄마는 마음고생이 심했는지 어두운 얼굴로 이야기를 했다.

"중학교 형들하고 어울려 다니면서 담배 심부름도 하고 그랬던 것 같아요. 무엇보다 중요한 건 현성이가 중학교 형들하고 어울리지 않게 하는 거예요."

"맞아요. 그래서 형들하고 놀지 말고 친구들하고 놀면 좋겠다고 했더니 친구들하고 놀면 재미가 없다네요. 형들하고 노는 게 재미있다고요."

"현성이랑 이야기를 해 보니, 페북을 통해 형들하고 연결이 되어 있어요. 그래서 인터넷 사용에 대해 집에서 이야기하고 약속하는 게 필요할 것 같고요. 저는 현성이가 친구들과 어울려 놀 수 있도록 노력해 보겠습니다."

"그럼 주말에는 현성이가 중학교 형들을 만나지 않게 당분간 외갓집에 데려갈게요. 거기는 인터넷도 안 돼서 형들하고 연락할 수 없을 거예요. 그리고 과수원에서 할아버지, 할머니랑 같이 일을 하다 보면 저도 생각을 좀 하겠지요."

현성이 어머니와 이야기를 해 보니 비교적 일진문제의 심각성을 잘 알고 있었다. 그래서 현성이 문제를 일진문제로 바라보고 부모와 학교가 함께 협력해서 문제를 해결해야 한다는 것에 쉽게 동의했다.

생활부장인 임 선생은 현성이와 관련된 아이들을 추가 면담하면서 중학교 일진들과 어떻게 연락하는지, 더 당한 피해는 없는지 등을 알아보았다. 전담기구 회의 전 매일 오후에 여러 아이들을 면담하느라고 바쁜 임 선생이 걱정이 되어 물어보았다.

"선생님, 힘들지 않아요? 내가 도울 일이나 함께 할 일이 있으면 말해 주세요."

"괜찮아요. 발견의 기쁨이 있어요. 매일매일 아이들 말이 달라지네요. 고구마줄기에서 고구마가 줄줄 달려오는 느낌이에요. 이 사건으로 제가 가장 많이 배우는 것 같아요."

걱정과는 달리 환한 얼굴로 임 선생이 대답했다. 전담기구 회의에서는 그동안 아이들과 면담을 통해 알게 된 내용을 공유하고 대책을 함께 논의했다. 임 선생은 현성이가 자신이 담배를 피운 사실이 알려지자마자 페북 메신저를 통해 형들에게 알렸고, 형들은 자신들과 나눈 이야기를 모두 삭제하지 않으면 죽여 버리겠다고 협박한 사실도 말했다고 했다. 그 뒤로 현성이가 겁에 질렸는지 이야기를 잘 안 한다는 것이었다. 그래서 전담 경찰의 도움을 받기로 했다. 현성이 부모의 동의를 받아 전담 경찰관이 교장실에서 현성이를 만났다. 현성이는 경찰을 만난 뒤에 형들의 협박에서 벗어날 수 있다는 안도감이 들었는지 우리에게 말하지 않았던 이야기들을 털어놓았다.

중학생들과 만날 때마다 상습적으로 맞고, 물건을 훔치는 방법을 알려 주고 실제로 하게 했으며 일진 형들에게 담배 상납 심부름도 자주 했다는 이야기를 했다. 이렇게 파악한 상황을 4개 중학교에 알렸고, 공동 학교폭력대책자치위원회를 열게 되었다. 무척 복잡하고 규모가 큰 사건이었지만 교사들이 일진과 일진문화에 대해 공유가 되어 있었기에 같은 원칙을 가지고 쉽게 협력할 수 있었다. 이 과정에서 교사들의 협력과 학교가 공동 대응하는 것만이 일진문제를 해결할 수 있는 길임을 다시 한 번 확인할 수 있었다.

### 다시 친구들 곁으로 돌아온 현성이

공동 학교폭력대책자치위원회가 끝나고 한결 표정이 편안해진 현성이를 보면서 3월 첫날 현성이의 모습이 떠올랐다. 현성이는 반 아이들이 함께 노는데 하기 싫다면서 심드렁한 표정으로 의자에 앉아 있었다. 아이들과 신나게 놀다가 잠시 후 바라보니 심심했는지 책상 위에 엎드려 자고 있었다. 5학년 때부터 반 친구들과 잘 안 어울리는 것을 알고 있었던 터라 좀 더 시간을 두고 기다려 보자는 생각에 그대로 두었다. 그 이후에도 현성이는 친구들이 노는 모습을 유치하다는 듯한 표정으로 지켜보기만 할 뿐 함께 어울려 놀지 않았다. 그랬던 현성이가 이 사안에 대해 학교가 대응해 가는 과정을 보면서 조금씩 바뀌어 갔다. 쉬는 시간이면 아이들과 어울려 돈가스 놀이도 하고, 공기놀이도 하면서 조금씩 밝아지기 시작했다. 수업 시간에도 늘 어두운 표정으로 앉아 있기만 하고 숙제도 잘 해 오지 않던 현성이었는데, 과제도 잘 해 올뿐더러 수업 시간에 농담도 하고 발표도 적극적으로 했다. 그러자 현성이가 무서워서 눈치만 살피던 아이들이 점점 현성이에게 다가가기 시작했다. 쉬는 시간이면 같이 놀자고 하고, 현성이가 실수를 하거나 해야 할 일을 하지 않으면 이야기하는 아이들이 생겨났다. 현성이가 아이들 속으로 들어온 것이다.

"현성아, 친구들하고 노니까 어때?"

"형들하고 노는 것만큼 재미있지는 않지만 그래도 나름 재미있고 편해요."

내 질문에 씨익 웃으며 대답을 했다. 그렇게 한 달여를 지내고 난 후 퇴근 무렵에 현성이 어머니에게 전화가 왔다.

"요즘 현성이가 학교에서 어떻게 지내는지 궁금해서요."

"친구들하고 잘 놀고 수업 시간에도 잘 참여해요. 집에서는 어떤 가요?"

"요즘 같아서는 너무 행복해요. 이랬던 적이 없었던 것 같아요. 집에서도 잘 지내고 있답니다. 정말 감사해요. 선생님. 그런데 한 가지 부탁드리려고요. 요즘 지훈이랑 친하게 지내는데 PC방을 자주 가서요. 형들이 안 오는 PC방을 간다고는 하는데 걱정이 돼요. 선생님께서도 한번 이야기해 주세요."

"네, 그럴게요. 페북이나 이런 건 형들하고는 안 하나요?"

"네, 저번에 탈퇴하고 나서는 안 하는 것 같기는 한데 한 번 더 확인할게요."

현성이 엄마와 통화를 마치고 나서 부모와 학교가 같은 원칙을 공유하는 것이 얼마나 중요한지 생각했다.

## 스쿨미투를 통해 본 일진의 실상과 해결 가능성

일진문제 해결을 위해서는 아이들의 수직적 서열관계를 수평적인 관계로 만드는 것이 중요하다. 요즘 아이들 사이에서 관계를 평등하게 만들어 가는 자생적인 흐름이 스쿨미투이다. 이 스쿨미투가 아이들 관계를 어떻게 변화시키는지 파악하기 위해서 관련된 여고생들과 이야기를 나누어 보았다.

"요즘엔 일진 애들한테 별로 신경 안 써요. 전에는 공주처럼 떠받들어 주고 비위를 맞춰 줬는데 지금은 그냥 대충 맞춰 줘요."

아이들이 일진 아이들을 대수롭지 않게 여기는 듯한 태도가 느껴졌다.

"스쿨미투 과정에서 무슨 일이 있었던 거야?"

"선생님한테 성추행을 당한 애들이 트위터에 경험을 공유하고 그러니까 우리들끼리 뭔가 끈끈함이 생긴 거예요. 끈끈해지면 일진 아이들이 우리한테 함부로 하기 어렵잖아요? 우리에게 힘이 생긴 거죠. 우리가 자기들을 무서워해야 하는데 안 그러니까 더 짜증을 내는 거예요. 문을 쾅쾅 닫는다든지, 이러니까 오히려 반감만 더 사죠."

옆에 있던 또 다른 여고생이 눈을 반짝이며 말했다.

"우리 학교는 살짝 싸웠어요. 걔네가 우리(스쿨미투 한 아이들)를 싫어하니까 우리도 틱틱거렸거든요. 그러니까 걔네들이 빡쳐서 우리를 꼽줬어요. 그래서 우리도 꼽줬어요."

"꼽이 뭐야?"

"음… 눈치 주는 거요."

절대 무너질 것 같지 않았던 일진 아이들의 권력구조에 금이 가기 시작한 계기가 궁금해졌다.

"일진 애들이 영향력을 잃고 다른 아이들 반감을 사게 된 결정적인 계기가 있어?"

"우리가 스쿨미투 한 거를 공론화시키기 위해 트위터에 올렸잖아요. 근데 일진 애들이 누가 올렸는지 찾겠다고 트위터 솎아 내고, 폰 검사도 하려고 했어요. 페북에 저격글[6]도 올렸고요. 그러니까 애들이 '쟤네 왜 저래?' 그러고. 자기들도 성추행 피해자인데 우리랑 같이 싸우는 게 아니라 오히려 공격하는 거잖아요. 그런 것 때문에 애들이 '일진 애들은 선생님들한테 평생 당하고만 살 거다.' 이렇게 생각해요."

한 학교에서는 교장실과 복도에 붙인 미투 게시물을 일진 아이들이 떼어 내는 일도 있었다. 그러자 교장은 전교생이 모두 모인 자리에서 일진 아이들에게 고맙다고 이야기하고, 가해 교사는 형식적인 사과로 무마하려고 했다. 이 상황에서 스쿨미투 한 아이들은 분노했다. 가해 교사의 사과 이후 일진 아이들은 눈물을 흘리며 'OOO 선생님, 불쌍하다', '내가 뒤져서 트위터에 올린 애 찾는다'는 말을 하여 스쿨미투 한 아이들을 위축시키려는 분위기를 만들기도 했다.

"그런 교장 선생님이나 선생님들 보면 어떤 생각이 들어?"

---

6) SNS에서 특정인을 공격하거나 흉보기 위해서 쓰는 글.

"열 받죠. 처음부터 우리 편이 아니라고 생각은 했지만…. 일진 애들이나 그런 선생님들이나 둘 다 나빠요."

"저는 기대를 안 해서 실망도 없었어요."

시무룩하게 생각에 잠겼던 한 아이가 말을 이었다.

"원래부터 선생님들은 일진 애들하고 친해요. 어떤 선생님은 일진 애한테 조용히 시키라고 하고, 또 선도부도 자기들이 갑질하는 거 같으니까 센 일진 애들 대신 시키는 거잖아요."

"선생님들이 다 그래?"

"꼭 그런 건 아니에요. 이번에 스쿨미투 할 때도 젊은 여선생님이 힘내라고 하긴 했는데 목소리를 크게 내지는 못했어요. 좀 경력이 있고 영향력이 있는 선생님이 해야 되는데."

이야기하는 내내 이 사회의 어른으로서 아이들에게 미안한 마음이 들었다.

지금까지 일진 아이들은 예쁜 것, 멋진 것, 좋은 것 등을 독점하고 그것을 자신의 취향으로 드러낼 수 있어 평범한 아이들에게 선망의 대상이 되었다. 동시에 마음에 들지 않는 아이를 하룻밤 사이에 왕따로 만들 수 있는 힘을 가지고 있고, 끊임없이 수업을 방해하며 '교사 간보기' 또는 '교사 길들이기'를 하여 교사와 맞먹는 힘을 가지고 있다는 것을 과시하기 때문에 두려움의 대상이기도 하다. 그러면서도 평범한 아이들 입장에서 아이들을 무시하거나 꼰대질하는 교사들에게 할 말 하는 존재이기도 하다. 이렇게 평범한 아이들은 일진 아이들을 선망과 두려움이 뒤섞인 존재로 여기는데, 이런 일진 아이들의 위상이 스쿨미투 이후 달라지기 시작한 것이다. 스쿨미투 운동을 하거나 지지하는 아이들 입장에서는 이제 일진 아이들이 두려움과 선망의 대상이 아니라 교사들의 앞잡이, 찌질하고 한심한 아이들이라는 생각을 하게 됐다.

우리 사회의 가부장적인 권력구조가 일진과 일진문화를 만들어놓았다. 어른들은 일진문제 해결에 도움은커녕 걸림돌만 되고 있는데, 아이들은 스쿨미투를 통해 스스로 해결의 실마리를 찾아가고 있었다. 어둠 속을 비추는 한 줄기 빛처럼.


## 지금은 우리 사회가 일진문제 해결에 응답할 때

우리 사회가 일진문제를 해결할 수 있는 기회는 여러 번 있었다. 1990년대 초반 일진 아이들이 거대한 패싸움을 벌이면서 수백 수천 명이 경찰에 잡혔을 때 제대로 대응했더라면 지금과 많이 달랐을 것이다. 하지만 경찰은 그 엄청난 숫자에 놀라 대처를 하지 못했고 교육부는 일진에 대한 파악도 못 하고 감추기에만 급급했다. 일진문제가 다시 사회적 의제가 된 것은 2005년이다. 한 교사가 '일진회'의 실상을 사회에 알리면서 그 폭력성, 대담성, 조직성에 온 사회가 경악했던 것이다. 하지만 이때도 교육부가 아무런 대응을 하지 않았기 때문에 문제 해결을 시도조차 하지 못했다.

그리고 2011년 대구 중학생 자살사건 이후 일진문제가 다시 한 번 사회의 중심적 의제가 되었다. 특히 평화샘이 출간한 『학교폭력 어떻게 만들어지는가』는 일진의 구체적 실상에 대한 이해와 문제 해결을 위해 우리 사회가 할 역할에 대한 공감대를 만드는 역할을 하였다. 경찰과 심리학자, 일반 사회에서는 열화와 같은 반응이 있었지만 일진문제에 가장 적극적으로 나서야 할 책임 있는 단위인 교육부와 교육청은 뒷짐만 지고 있었고 공식적인 답변은 '일진은 없다'였다.

그런데 평화샘 책임연구원이 총리와 토론하는 자리에서 이 문제를 전격 제기했고 모든 언론이 이 문제를 다루면서 교육부는 어쩔 수 없이 일진 조사를 실시했다. 그 결과 대다수 학교에 일진이 있고 일진에게 피해를 당했다는 답변이 나왔다. 이런 결과를 놓고도 교육부는 '일진경보제'를 추진하겠다고 해서 사회적 비난을 초래했다. 일진경보제는 표본조사에서 일정 점수 이상 나오거나 한 학교에서 일진 신고가 2회 이상 들어와 폭력 서클의 존재가 확인되면 관할 경찰서장의 지휘 아래 일진회를 척결한다는 것이다. 교육부의 이런 정책은 대다수 학교에 존재하는 일진을 소수 몇몇 학교의 문제로 몰고 가 결국 일진문제 해결을 더 어렵게 했다. 그나마 교육부에서 일진에 대해 언급하는 것조차 얼마 지나지 않아 사라졌다.

결국 2013년부터 국가수준 학교폭력 예방 프로그램이라고 추진하는 어울림 프로그램에 일진에 대한 대책은 말할 것도 없고 일진에 대한 언급조차 하지 않았다. 학교 서열의 최상위에 있으면서 왕따, 전따, 선따, 서틀 등 심각한 학교폭력을 주도하는 일진에 대해 모른 척하고 방관하는 것은 학교폭력 문제를 다루지 않겠다는 것과 같다. 일진을 외면하고 피해자한테 모든 책임을 떠넘기는 어울림 프로그램의 방식은 일진 아이들의 권력을 더 공고히 하고 창궐하게 하는 역할을 하고 있다고 할 수 있다.

'아, 우리 세계를 전혀 이해하지 못하는군. 이 바보들은 우리들이 얼마든지 속일 수 있어.'

일진 아이들이 교육부와 어른들을 비웃는 목소리가 귓가에 들리는 듯하다. 언제까지 교육부는 일진문제를 외면하고 방관할 것인가? 스쿨미투를 통해 아이들이 스스로 일진문제 해결에 실마리를 찾아가는 지금이 교육부와 우리 사회에서 일진문제를 해결할 수 있는 마지막 기회일지 모른다. 일진문제를 해결하기 위해서는 아이들의 세계를 이해하기 위한 어른들의 사회적 공동학습과 모든 아이들을 보살필 수 있는 연대와 협력이 절실하다.

예방교육은
실제 상황에 적용하기 위한 것이다

김명신

## 학교폭력은 어울림 프로그램을 하지 않은 학교의 책임?

올해 초 이상한 소리를 들었다. 충청북도교육청 교장 연수에서 학교 폭력 사안이 발생했을 때 어울림 프로그램을 진행하지 않았을 경우 교사에게 책임을 묻겠다고 했다는 것이다. 먼저 든 생각은 검증도 안 된 프로그램을 교사들의 의견을 묻지도 않고 사회적 토론도 하지 않은 상태에서 강압적인 방법으로 내려 먹이는 권위주의 행정이 민주정부에서도 여전히 진행되고 있다는 황당함이었다. 또 하나의 느낌은 교육부가 프로그램 개발로 할 일 다 했으니 나머지 모든 문제는 교사들의 책임이라는 꼼수와 무책임한 태도를 보이는 것에 대한 분노와 거부감이었다.

나는 지난 11년 동안 평화샘 모임에 참여하면서 평화샘 프로젝트를 통해 평화로운 교실과 학교 만들기를 해 왔다. 아마도 전 세계에서 학교폭력 문제를 이렇게 장기적이고 체계적으로 연구하는 사례는 없을 것이다. 그런데 학교폭력을 오래 연구하지도 않고 실상도 모르는 사람들이 만든 프로그램을 무조건 하라고 하니 내 자부심에 상처를 주는 폭력적인 진행 방식에 화가 났다. 그래서 정말 어울림 프로그램을 하지 않으면 책임을 물을 정도로 학교폭력 예방 프로그램의 속살을 가지고 있는지 살펴보았다.

어울림 프로그램은 공감, 의사소통, 갈등해결, 감정조절, 자기존중감, 학교폭력 인식 및 대처의 총 6개 모듈로 되어 있으며 각 모듈은 초등 저학년과 고학년, 중학교, 고등학교용으로 구분되어 있다. 다시 학교 급별에 따라 기초와 심화(심층), 교사용, 학부모용으로 나뉘어 총 96종에 달했다. 기초와 심화는 2차시에서 5차시 내외로 구성되어 있다. 그 많은 프로그램을 보고 있자니 너무나 비슷한 내용들이 반복되어서 읽을수록 늪에 빠져드는 느낌이 들었다.

이 많은 프로그램을 현장에서 다 할 수 있을까?

교육부는 비슷한 내용들을 왜 이렇게 모듈로 나누어서 보급하는 것일까?

모듈을 다 하지 않고 현장에서 필요하다고 생각하는 모듈만 뽑아서, 아니면 각 모듈에서 몇 차시만 뽑아서 해도 된다고 이야기하고 있는데, 그렇게 해도 정말 예방 프로그램의 역할을 할 수 있을까?

어울림 프로그램을 살펴보면서 의문점들이 계속 꼬리를 물었다. 어떤 프로그램이 학교폭력 예방 프로그램이 되려면 적어도 세 가지 기준을 충족할 수 있어야 한다.

첫째, 학교폭력 예방, 대처, 회복의 전 과정을 포괄하고 있어야 한다.

둘째, 프로그램 안에 방어자로서 본보기가 있어야 한다.

셋째, 문제를 해결하기 위한 공동 행동이 있어야 한다.

그러면 어울림 프로그램이 이러한 조건을 갖추고 있는지 한번 살펴보도록 하자.


## 그들만의 검증을 받은 어울림 프로그램

예방 프로그램이 되려면 문제 상황에서 실제로 적용 가능해야 한다. 또한 피해자의 입장에서 문제를 해결하고, 그 과정에서 상처받은 사람들을 치유할 수 있는 회복의 과정이 있어야 한다. 그러나 어울림 프로그램은 진단 부분에서 이야기했던 것처럼 피해자가 아닌 가해자의 입장에 서 있으며, 교사가 일상생활 속에서 진행할 수 있는 프로그램이 아니기 때문에 회복 과정 역시 존재하기 어렵다. 그런데도 교육부는 어울림 프로그램이 예방 및 대처 프로그램으로 검증을 받았으며 유의미한 결과가 나왔다고 말하고 있다. 과연 그럴까?

"어울림 프로그램을 실제 상황에 적용해서 문제를 해결해 본 사례가 학교에 있나요?"

"어울림 프로그램은 사례 하나하나에 대처하려고 도입하는 것이 아니라 일단 계획을 세우고 예방교육을 하는 거예요. 그 일이 있든 없든 간에 아이들의 의사소통능력을 기르고 싶다면 아이들이 집중적으로 주고받는 말, 언어표현 이런 거. 그러면 선생님이 차시를 정해 가지고 국어시간에 몇 차시 몇 차시 해서 뽑아 가지고 이때는 어울림에 있는 것을 따다가 공부를 좀 시키겠다. 그러니까 국어시간에는 국어 안에 있는 내용을 가져다가 하는 거예요. 그런 교과 시간에 비슷한 것을 넣어 가지고 한마디로 인성교육을 하는 거예요."

위 내용은 충북에서 2년간 어울림 프로그램 연구학교를 진행한 연구부장과 인터뷰한 것이다. 이 학교는 충북에서 어울림 프로그램 보급을 위해 대표로 내세우고 있는 학교이며 그 학교의 연구부장은 어울림 프로그램 연수를 진행하는 대표 강사다. 그에게 어울림 프로그램을 적용해서 학교폭력 문제를 해결하거나 대처한 사례가 있느냐고 몇 번을 물었지만 어떤 답변도 듣지 못했다. 해결 및 대처 사례가 없으며 실제 현장에서 적용을 하기 위한 프로그램이 아니라 예방을 위한 프로그램일 뿐이라는 말만 되풀이했다.

예방 프로그램은 실제 상황에 적용하기 위한 것인데 실제 상황에 적용해 본 사례도 없고, 그냥 예방교육이라니! 화재예방훈련은 불이 났을 때 대처하기 위한 것이다. 예방교육과 실제 적용이 분리된다면 그것은 예산과 인력의 낭비일 뿐이다.

그런데 이상하게도 교육부에서 실시하는 어울림 프로그램에 대한 설문 결과는 긍정적으로 나온다고 한다. 왜 이런 차이가 생길까 궁금하던 차에 뜻하지 않게 실제 어울림 프로그램 운영 학교의 한 교사와 나눈 대화에서 그 단서를 찾을 수 있었다.

"어울림 프로그램을 어떻게 운영했어요? 내용이 엄청 많던데. 여섯 가지 모듈을 다 해 보셨나요?"

내 질문에 권 선생은 고개를 갸웃거리며 대답했다.

"올해로 3년째 운영하고 있는데 첫해에는 교육과정에 넣으라고 해서 몇 글자 추가해서 적기만 했고, 그다음부터는 자율적으로 하라고 해서 그것도 없었어요. 모듈? 그게 뭐예요?"

"공감, 자기존중감, 의사소통, 감정조절, 갈등해결, 학교폭력 인식 및 대처, 이렇게 여섯 가지 모듈로 되어 있잖아요. 거기에 학생용은 기본과 심화, 교사용, 부모용 이렇게 있어요."

권 선생은 눈을 동그랗게 뜨고 말했다.

"담당자가 그런 얘기 안 해 줬는데. 있는 줄도 몰랐어요."

"그럼 예산은 어디에 써요? 결과는 제출하나요?"

"아, 예산은 체험학습비나 학급 행사에서 필요한 부분에 썼어요. 결과 제출은 따로 없고 처음 시작하기 전에 설문조사하고, 끝날 때도 해요. 담당자가 그래도 예산 받아 썼으니 좋게 써 주는 게 좋지 않겠냐는 얘기는 했어요."

이런 방식으로 검증되었다면 좋은 결과가 나오는 것은 당연할 것이다. 교육부에서 말하는 검증은 긍정적인 답변을 할 수밖에 없는 사람들을 대상으로 한 설문지를 취합한 것일 뿐이다. 검증은 개발하거나 운영하는 사람들이 아니라 실제 당사자들이나 비판하는 사람들한테 받는 것이다. 교육부처럼 폐쇄회로 안에서 서로 짜고 치는 방식의 내용을 검증이라고 하는 것은 손바닥으로 하늘을 가리는 것이나 다름없다.

## 왜 괴롭힘을 갈등이라고 둔갑시킬까?

— 학교폭력에 대한 인식 공유를 불가능하게 하는 어울림 프로그램

학교폭력을 예방하는 데서 가장 중요한 것은 올바른 진단과 함께 그것을 모두가 이해할 수 있는 언어로 표현할 수 있어야 한다. 집단 괴롭힘을 갈등이라고 해서도 안 되고, 갈등을 집단 괴롭힘이라고 해서도 안 된다. 먼저 아이들이 생활 속에서 이해하는 괴롭힘과 갈등에 대해서 들어 보자.

"얘들아, 너희는 어떤 것이 갈등이고 어떤 것이 괴롭힘이라고 생각해?"

"갈등은 서로 기분이 나쁘고 서로 의견이 안 맞는 거고요. 괴롭힘은 한 사람만 좋고 다른 한 사람은 싫은 감정을 느끼고 스트레스가 쌓이는 관계요."

"갈등은 쌍방이 의견이 안 맞아서 서로 자기주장만 하는 거요. 그리고 괴롭힘은 한 명 또는 여러 명이 한 사람을 때리거나 돈을 뺏거나 싫어하는 말이나 행동을 하는 거요."

아이들의 여러 의견을 표로 만들어 보니 아래와 같았다. 그 가운데 가장 가슴에 콕 박혔던 것은 갈등은 권력이 비슷한 사람 사이에서 일어나는 것이지만 괴롭힘은 권력의 차이가 있을 때 생기는 것이라는 말이었다. 아이들은 힘이라는 말보다 권력이라는 말을 더 강조하고 자연스럽게 했다.

| 갈등 | 괴롭힘 |
|---|---|
| 둘이 싸우는 것<br>두 사람 다 기분 나쁜 것<br>의견이나 생각에 차이가 있는 것<br>두 사람 다 싫은 것<br>권력(힘)이 비슷한 사람끼리 일어나는 것 | 한 사람만 기분이 좋은 것<br>가해자만 기분이 좋은 것<br>당하는 사람은 기분이 나쁜 것<br>권력(힘)의 차이가 있을 때 |

아이들과 잠깐 이야기해 보아도 괴롭힘과 갈등은 이렇게 명확하게 정리가 된다. 올베우스 프로그램이나 키바 코울루 프로젝트, 평화샘 프로젝트도 아이들의 정의와 크게 다르지 않다. 그런데 교육부나 어울림 프로그램 개발자들은 이 두 가지 개념을 구분하지도 못하는 것 같다. 우리가 볼 때 분명히 집단 괴롭힘으로 보이는데 그것을 갈등이라고 하기 때문이다. 그래서 아이들은 이것을 어떻게 생각하는지 다시 한 번 물어보았다.

"얘들아, 어울림 프로그램에서는 왕따가 갈등이라고 하는데 너희들도 그렇게 생각하니?"

"그게 어떻게 갈등이에요? 괴롭힘이죠."

아이들은 당연한 걸 왜 묻느냐는 듯이 나를 쳐다보며 대답을 했다.

| 자기가 원하는 대로 하지 않으면 따돌림시킬 거라고 협박을 한다. | 짝이 자꾸 내 물건을 허락 없이 가져다가 사용한다. | 친구가 나에 대해 근거 없는 소문을 퍼트리고 다닌다. |
|---|---|---|
| 친구랑 장난치다가 내가 한 대 맞았다. | 운동장에서 축구를 하는데 다른 학년 아이가 자꾸 내 방향을 막아서고 저기 가서 놀라고 한다. | 화장실에서 손을 씻다가 물이 튀어서 젖었는데. 옆의 아이는 "불만 있냐?"라고 협박을 한다. |
| 내가 실수로 웃긴 소리를 냈는데, 자꾸 뒤에서 따라 하며 놀리고 다른 친구들도 같이 하게 만든다. | 화장실에 들어가다가 옆 반 친구와 부딪혔는데 그 친구가 나를 툭툭 치면서 시비를 건다. 이럴 때 나는 어떻게 할 것인가? | 휴대폰 채팅방에서 단체 방을 만들어 나에 대한 험담을 하는 것을 알게 되었다. |

그러고 나서 갈등해결 모듈의 '이럴 때 내 마음은 이래'라고 표현하는 활동 가운데 갈등상황의 예시 자료[7]를 보여 주고 아이들에게 물어봤다.

"애들아, 어울림 프로그램에서는 이것이 갈등상황이라고 하는데 너희들은 어떻게 생각해? 먼저 자기가 원하는 대로 하지 않으면 따돌림시킬 거라고 협박을 한다."

"그건 당연히 괴롭힘이죠."

"이건? 짝이 자꾸 내 물건을 허락 없이 가져다가 사용을 한다."

"그것도 괴롭힘이죠."

하나씩 읽어 갈 때마다 아이들의 목소리가 커졌다. 눈을 동그랗게 뜨고 어이가 없다는 표정을 짓는 아이, 기가 막힌다는 표정으로 소

---

7) 갈등해결, 초등학교 고학년 학생용 심화, 23쪽.

리치는 아이, 답답하다는 표정으로 쳐다보는 아이, 예시를 들을 때마다 많은 아이들이 왜 괴롭힘을 자꾸 갈등이라고 하느냐며 화를 내고 항의를 했다.

"그게 어떻게 갈등이에요. 괴롭힘이죠. 말도 안 돼!"

"이렇게 갈등이 생길 때 갈등해결 6단계로 해결을 하라고 하는데 한번 들어 봐. 세빈이의 이야기를 읽어 줄게."

---

**[활동자료 3] 세빈이의 이야기[8]**

월요일 아침이다. 세빈이는 요즘 종겸이 때문에 학교에 가는 것이 괴롭다. 종겸이는 동네 형들이랑 같이 어울려 다니고부터는 자기가 학년에서 대장이나 된 듯 시비를 걸고 명령을 한다. 웬만하면 문제를 크게 만들고 싶지 않아서 오랫동안 참고 있는데 점점 짜증이 난다. 오늘은 선생님이 세빈이와 종겸이에게 분리수거를 시키셨다. 종겸이는 잠깐 같이 드는 척을 하더니 교실을 나서서는 "야! 네가 혼자 다 해"라고 말하며 먼저 걸어갔다. 그러자 세빈이는 "선생님이 같이 하라고 하셨잖아, 무겁다 같이 하자"고 하였다. 그런데 종겸이는 "너 지금 나한테 까부는 거냐?"고 하면서, 세빈이가 겨우 들고 있는 분리수거함을 발로 툭툭 찬다. 세빈이는 순간 화가 나서, "야, 너 뭐야! 내가 우습냐?"라고 이야기했다. 그러자 종겸이는 "어쩌라고, 너 형들한테 혼나 볼래?"라고 하였다.

---

– 갈등상황 이야기를 제시한 후 갈등해결 학습지에 이야기에 나오는 인물에게 갈등해결 6단계를 적용해 보도록 한다.

---

**[활동자료 4] 갈등해결 6단계**

1단계_ 갈등상황을 멈추고 같이 해결하자고 제안하기
2단계_ 상대방에게 내가 원하는 것과 이유를 말한다.
3단계_ 나의 감정을 상대방에게 말한다.
4단계_ 상대방의 감정과 원하는 것을 들어 본 후, 상대방이 원하는 것을 이야기한다.
5단계_ 아이디어를 같이 이야기해 보고 좋은 것을 살펴본다.
6단계_ 같이 합의할 수 있는 대안을 고르고, 갈등을 조정하는 것을 말한다.

---

8) 갈등해결, 초등학교 고학년 학생용 심화, 33~36쪽.

이야기를 듣는 내내 아이들의 표정은 심각했다.

"이건 갈등일까? 괴롭힘일까?"

"괴롭힘이요!"

아이들은 입을 모아 큰 소리로 말했다.

"자, 그럼 갈등해결 6단계를 이 이야기에 적용해 보자. 먼저 1단계 갈등상황을 멈추고 같이 해결하자고 제안하기."

"에이, 어떻게 말해요. 말하면 맞을 텐데!"

내 이야기가 끝나자마자 어이가 없다는 표정으로 은정이와 유안이가 소리쳤다.

"2단계 상대방에게 내가 원하는 것과 이유를 말한다."

"이미 말했잖아요. 같이 치우자고."

"3단계 나의 감정을 상대방에게 말한다."

"어떻게 말해요. 무서운데."

"4단계 상대방의 감정과 원하는 것을 들어 본 후, 상대방이 원하는 것을 이야기한다."

"그것도 이미 말했는데 뭘 또 이야기해요. 혼자 치우라고 했잖아요."

재호가 답답하다는 듯이 이야기했다.

"5단계 아이디어를 같이 이야기해 보고 좋은 것을 찾아본다."

"말도 안 돼요."

"종검이는 권력이 있는 아이인데 어떻게 그래요."

찬미와 태수가 화난 목소리로 소리쳤다.

"6단계 같이 합의할 수 있는 대안을 고르고, 갈등을 조정하는 것을 말한다."

"이건 절대 안 돼요. 불가능해요."

갈등해결 단계를 말할 때마다 아이들이 하도 화를 내서 진정을 시키고 이야기를 해야 했다.

"그런데 얘들아, 교육부는 이 어울림 프로그램을 하면 학교폭력이 줄어든대. 너희들 생각은 어때?"

내 말이 끝나자마자 주한이가 혀를 차며 큰 소리로 외쳤다.

"교육부에는 다 허언증인 사람들만 있대요?"

"하하하, 그러게."

주한이의 말에 아이들이 폭소를 터트렸다. 마침 3월에 충북의 대표적인 어울림 연구학교에서 전학을 온 아이가 있어서 물어보았다.

"유안아, 전학 오기 전 학교에서 어울림 프로그램을 했지?"

"네, 기억나요."

"그 학교에서 이 프로그램을 해서 학교폭력이 줄어들었다고 하던데 네가 생각하기에는 어때?"

"아뇨! 오히려 늘어났어요. 전에 학교에서는 교실에서 의자가 막 날아다녔어요."

유안이의 이야기를 들으며 여러 아이들이 당연하다는 듯이 고개를 끄덕였다.

어울림 프로그램은 괴롭힘을 갈등이라고 하면서 아이들이 대처할 수 없도록 만들고 모든 것을 피해자의 책임으로 돌리고 있다. 이렇게 왜곡된 교육으로 인해 오히려 학교폭력이 늘어나고 있으며 도움을 받을 수 없다는 생각에 피해자들이 절망하고 있는 것이다.


## 회복 과정을 만들 수 없는 어울림 프로그램

왕따 피해자는 자신의 말과 감정을 표현하기 어렵기 때문에 평화샘 프로젝트에서는 방관자의 역할을 중시한다. 방관자가 방어자가 될 때만 피해자의 사회적 지위와 마음의 상처가 회복될 수 있기 때문이다. 그런데 어울림 프로그램에는 피해자의 상처를 치유하고 회복시키는 과정이 없다. 피해자가 역량을 키워서 문제를 해결해야 한다고 하면서 피해자의 부담만 가중시키고 있다.

자기존중감 모듈 초등 고학년 기본 3차시[9] 를 보자.

| | [활동 1] 순간 포착, 그래 선택했어(15분) |
|---|---|
| 전개<br>(30분) | 학교폭력이 발생할 수 있는 다양한 상황에서 학생들이 나라면 어떤 생각을 하게 될 것인가를 스스로 생각해 보고 긍정적인 생각의 중요성을 인지시킨다.<br>① [활동자료 3]을 제시하고 리오넬 메시가 단점을 장점으로 승화시켜 성공한 사례를 학생들에게 제시하고 긍정적 생각의 중요성을 이해시킨다.<br>② [활동자료 4]의 '그래 선택했어' 예시 자료를 제시하고 학생들에게 학급에서 일어나는 다양한 상황에서 어떤 생각을 가질지 긍정적, 부정적 생각을 모두 [활동지 1]에 적어 보게 한다.<br>③ 생각을 친구들과 공유한 후 상황별로 자신이 어떤 생각을 가지게 될지 선택하게 한다. |

---

9) 자기존중감, 초등학교 고학년 학생용 기본, 58~66쪽.

| | |
|---|---|
| 전개<br>(30분) | 학교에서 일어나는 많은 위기의 순간들에서도 우리가 어떻게 생각하느냐에 따라 결과는 달라집니다.<br><br>[활동지 1]에 선생님이 몇 가지 상황을 정해 보았습니다. 각 상황에서 천사와 악마의 속삭임처럼 여러분은 긍정적인 생각과 부정적인 생각이 함께 생기게 될 것입니다. 여러분이라면 이런 상황에 어떤 생각이 드는지 적고 발표해 봅시다.<br><br>천사와 악마라는 용어가 극명하게 대립되어 불쾌감을 유발할 경우 긍정 or 부정으로 용어를 변경하여 사용해도 좋다.<br><br>학생들에게 상황 1에 대한 예시 답안을 보여 줌으로써 활동에 어려움을 겪지 않도록 한다.<br><br>상황마다 친구들의 생각이 다양한 것 같습니다. 이번에는 여러분이 앞으로 똑같은 상황에서 어떻게 생각할지 한 가지를 정해 ○표시를 하고 선택하지 않은 생각에 ×표시를 해 봅시다.<br><br>천사의 생각을 많이 선택했습니다. 매사에 긍정적으로 생각하면 어려움이 닥치더라도 잘 이겨 낼 수 있을 것입니다. |

| PPT 슬라이드 | 설명 |
|---|---|
| 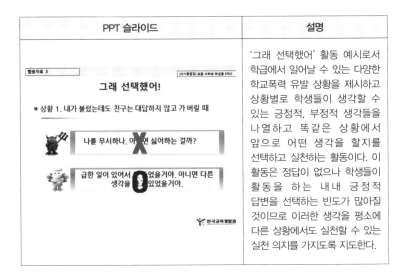 | '그래 선택했어' 활동 예시로서 학급에서 일어날 수 있는 다양한 학교폭력 유발 상황을 제시하고 상황별로 학생들이 생각할 수 있는 긍정적, 부정적 생각들을 나열하고 똑같은 상황에서 앞으로 어떤 생각을 할지를 선택하고 실천하는 활동이다. 이 활동은 정답이 없으나 학생들이 활동을 하는 내내 긍정적 답변을 선택하는 빈도가 많아질 것이므로 이러한 생각을 평소에 다른 상황에서도 실천할 수 있는 실천 의지를 가지도록 지도한다. |

이 수업에서 보여 주고 있는 예시 상황을 보면 모두 다 괴롭힘 상황이다. '내가 불렀는데도 친구는 대답하지 않고 가 버렸을 때', '친구가 발을 걸어 넘어뜨릴 때', '급식소에서 줄을 서는데 새치기를 할 때', '친구들이 모여 있는데 내가 지나가니까 소리 내어 웃을 때' 등의 예시를 주며 천사와 악마의 속삭임처럼 상반되는 생각이 들 때 긍정적인 생각을 선택하도록 강요하고 있다. 사회적 관계가 아니라 개인의 내면에 초점을 맞추고 있는 것이다. 이런 활동에서 모든 상황은 개인이 생각하기 나름이라는 상담의 기본 원리를 충실히 따르고 있다. 어울림 프로그램의 바탕에 깔린 기본 철학이 괴롭힘은 피해자가 원인을 제공한다는 가해자-피해자 틀의 원리라는 것을 또렷이 보여 주고 있다. 피해자들의 상처를 치유하고 회복시키기는커녕 오히려 피해자의 탓으로 돌리는 어울림 프로그램은 그래서 학교폭력 예방 프로그램이 될 수 없다.

서로 돕는 교실을 만들기 위한 평화샘 프로젝트는 학교폭력을 예방하기 위한 보살핌의 원과 회복의 원을 제시하고 있다. 회복의 원을 만들어 가는 방법은 평화로운 교실공동체를 위한 4대 규칙과 괴롭힘 상황에서 멈춰 하기, 역할극 등이 있는데 자세한 내용은 『학교폭력, 멈춰!』책을 참조하기 바란다.

## 방어자로서 본보기가 없는 어울림 프로그램

학교폭력을 예방하려면 학급 상황에서 방어자 역할을 할 수 있는 본

보기가 있어야 한다. 아이들이 먼저 방어자가 되면 좋겠지만 현재 교실의 권력관계로 볼 때 그것은 불가능한 요구이다. 따라서 교사가 먼저 방어자 역할을 하고 아이들을 성장시킬 수 있어야 한다. 그 시작은 우리 학급에서 왕따 행동을 용납할 수 없으며 교사가 아이들을 도울 거라는 분명한 의지를 표현하는 것이다. 그런데 어울림 프로그램에서는 이러한 내용을 찾아볼 수가 없다. 오로지 수업 시간에 아이들에게 전달하는 내용으로 꽉 차 있다. 생활지도의 문제를 수업 전달의 문제로 바꾸어 버리고 있는 것이다.

교사가 아이들을 도와주려면 교실을 넘어선 학교 차원의 협력도 할 수 있어야 한다. 왜냐하면 학교폭력은 학급과 학교를 넘나들면서 발생하기 때문이다. 특히 일진문제는 학교 차원에서 전 교사들이 협력해서 함께 해결해야 한다. 그런데 어울림 프로그램에서는 교사들의 협력 모델과 매뉴얼을 찾아볼 수 없다. 교사들의 협의는 예산을 어떻게 분배하고 교육과정에 어떻게 반영할 것인가, 교육부의 요구 사항을 어떻게 이행할 것인가에 대한 내용이 있을 뿐이다. 이와 달리 평화샘 프로젝트는 우리 교실에는 왕따가 없어야 한다는 교사의 의지와 선언, 그리고 그것을 실현하기 위한 실천 방법들을 구체적으로 마련해 두고 있다. 그러한 철학을 대표하는 것이 4대 규칙의 네 번째 '선생님은 평화의 본보기가 될 것이다'라는 약속이다.

"선생님은 평화의 본보기가 될 거야. 그래서 너희들에게 어떠한 체벌도 하지 않을 거야. 만약 선생님이 약속을 어기면 너희들도 나한테 '멈춰'를 외쳐."

매년 학기 초에 이렇게 말을 하면 아이들이 꼭 되묻는다.

"진짜요?"

"진짜 벌 안 주실 거예요?"

"진짜 멈춰 해도 돼요?"

그렇게 되묻는 아이들의 표정에는 불안과 기대가 동시에 교차하는 것을 볼 수 있다. 3월 초에 주변의 교사들에게서 아이들이 간을 본다는 이야기를 종종 듣는다. 아이들이 우리 담임선생님이 어떤 사람인가 탐색을 하는 과정을 두고 하는 말이다. 그래서 평화샘에서는 아이들과 3월 첫 만남을 놀이로 시작하며 관계를 형성하고, 교실평화 4대 규칙과 멈춰 제도를 토론하고 약속한다. 또한 왕따예방역할극을 하고 평화로운 학급을 위한 규칙과 목표를 아이들과 함께 약속하는 과정을 통해 교사의 원칙과 의지를 표현한다.


## 공동 행동이 없는 어울림 프로그램

학교폭력 문제를 해결하기 위해서는 구성원들에게 일관된 원칙과 공동 행동이 있어야 한다. 공동 행동을 하기 위해서는 아이들과 함께 정한 규칙과 문제가 발생했을 때 구성원 모두가 참여하는 총회 등 여러 가지 장치가 필요하다. 그런데 어울림 프로그램에서는 각 모듈별로 아이들끼리 약속을 하는 내용은 있으나 교사와 아이들 모두에게 공통으로 적용되는 규칙이나 공동의 행동이 없다. 그것이 실제 상황에서 적용할 수 없는 까닭일 것이다.

평화샘 프로젝트에서는 첫 만남에서 첫 번째 공동 행동으로 '멈춰'를 알려 준다. 이것은 괴롭힘이 있을 때 피해자나 주변에 있던 아이들이 '멈춰'를 외치고, 그 상황을 멈추게 하는 제도이다. '멈춰'가 생기면 학급 총회를 열어 피해 아이를 돕는다. 이뿐 아니라 학기 초에 함께 정한 교실평화 4대 규칙과 학급규칙, 왕따예방역할극, 학급 총회 등을 바탕으로 학교 구성원 모두가 일관된 원칙을 가지고 아래 사례와 같이 문제를 해결해 간다.

### 사례 1) 학급 차원의 공동 행동

수업이 일찍 끝난 날 오후 6학년 아이들이 4층 놀이실에서 놀고 가겠다고 했다. 4층 놀이실에는 돌나르기가 그려져 있어서 아이들이 자주 놀이를 하는 장소이다.

교실에도 몇 몇 아이들이 남아서 공기놀이를 하고 있어 잠시 지켜보다 놀이실에 가 보았다. 미선이와 희은이, 영서와 은비, 그리고 민호와 건우, 민석이, 서용이가 함께 돌나르기를 하고 있었다. 5학년 때부터 돌나르기 놀이를 해 와서 그런지 아이들끼리 잘 놀고 있었다. 아이들이 함께 놀자고 해서 잠깐 놀다가 교실로 돌아왔다.

기분 좋게 수업 뒤로 미루어 두었던 일들을 한참 처리하고 있는데 미선이가 교실 뒷문을 열고 나에게 이야기를 했다.

"선생님, 잠시 놀이실에 오셔야 할 것 같아요."

"왜, 무슨 일이 있어?"

"우리끼리 놀다가 싸웠는데 어느 정도 정리는 되었는데 아직 감정이 다 풀리지 않은 것 같아서요."

미선이를 따라 놀이실에 가 보니 건우와 민호, 민석이를 여자아이들이 둘러싸고 있었다. 내가 들어가자마자 희은이가 나를 보고 이야기했다.

"선생님, 건우랑 민호랑 놀이를 하다가 싸워서 저희가 말렸는데 민호가 아직도 화가 안 풀린 것 같아요."

"그런데 그게 제가 원인을 제공한 거라서요."

희은이 말이 끝나자마자 옆에 있던 민석이가 얼른 말을 받아서 이야기했다.

"무슨 원인을 제공했는데?"

민석이가 머뭇거리자 미선이가 차근차근 설명을 해 주었다.

"민석이가 뒤에서 수비하고 있는 건우를 살짝 밀었는데 건우가 뒤에 서 있던 민호가 민 줄 알고 민호에게 왜 미느냐고 화를 냈어요. 민호가 아니라고 했는데도 계속 소리를 지르고요. 그래서 저희가 민호가 한 게 아니라고 했는데 건우가 화가 나니까 안 들렸나 봐요. 그러니까 민호도 화를 내고, 그런데 민석이가 옆에서 싸워라, 싸워라 하고 둘을 부추기는 거예요. 그래서 저희가 멈추라고 했어요. 그리고 건우에게도 민석이가 한 거라고 이야기해 주고요."

"그래서 저희가 민석이가 건우에게 사과를 하면 좋겠다고 했어요. 건우도 민호에게 오해를 해서 미안하다고 사과를 했는데 민호가 화가 안 풀려서 건우 사과를 안 받아 주고 있어요."

희은이가 미선이의 말에 설명을 덧붙였다. 민호는 아직도 화가 나서 씩씩거리고 있고, 그런 민호를 보면서 건우는 어쩔 줄 몰라 하고 있었다. 우리 반에서 서열이 가장 높은 민석이에게 키도 작고 힘이 약한 건우가 말은 못하고 애매한 민호만 몰아붙여서 생긴 일 같았다.

"민석아, 건우를 민 것도 잘못인데 옆에서 싸우라고 부추겼어?"

내가 화가 나서 목소리를 좀 높이자 민석이의 얼굴에서 웃음기가 싹 사라졌다.

"그러니까요. 그래서 저희가 사과하라고 했어요."

영서가 민석이를 보며 이야기를 했다.

"건우야, 미안해."

민석이가 건우를 보며 다시 한 번 사과를 했다.

"너는 장난으로 했을지 몰라도 나는 내가 키가 작고 힘이 약해서 네가 나를 괴롭히는 것으로 느껴져. 다음부터는 그러지 않았으면 좋겠어."

건우가 민석이를 보며 또박또박 말했다. 민석이도 고개를 끄덕였다. 민호는 그때까지도 화가 풀리지 않은 듯한 얼굴로 마음이 풀리면 사과를 받겠다고 했다. 상황이 어느 정도 마무리가 되자 아이들은 다시 돌나르기 놀이를 시작했다.

2학년 때부터 평화샘 선생님들과 생활해 온 아이들이어서 그런지 괴롭힘 상황에서 '멈춰'를 하고 자기들끼리 문제를 해결하는 것이 자연스러웠다. 아이들이 생활하면서 다툼이 수시로 생기는 것은 당연한 것이다. 하지만 폭력에 대한 명확한 인식과 공동 행동이 약속되어 있으면 그것은 마치 안전한 방벽과 같아서 아이들끼리 스스로 문제를 해결할 수 있게 되는 것이다.

## 사례 2) 학교 차원의 공동 행동

다음 사례는 올해 3학년 아이들 사이에서 있었던 일을 3학년 교사가 정리한 것이다.

"선생님, 윤수가 아침에 와서 저에게 얘기를 했는데 애들이 단톡방에 초대해서 싫어하는 아이들 투표를 했대요."

3학년 아이들과 교실평화 4대 규칙에 대해 공유하고 약속을 하던 3월 둘째 주 화요일, 2반 유 선생이 걱정스러운 표정으로 조심스럽게 이야기를 꺼냈다. 유 선생 이야기를 들어 보니 단톡에 초대된 아이들에는 우리 반 아이도 있었다. 그래서 우리 반 현준이에게 양해를 구한 뒤 채팅창을 보게 되었다. 톡은 2반 정훈이가 학원을 같이 다니는 현준, 준우와 윤수를 초대해서 우람, 한솔, 마루 세 명 가운데 누가 가장 나쁘고 짜증이 나는지 투표하라는 내용이었다. 톡을 본 우리들은 깜짝 놀랐다. 고학년에서나 있을 법한 일을 3학년 아이들이 했다는 것도 그렇고, 교실평화 규칙에 대해 약속하던 시기인데 아랑곳하지 않고 친구들을 왕따시키려 했다는 것에 화도 났다.

"윤수가 말 안 했으면 이런 일이 있었는지도 모를 뻔했어요. 그래도 다른 아이들이 동조하지 않고 그만하라고 한 것이 다행이에요."

우리는 괴롭힘보다 아이들이 바로 방어행동을 했다는 사실에 고무되었다. 예방교육이 성공했음을 보여 주는 사례였기 때문이다.

담임인 유 선생도 스스로 한 예방교육이 성공적이었음을 알게 되자 얼굴이 풀렸다. 부모들 역시 아이들이 방어행동을 했다는 것에 놀랐고, 교사들과 함께 문제를 해결하자는 제안에 쉽게 동의했다.

이것이 가능했던 것은 교사들이 같은 원칙과 방법을 공유하고 있었기 때문이다. 또한 학교 차원에서 생활부장, 교장 선생님까지 협력할 수 있었고 그러한 힘이 부모들의 적극적인 동참을 가능하게 했기 때문이다. 이를 통해 우리는 아이의 의식 변화를 강요하는 것이 아니라 아이를 위해서 어른들이 협력하는 것이야말로 학교폭력 예방 및 회복 프로그램의 본질이라는 것을 깨달을 수 있었다.

# 어울림
## 프로그램에는 놀이가 없다
### – 진짜 놀이, 가짜 놀이

서영자

## 시도 때도 없이 놀았지

"저녁 때 밥 먹으러 들어오라고 할 때까지 놀았어요."

"맞아, 맞아!"

"엄마가 부르면 바로 들어갔어요?"

"웬걸, 몇 번을 불러도 안 들어가서 욕을 듣고서야 들어갔어요. 그런데, 먹고 또 나와서 놀았어."

놀이 연수에서 어릴 때 놀이 경험을 물어보면 꼭 나오는 이야기다. 이런 이야기를 나누다 보면 그때의 놀이 분위기가 살아난 듯 처음 본 사람도 옛 친구를 만난 것처럼 정겨워진다. 여기저기서 웃음꽃이 피어나면서 빨리 놀아 보고 싶은 마음에 엉덩이가 들썩인다.

요즘 놀이에 대한 중요성이 부각되면서 놀이 연수를 어느 때보다 많이 다니고 있다. 돌아보니 놀이 강사를 한 것도 20년이 넘었다. 내가 놀이에 관심을 갖게 된 계기는 교육대학에 다닐 때였다.

1993년 5월, 청주에서 처음으로 어린이날 큰잔치 행사가 열렸다. 장소는 청주교대였고, 나는 놀이마당을 맡았다. 지역에서 아이들을 위한 어린이날 잔치가 처음 열리다 보니 엄청나게 많은 부모와 아이들이 참여했다. 아이들은 마치 자석에 끌리듯 놀이마당으로 몰려들었다. 아이들과 잠깐 사이에 금방 친해졌고, 헤어지기 싫어하는 아이들을 보면서 놀이가 가진 힘을 느낄 수 있었다. 그때부터 놀이 관련 책도 찾아보고, 놀이연구회 자료도 받아 보면서 놀이 역량을 높이려고 애를 썼다.

그러다 운 좋게 1996년쯤에 마을배움길연구소에서 전래동요와 대동놀이를 찾고 복원하며 되살려 가는 과정에 함께하게 되었다. 할머니, 할아버지들이 불러 주시는 자장가와 '달강달강' 같은 아기 어르는 소리부터 부엉이나 뱀, 달팽이 같은 자연 친구들을 보면서 불렀던 전래동요, 강강술래나 줄다리기 같은 대동놀이까지 알면 알수록 신기하고 내 몸에 익히는 것이 재미있었다. 그래서 학교를 옮길 때마다 학구에 있는 마을 어르신들을 찾아가 아기 어르는 소리나 전래동요 같은 것을 여쭤 보고, 아이들하고도 배우러 다녔다. 그 가운데 영동에서 충북의 여성 대동놀이 '너리기 펀지기'를 조사하고 복원하는 과정에서 영동의 아이들이 너리기 펀지기에 흠뻑 빠져 놀던 모습은 정말 뿌듯하고 인상 깊었다.

그렇게 놀이를 찾아 배우고 함께 노는 과정에서 첫 만남부터 놀이로 관계를 맺는 것이 중요하다는 문재현 소장의 이야기를 듣고, 새

학년을 시작할 때는 첫날부터 놀았다. 마침 교과서에도 전래노래놀이의 비중이 높아져서 시대의 흐름에도 맞았다. 그러다 보니 놀이 연수에 대한 교사들의 요구가 높아졌고, 나 또한 놀이를 찾고 아이들과 놀아 본 경험이 쌓여서 자연스럽게 놀이 연수에 강사로 다니기 시작했다.

## 사라져 가는 놀이, 놀지 못하는 아이

놀이에 대한 교사들의 관심은 높아진 반면 내가 느끼기에 학교에서 아이들 놀이는 점점 줄어들었다. 2000년대 중반까지만 해도 대도시를 제외한다면 쉬는 시간이나 점심시간에 운동장 한가운데나 나무 그늘에서는 아이들이 놀고 있었고, 퇴근길에 운동장을 지나면 아이들이 그려 놓은 사방치기가 곳곳에 있었다. 하지만 그 뒤로는 운동장에서 놀다 가는 아이들 보기가 점점 어려워졌고, 마을 놀이터도 조용해졌다. 동시에 교실에서 놀지 못하는 아이들이 생겨났고, 학교폭력은 심각해졌다.

그때까지만 해도 그런 변화가 무엇을 말하는지 몰랐다. 다만, 우리 반에서 일어나는 아이들의 일탈 행위와 여자아이들 사이의 왕따 같은 심각한 학교폭력을 겪으면서 거의 모든 에너지가 고갈되는 느낌이었다.

'아, 다시는 우리 반에 이런 일 없이 조용히 1년이 지났으면….'

그러다 2009년 평화샘 모임을 제안받고 지푸라기라도 잡는 심정으로 참여하였다. 학급의 서열을 확인할 수 있는 설문조사인 학급 카스트를 그려 보면서 아이들의 일탈과 학교폭력 문제가 구조적으로 이해되기 시작했고, 우리 사회 학교폭력은 '너랑 안 놀아'라는 말과 태도에서 시작된다는 말에서 몇 년 전 여자아이들 사이에서 왕따를 당했던 수진이의 상황이 이해되었다.

수진이는 쉬는 시간에 늘 혼자서 책을 읽고 있거나 한자 급수대회를 준비하고 있었다. 친구들과 노는 것이 중요하다고 생각했던 나는 수진이에게 나가서 같이 놀라고 여러 번 이야기를 했다.

"저는 책 읽는 것이 좋아요."

그때마다 수진이는 힘없는 목소리로 늘 같은 대답을 했다. 그러다 보니 함께 놀지 못하는 것은 수진이한테 책임이 있다고 생각했고, 속으로 답답하게 여겼다. 그러던 어느 날 수진이 엄마에게 전화가 왔다. 여자아이들이 수진이네 집까지 찾아가서 괴롭혔다는 것이었다. 깜짝 놀란 나는 관련된 여자아이들과 부모들을 모두 만나 상담을 했고, 이 과정에서 변화가 생겼다. 가해했던 아이들 가운데 몇 명이 자신의 행동을 반성하고 수진이 옆에서 방어행동을 하고 함께 놀기 시작했던 것이다. 그 뒤로 수진이 표정은 밝아졌고, 친구들하고 노는 모습을 볼 수 있게 되었다.

친구들하고 놀지 못하고 섬처럼 혼자 있는 수진이는 왕따였지만 나는 알아채지 못했고 구체적인 사건이 드러나고서야 알게 되었다. 그리고 가해 아이뿐 아니라 그 부모들까지 사과를 했으니 그것으로 마무리되었다고 생각했지만, 진짜 해결은 함께 놀이하는 친구들 덕분이었다는 것도 뒤늦게 깨닫게 되었다.

이렇게 해마다 놀지 못하는 아이들이 늘어나는 것은 놀이를 몰라서라고 생각했다. 그래서 내가 알고 있는 놀이를 가르치려고 했지만 전처럼 놀이가 살아나는 느낌을 받지 못했다. 그러다 평화샘 놀이 연수에서 실마리를 찾게 되었다. 전국에서 놀이를 배우겠다고 100여 명의 사람들이 모인 강당에 놀잇감만 펼쳐 놓고 알아서 놀라고 한 것이다. 처음에는 모두들 어리둥절했지만 10여 분이 채 지나기도 전에 놀잇감을 이리저리 탐색하더니 모두가 어울려 놀았다. 마치 오래된 친구들과 만나서 노는 것처럼. 나 혼자 가르치는 것이 아니라 서로 배우는 신기한 일이 벌어졌다. 아무도 채근하지 않는데 3박 4일 동안 끊임없이 놀았다. 어렸을 때 놀이 상황이 다시 한 번 펼쳐진 것이다. 내가 어릴 때 마을에서 언니, 오빠들이 노는 것을 보면서 놀고 싶어서 안달을 하고 혼자서 연습하고 깍두기로 끼어서 놀았던 것처럼 나이 40~50이 된 어른들도 그렇게 놀았다. 물론 차이는 있었다. 40대 이상 교사들은 잃어버렸던 자신의 경험을 살려 냈다. 그리고 학교로 돌아가서도 그렇게 살려 낸 경험으로 교실에서 아이들과 놀이로 연결되었다. 가르치는 것이 아니라 자신의 삶을 바탕으로 문화를 전승할 수 있는 진정한 교사로 다시 태어나게 된 것이다. 이와 달리 20대 교사들 가운데는 놀이 경험이 없어 처음에는 주저하다가 뒤늦게 참여하는 사람도 있었고 학교로 돌아가서도 아이들과 놀이로 연결되는 데 시간이 걸렸다.

그 후 우리 반 아이들하고만 잘 놀면 그만이라는 생각에서 벗어나

아이들이 생활하는 어디에서나 놀 수 있도록 하기 위해 지역아동센터에서도 놀고, 마을에서도 놀기 시작했다. 학교에서도 아이들이 노는 모습을 살피면서 놀지 못하는 아이들과 놀고, 교사들하고도 자발적인 놀이 워크숍을 통해 서로의 경험을 나누고 함께 배우는 과정을 만들고 있다. 그런 과정에서 놀이는 관계의 접착제가 되고, 학교폭력을 예방할 뿐만 아니라 공동체를 회복하고 통합교육의 바탕이 되기도 하는 무한한 가능성을 보았기 때문에 가면 갈수록 놀이의 깊이와 넓이를 깨달아 가고 있다.

## 귀에 걸면 귀걸이 코에 걸면 코걸이! 아무거나 놀이?

지금 우리 사회는 골목과 마을, 학교에서 놀이가 살아 있을 때는 없었던 많은 문제점이 나타나고 있다. 한편에서는 공동체의 위기를 만드는 중요한 요인 가운데 하나가 놀이 상실에 있다는 성찰도 존재한다. 이런 사회적 움직임을 증폭시키는 역할을 한 것이 2014년 경향신문에서 진행한 '놀이가 밥이다'라는 기획연재이다. 모두 열다섯 번에 걸친 이 기획은 엄청난 사회적 반향을 가져왔다. 전국 17개시·도 교육감들이 2015년에 '어린이 놀이 헌장'을 선포하고 아이들의 놀 권리를 보장하고 가정과 학교, 지역사회에서 아이들에게 놀터와 놀 시간을 제공하는 정책을 공동으로 추진하겠다고 발표한 것이다. 이런 교육감들의 발표는 많은 사람들에게 관심과 기대를 갖게했다.

하지만 현실은 놀이마저 이윤 창출의 수단으로 바라보는 자본의 요구에 학교의 놀이밥 주기 운동 자체가 왜곡되는 모습이 나타나고 있다. 놀이밥 주기 운동을 자기 세력을 확산시키고 사업을 펼칠 수 있는 기회로 보는 사람들이 이 움직임을 가속화시키고 있다. 그들은 어른들이 아이들에게 해 주고 싶은 온갖 것에 놀이라는 이름을 마구 가져다 붙인다. 국악놀이, 연극놀이, 수학놀이, 영어놀이, 생태놀이…. 심지어 비용을 지불해야 갈 수 있는 온갖 실내 놀이터들이 생겨나고 보드 게임, 휴대폰 게임까지. 이대로라면 아이들이 하는 것에는 온통 놀이 아닌 것이 없어 놀이를 왜 살려야 한다고 하는지 의심이 될 정도이다. 이런 것들이 온전히 놀이가 맞는다면 UN에서 한국의 어린이들에게 쉬고 놀 권리를 보장하라는 요구는 지나치다고 해야 하지 않을까.

그러다가 올해 초 교육부에서 만든 어울림 학교폭력 예방 프로그램을 교육과정에 반드시 반영해서 운영하라는 공문을 보았다. 학교폭력 예방 프로그램이라는 말에 과연 교육부가 '너랑 안 놀아'로 시작되는 우리나라 학교폭력의 특징을 제대로 파악하고 있는지 궁금했다. 더구나 어울림 프로그램에 놀이에 대한 내용이 있다고 해서 더욱 궁금해졌다.

하지만 어울림 프로그램을 살펴 보기 전에 놀이에 대한 뚜렷한 기준이 있어야 현상을 제대로 볼 수 있기 때문에 평화샘에서 말하는 진짜 놀이에 대한 이야기를 먼저 하려고 한다.

## 진짜 놀이 vs 가짜 놀이

놀이의 중요성을 처음 이야기한 요한 하위징아가 『호모 루덴스(놀이하는 인간)』라는 책을 펴낸 뒤 많은 학자들이 저마다의 관점에서 놀이가 무엇인지 정의하려고 했다. 대부분의 인문학자들은 아래의 다섯 가지 기준을 갖추었을 때 놀이라고 정의하고 있다.[10]

첫째, 놀이는 즐겁고 기쁘고 신나는 것이다.

어떤 것이 진짜 놀이일까? 가장 간단한 구별법은 그 놀이를 언제 어디서나, 몇 날 며칠 심지어는 몇 달 동안이나 누가 시키지 않아도 계속 하느냐이다. 놀이라는 이름이 붙은 것들은 대부분 즐겁다. 몸이 즐거울 뿐 아니라 친구들과 함께 노니 마음이 기쁘고 신이 난다.

쉬는 시간에 우리 반 아이들이 노는 모습을 보고 있으면 친구들과 함께하면서 느끼는 즐거움과 기쁨이 표정에 고스란히 묻어 나온다. 비석치기를 할 때면 비석을 맞추거나 비껴 가는 순간, 기쁨에 환호하며 폴짝폴짝 뛰는 아이, 발을 구르며 아쉬움에 한숨짓는 아이…. 그야말로 다양한 표정과 몸짓들이 살아난다. 몇 달을 놀아도 처음 하는 놀이인 양 신나게 논다.

둘째, 놀이는 자유로운 것이다.

"딱지치기 할 사람 여기 여기 붙어라~"

쉬는 시간이 시작되면 교실 앞에 깔린 매트 위로 딱지 가방을 든

---

10) 문재현, 「놀이는 공동체의 밥이다」, 충청북도의회 놀이정책토론회 자료집 원고(2018년 10월).

아이들이 옹기종기 모여든다. 한쪽에서는 아이들이 고무줄을 들고 모이기도 하고, 교실 바닥에 그려 놓은 사방치기에서 놀기도 한다. 몇몇 아이들은 제기를 차느라 교실을 이리저리 옮겨 다니기도 하고, 또 어떤 아이들은 자리에 앉아서 두런두런 수다를 떨기도 한다.

놀이는 누가 시켜서 노는 것이 아니라 놀고 싶을 때 놀고, 하고 싶은 놀이를 골라서 하고, 쉬고 싶을 땐 쉴 수 있어야 한다. 이 놀이를 하다가 다른 놀이를 하고 싶으면 다른 놀이를 할 수 있어야 한다. 막힘없이 무엇을 할 자유, 무엇을 하지 않을 자유가 보장되어야 진짜 놀이라고 할 수 있다.

간혹 놀이 연수에서 만난 교사에게 아이들과 노느냐고 물으면 그렇다고 대답한다. 어떤 놀이를 하는지 물어보면 레크리에이션일 경우가 많다. 그런데 레크리에이션은 진짜 놀이일까. 레크리에이션은 규칙이 정해져 있고, 반드시 진행자가 필요하기 때문에 교사가 진행하지 않으면 할 수가 없다. 따라서 놀이가 가진 근원적인 자율성을 침해하기 때문에 진짜 놀이라고 보기 어렵다. 놀이는 사회에 대한 적응이라는 기능도 중요하지만 해방의 가능성이 더 중요하다. 하지만 학급운영을 위해 도입하는 놀이는 해방성이 아니라 관리와 통제라는 기능적인 목표에 충실하다.

셋째, 놀이하는 사람들이 규칙을 만들고 바꿀 수 있다.

진짜 놀이와 가짜 놀이를 가장 쉽게 구별할 수 있게 해 주는 기준이다. 우리 반 아이들이 놀이를 하다 보면 고무줄놀이 단계나 비석치기 단계, 사방치기를 할 때 돌을 어느 칸에서 주울지, 어떻게 주워야 하는지 등 참여하는 아이들의 요구에 따라 규칙이 바뀐다.

아이들이 좋아하는 스포츠는 이 기준에 비추어 보면 놀이가 아니다. 특히 규칙이 정해져 있기 때문에 놀이와 스포츠는 시작하고 끝날 때 모습이 다르다. 놀이는 시작할 때 규칙을 확인하느라 시끌벅적한 데 비해 스포츠는 하고 나면 다툼이 일어날 때가 많다. 그런 차이를 아이들도 느끼고 있는지, 어떻게 생각하는지 궁금해서 물어보았다.

"얘들아, 너희들이 교실에서 자유롭게 놀 때는 이렇게 싸우지는 않잖아. 그런데 왜 체육만 하고 오면 많이 싸울까?"

"놀이는 문제가 생기면 우리가 상의해서 규칙도 바꿀 수가 있는데 체육시간에는 규칙이 다 정해져 있는 게임을 하잖아요."

"체육시간에는 너무 경쟁 중심이 돼요. 꼭 이겨야 할 것 같고. 근데 놀이는 이겨도 좋지만 노는 게 그냥 즐거워요."

"맞아요. 그래서 잘하는 애들끼리만 하고 못하면 뭐라고 해서 하기 싫어요."

아이들의 목소리에서도 확인되듯이 스포츠는 규칙이 정해져 있어서 이의를 제기할 수 없다. 그래서 체육시간에 경쟁 경기를 하고 나서 누군가 규칙을 지키지 않았는데 그냥 했다거나 이긴 편이 진 편을 놀렸다거나 잘하는 아이가 잘 못하는 아이를 비난했다는 이야기가 끊이지 않는 것이다.

교사가 중심이 되는 레크리에이션과 스포츠는 교사가 규칙을 제시하고 아이들은 무조건 지킬 때만 실행 가능하기 때문에 놀이가 아니라고 하는 것이다. 따라서 어른들이 하는 것에 놀이라는 이름을 붙여서 마치 아이들이 자발적으로 하는 것처럼 만든 국악놀이, 연극놀이, 영어놀이는 놀이 자체를 근본적으로 왜곡하는 행위라고 볼 수밖에 없다.

넷째, 놀이는 공동체의 바탕이다.

우리 반에서 실뜨기를 할 때 내가 놀이 방법을 알려 주기도 하지만 그보다는 부모님에게 배워 오라는 이야기를 많이 한다. 그러면 자연스럽게 가족 간에 대화할 수 있는 계기가 만들어지기 때문이다. 여러 놀이 가운데 전래놀이가 그러한 특성을 잘 보여 준다. 이는 전래놀이가 아이와 어른, 노인들의 경험을 연결하고 확장해 주기 때문이다. 아이들은 부모님에게 배워 온 놀이를 친구들에게 알려 주라고 하면 의기양양해진다. 아이들도 나한테 배우는 것보다 친구한테 배우는 것을 훨씬 더 재미있어한다. 이렇게 부모세대와 아이세대가 놀이로 공통의 경험과 감각을 갖는 진정한 문화 전승이며 놀이가 공동체를 만드는 빛나는 자원이 된다는 것을 확인하는 순간들이었다.

앞에서 말한 각종 교육놀이, 휴대폰·인터넷 게임, 놀이공원의 놀이들이 문제가 되는 것은 그것이 공동체의 바탕이 되기보다는 공동체를 훼손시킬 가능성이 높기 때문이다. 모두 돈을 지불해야만 할 수 있기 때문에 놀이의 양극화, 빈익빈부익부의 문제가 아이들 세계를 얼룩지게 한다.

요즘 놀이를 살리겠다며 여러 교육청이 외부 놀이 전문가를 불러다 교실에서 놀이수업을 하는 것 역시 문제다. 놀이는 가까운 사람들과 지속적으로 해야만 살아난다. 친구들과 부모들과 담임선생님과 함께 관계를 만들고 새로운 세상을 만드는 활동이 놀이이기 때문이다. 이와 달리 이른바 놀이 전문가들은 지속적으로 관계를 맺을 수도 없고 일방적인 강습 방식으로 지도하기 때문에 아이들이 그 놀이를 다시 하지도 않는다. 공동체가 스스로 만들어 가야 할 놀이를 외부 전문가에게 외주의 방식으로 위임한다면 놀이가 살아날 수 없다는 것을 왜 교육부와 교육청은 모르는 것일까.

다섯째, 놀이는 모든 문화의 바탕이 된다.

아이들과 몇 개월 정도 함께 흠뻑 놀고 나서 표현 활동을 해 본 적이 있다. 놀이를 하면서 인상적인 장면을 시와 그림으로 표현해 보았는데, 직접 놀아 본 사람이 아니면 절대 잡아챌 수 없는 섬세한 장면을 묘사한 것을 보고 놀랄 때가 많았다. 이처럼 아이들은 오랫동안 놀면서 저마다의 관심사로 깊어지고 확장되면서 역량이 높아졌고 개인의 역량뿐 아니라 집단 전체의 문화 역량이 높아지는 것을 확인했다. 이처럼 우리 인류는 오랜 시간 동안 함께 놀면서 문화를 발전시켜 왔다. 노래에서 음악과 시가 나오고, 이야기에서 소설과 드라마, 수수께끼에서 철학이, 소꿉놀이와 역할놀이에서 연극이, 경쟁놀이에서 스포츠가 발전한 것처럼.

이렇게 어떤 놀이가 개인뿐 아니라 집단 전체의 문화적 역량을 높일 수 있을 때 그것이야말로 진짜 놀이라고 할 수 있다. 그런 면에서 평화샘에서 하는 우리 놀이들은 오랜 시간 동안 전승되는 과정에서 그런 힘이 있음을 이미 증명해 보인 것들이다. 그 놀이들이 교실과 학교, 마을에서 어떻게 살아나고 있는지는 허정남 선생의 글에서 조금 더 자세히 살펴보기를 바란다.

진짜 놀이를 구분하는 다섯 가지 기준에 비추어 보니 그동안 내가 해 왔던 것들 가운데도 가짜 놀이가 상당수 있었다. 대체로 놀이 정신에 맞게 놀려고 했지만, 마음이 급해서 수업 시간에 놀이를 알려 주고 빨리 확산되기를 바랐던 때도 있었고, 수업을 조금 더 재미있게 하려는 마음에 학습과 연결된 놀이를 강요한 기억도 있다. 심지어 교사들 연수를 할 때는 학습증후군에 목말라 하는 참여자들의 분위기에 맞추어 활용할 수 있는 놀이를 알려 주기도 했던 것이 떠올랐다.

이처럼 재미있다고 해서 모두 놀이가 되는 것은 아니다. 이런 가짜 놀이들은 그저 혼란스러움만 주고 마는 것이 아니라 아이들에게서 진짜 놀이를 빼앗을 우려가 있다. 그래서 진짜 놀이를 구분할 수 있는 뚜렷한 잣대를 가지고, 아이들에게 좋은 놀이문화를 만들어 주기 위한 어른들의 각성과 노력이 필요하다.


## 어울림 프로그램에는 놀이가 있을까

교육부에서 만든 어울림 프로그램에서는 놀이를 어떻게 생각하고, 놀이가 어떤 역할을 하는지를 중심으로 살펴보았다. 그러기 위해 어울림 프로그램 6개 모듈의 초등 저학년, 고학년용에서 프로그램의 개요를 모두 찾아 읽어 보았다. 안타깝게도 어울림 프로그램의 개요에서는 학교폭력에서 놀이가 갖는 의미라든가, 어울림 프로그램에서 놀이가 어떤 의미를 갖는다거나 하는 내용은 어디에서도 찾아볼 수 없었다. 놀이의 중요성이나 놀이를 왜 하는지에 대한 이야기도 없었고, '놀이 활동을 통해 경험할 수 있도록 한다'[11], '놀이와 체험으로 자연스럽게 인식시킨다'[12]라는 식으로 언급만 하고 있었다. 놀이를 단순히 수업을 위한 수단으로 여기고 있다는 느낌이 들었다. 그래서 어울림 프로그램 지도안에 나오는 놀이는 과연 진짜 놀이인지 살펴보았다.

## 이것이 어떻게 놀이일까

어울림 프로그램에서 놀이 또는 게임이라고 하는 것들은 모두 수업 시간에 하는 것이었다. 이해를 돕기 위해 '칭찬 사슬 놀이[13]'와 '공감 카드 놀이[14]' 방법을 보기로 가져와 보았다. 수업 시간에 하기 때문에 교사의 설명으로 놀이가 시작되고, 진행자가 있어야 운영될 수 있다. 이 놀이들뿐 아니라 6개 모듈에 있는 다른 지도안에 있는 모든 놀이가 그랬다.

---

11) 감정조절, 초등학교 고학년 학생용 기본, 8쪽.
12) 공감, 초등학교 저학년 학생용 기본, 4쪽.
13) 자기존중감, 초등학교 고학년 학생용 기본, 22~28쪽.
14) 공감, 초등학교 저학년 학생용 기본, 16~20쪽.

| PPT 슬라이드 | 설명 |
|---|---|
| 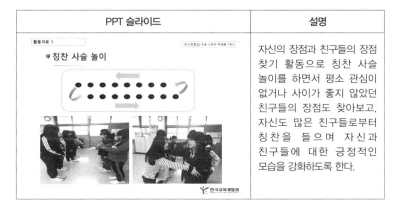 | 자신의 장점과 친구들의 장점 찾기 활동으로 칭찬 사슬 놀이를 하면서 평소 관심이 없거나 사이가 좋지 않았던 친구들의 장점도 찾아보고, 자신도 많은 친구들로부터 칭찬을 들으며 자신과 친구들에 대한 긍정적인 모습을 강화하도록 한다. |

| PPT 슬라이드 | 설명 |
|---|---|
| 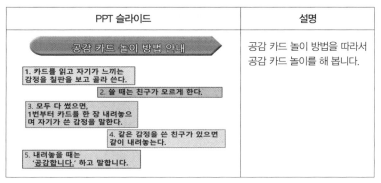 | 공감 카드 놀이 방법을 따라서 공감 카드 놀이를 해 봅니다. |

앞에서 이야기한 진짜 놀이의 기준으로 볼 때, 놀이는 스스로 하고 싶어서 하는 것인데, 수업 시간에 하기 때문에 아이들에게 자율성과 자발성을 보장하지 않는다. 또 아이들이 놀이를 시작할 때 서로 규칙을 확인하고 조절하는 대화로 시작하는 반면, 어울림 프로그램에서 놀이는 아이들에게 선택권이 없어 교사가 제시하는 규칙대로 따라야 하는 일방통행만 있었다.

애초에 어울림 프로그램에서는 노는 것이 목적이 아니라 수업의 목표를 이루기 위한 수단으로 활용했기 때문에 발생한 문제다. 놀이는 인지, 정서, 사회성, 도덕성 등이 자연스럽게 개발될 수 있어도 그것을 목적으로 놀지는 않는다. 진짜 푹 빠져서 놀다 보면 그런 모든 발달이 이루어진다고 보는 것이 맞을 것이다. 따라서 어울림 프로그램에서 놀이라고 말하는 것은 교사 주도의 '수업 활동'이라고 보는 것이 맞을 것이다.

아무리 재미있는 놀이라 할지라도 수업 시간에만 하는 놀이는 진짜 놀이가 되기 어렵다. 수업 시간에 하는 놀이가 놀이를 죽일 수밖에 없음을 문재현 소장은 이렇게 말하고 있다.

> 놀이는 스스로 발견하고 참여하는 활동입니다. 그런데 그것을 일제 수업 방식으로 가르치면 아이들이 자기들끼리 놀 때는 그 놀이를 하지 않을 가능성이 높습니다. 선생님의 역할을 누가 대신할 수 없기 때문이기도 하지만, 그렇게 재미가 떨어진 것을 아이들이 반복할 리 없기 때문이지요. 또 아이들 사이에 존재하는 차이도 무시됩니다. 어떤 아이들은 먼저 배우고, 또 어떤 아이들은 다른 아이들이 다 익숙해진 다음에야 관심을 가질 수도 있습니다. 그런데 모든 아이들을 똑같이 가르치려면 힘든 아이들이 나타나기 마련이고, 선생님이 아이들에게 화를 내게 되면 놀이는 죽을 수밖에 없습니다.[15]

---

15) 문재현, 『마을에 배움의 길이 있다』, 살림터(2015), 69쪽.

왕따를 조장하거나 웃음거리로 만들고 있다

어울림 프로그램에서 제시하는 활동들이 왕따 상황을 대수롭지 않게 여기도록 조장한다는 것은 더욱 큰 문제다. 학교폭력 인식 및 대처 모듈의 '〈술래 피하기〉 놀이(초록 애벌레 되어 보기)[16]' 부분을 살펴보자.

---

**[활동 2] 〈술래 피하기〉 놀이(초록 애벌레 되어 보기)**

〈술래 피하기〉 놀이를 통해 집단 따돌림의 피해자와 간접 가해자, 방관자의 입장을 경험해 본다.
활동 순서를 아이들에게 설명한다.
① 모둠(남, 여로 나누어 2모둠)에서 가위바위보로 술래를 한 명 정한다(자원자가 있으면 그 사람이 술래를 한다).
② 술래가 아닌 모둠원은 동그랗게 둘러선 다음 모두 밖을 향해 돌아선다.
③ 게임이 시작되면 술래는 모둠원 한 사람, 한 사람에게 다가가서 말을 걸거나 웃기는 등 모둠원이 자신과 눈을 맞추도록 노력한다. 신체적인 접촉은 하지 않으며 간지럼이나 욕을 하는 행동은 하지 않는다.
④ 이때 술래가 아닌 모둠원들은 술래가 다가오면 얼굴을 높이 쳐들거나, 고개를 숙이는 등 눈을 맞추거나 쳐다보지 않는다. 고개를 움직일 수 있지만 몸을 돌리면 안 된다.
⑤ 만약 모둠원들이 술래와 눈을 맞추거나 말대꾸를 하거나 술래의 행동이나 개그 때문에 웃게 되면 술래가 된다.
⑥ 술래가 바뀌면 같은 방법으로 게임을 다시 한다.

---

수업의 목표는 '동화 읽기와 놀이를 통해 따돌림이 무엇인지 생각해 보고 따돌림당하는 친구의 처지를 이해한다'이고, 활동 2에서 교사가 지도할 내용은 '놀이를 통해 집단 따돌림의 피해자와 간접 가해자, 방관자의 입장을 경험'하게 하는 것이다.

집단 따돌림, 곧 왕따라는 괴롭힘 구조에서 간접 가해자라는 개념

---

16) 학교폭력 인식 및 대처, 초등학교 저학년 학생용 기본, 34쪽.

을 쓴 것은 가해자의 행위를 축소하려는 의도로 보이지만, 여기서는 논의를 미루고 어울림 프로그램에서 놀이라고 하는 것을 중심으로 살펴보겠다.

이 놀이의 구조를 잘 살펴보면 술래가 왕따이고, 왕따당하는 아이에게 눈을 맞추고 말을 하게 되면 왕따가 된다. 그리고 왕따당하는 아이가 다른 아이에게 말을 걸고 웃겨야 하는데, 이것은 실제 왕따당하는 아이가 절대 할 수 없는 행동이다. 그렇긴 하지만 아이들이 실제 이런 상황을 어떻게 느끼는지 알아보기 위해 평화샘 교실의 3학년 아이들과 시연해 보았다.

실제로 아이들은 술래가 웃기는 상황에 계속 웃어 버려서 금세 술래가 바뀌었다. 지도안에 적힌 대로 진지하게 하라는 요청을 하고, 피해자의 심정이 어떤지 문자 속상할 것 같다는 대답을 했다. 하지만 아이들이 계속 웃었던 상황이라 왜 웃었는지 묻고, 이 놀이가 왕따당하는 아이의 입장을 이해하기 위해 한 것이라고 하자 아이들은 하나같이 이렇게 말했다.

"재미있기만 했어요."

"맞아요. 재미있기만 하고, 그런 생각은 전혀 안 들었어요."

"왕따당하는 애들은 그렇게 못해요."

실제 왕따당하는 아이가 있는 교실에서 이 활동을 한다면 어떻게 될까? 모두가 웃는 상황 속에서 피해 아이는 어떤 기분을 느끼게 될까? 생각만 해도 너무 끔찍하고 소름이 돋는다. 이처럼 어울림 프로그램에서는 심각한 범죄인 왕따를 웃음거리로 만들어 버려서 누구도 공감할 수 없고 방관자를 방어자로 나서게 하기는 더더욱 어렵게 만들고 있다. 이것은 놀이가 아닐 뿐 아니라 학교폭력 예방 프로그램이라는 본래의 의도에도 전혀 맞지 않다.

아이들 사이의 위계를 강화할 우려가 있다

학교폭력 인식 및 대처 모듈에 있던 '몰래 카메라 놀이[17]'는 더욱 문제다. 평화샘에서 심각한 문제가 있다고 제기를 해서 지금은 각 모듈의 심화 프로그램이 삭제되었지만, 지난 몇 년간 버젓이 활용되고 있었던 내용이다.

---

[활동 1] 몰래 카메라였어~

짝꿍과 친해지는 게임을 한다.

◈ A팀 미션
- '자기 짝꿍에게 여러 음식 중에서 자신이 먹고 싶은 음식을 먹을 수 있도록 최대한 친절하게, 부드러운 말로, 욕하지 않고, 꾹 참고 설득하시오.'
- 여러 음식 사진을 보여 주며, 짝꿍이 먹고 싶은 음식을 먼저 물어봅니다.
- 자신이 먹고 싶은 다른 음식을 선택하여 이 음식을 먹고 싶은지 이유를 말하고, 짝꿍이 먹고 싶은 음식이 좋지 않은 점을 말하며 자신이 먹고 싶은 음식으로 메뉴를 바꾸도록 설득합니다.
- 친구야, 오늘 점심으로 무엇을 먹을지 정해야 하는데 나는 OO가 먹고 싶어. 너는 무엇을 먹고 싶니? 내가 정한 것으로 먹자.

※ 꼭 지켜야 할 사항
1. 짝꿍을 설득하여 자신이 선택한 음식을 저녁 메뉴로 정하도록 미션을 수행하는 것입니다.
2. 미션을 수행하는 동안에는 짝에게 화를 내서는 안 됩니다.
3. 친구의 행동을 모두 이해해 줍니다.

---

17) 학교폭력 인식 및 대처, 초등학교 고학년 학생용 심화 언어폭력, 14~16쪽.

◈ B팀 미션
• '자기 짝꿍이 선택한 음식을 반대하며, 자기 짝꿍을 기분 나쁘게 하는 말을 해서 친구의 기분이 좋지 않게 만드시오.'
• A팀은 자신이 좋아하는 음식을 먹자고 설득할 것입니다. 여러분은 그건 너무 비싸. 너 거지같이 돈도 없잖아/ 맛없어. 그것도 모르냐?/ 너나 먹고 돼지처럼 살쪄.
• 야! 왜 네 맘대로 해? 바보야/ 어차피 네 맘대로 할 건데 왜 물어봐? 짜증 나게.

※ 꼭 지켜야 할 사항
1. 두 팀 모두 미션을 수행하는 동안에는 짝에게 폭력적인 행동을 해서는 안 됩니다.
2. 다툼이 될 만한 너무 심한 욕을 하거나 상대의 약점으로 괴롭히지 않도록 합니다.

　

각 팀이 서로 다른 미션이 제시된 줄 모른 채 자기들에게 주어진 미션을 실행한 후, 몰래 카메라였다고 밝히는 활동이다.

B팀의 미션을 자세히 보면 A팀에게 언어폭력을 지속하도록 요구하고 있는데, 꼭 지켜야 할 사항을 보면 폭력적인 행동을 해서는 안 되고, 다툼이 될 만한 너무 심한 욕을 하거나 상대의 약점으로 괴롭히지 않도록 하라고 되어 있다. 이 말을 그대로 정리해 보자면, '너 거지같이 돈도 없잖아/ 맛없어. 그것도 모르냐?/ 너나 먹고 돼지처럼 살쪄'라는 말은 '폭력적이거나 다툼이 될 만한 너무 심한 욕이나 상대의 약점으로 괴롭히는 것'이 아닌 것이 된다. 과연 아이들도 그렇게 생각할까?

폭력에 대한 인식이 이러하다 보니 지도안 유의사항에 '학교폭력 예방수업이 학생들에게는 흥미가 떨어지는 따분한 수업이 될 수도 있고, 분위기가 가라앉는 침울한 수업이 될 수도 있으므로 전체적인 수업의 흐름을 위해 자기 짝꿍과의 게임으로 명랑한 수업 분위기를 이끌어 갈 수 있도록 한다'라고 안내하고 있다.

여기에는 두 가지 문제가 있다. 첫 번째는 아이들에게 생존의 문제인 학교폭력을 흥밋거리로 만들어 버린다는 것이다. 두 번째는 이 몰래 카메라 놀이가 일진놀이라는 점이다. 일진놀이는[18] 권력관계를 바탕으로 진행하는 햄버거 놀이, 기절놀이, 사채놀이, 왕따 놀이, 몰래 카메라 놀이 등의 괴롭힘을 놀이라는 이름으로 포장하는 것이다.

최근에 화제가 되었던 기절놀이 동영상이 그런 놀이 가운데 대표적인 것이다. 동영상을 보면, 가해 학생들이 피해 학생의 목을 조르고, 기절한 학생을 깨우며 뺨을 때리거나 발로 차면서도 키득거리는 모습이 담겨 있다. 이처럼 위험한 놀이들은 위계서열이 높은 아이들이 낮은 아이들에게 하는 괴롭힘으로 명백한 폭력이다. 따라서 위험성을 알리고 하지 못하도록 해야 할 교육부에서 몰래 카메라 놀이를 '실제 생활 장면에서 언어폭력이 이루어짐을 알고 자신의 언어생활을 느끼고 반성하기' 위한 활동으로 활용하고 있다. 몰래 카메라라는 사회적 범죄를 아무런 문제의식 없이 수업에 도입하는 것을 보며 어울림 프로그램 개발자들이 학교폭력에 대한 감수성이 있기는 한 것인지 의심하지 않을 수 없다.

이뿐 아니라 진행자가 있어야 할 수 있는 활동을 아이들 스스로 하고 있다면 그 안에는 이미 교사에 맞먹는 위계서열을 가지고 있는 아이가 있는 것이다. 그런데 교사가 그 아이들을 인정하게 되면 비

---

18) 문재현 외, 『학교폭력 어떻게 만들어지는가』, 살림터(2012), 167쪽 참조.

공식 권력뿐 아니라 공식 권력까지 갖게 되는 위험성이 있다. 그래서 어울림 프로그램에서 놀이라고 하는 것들은 모두 학교폭력을 예방하는 것이 아니라 조장하는 독소이다.

## 어른들의 집단지성으로 놀이하는 공동체 만들기

어울림 프로그램에서 놀이라고 하는 것은 놀이도 아니고, 오히려 왕따를 조장하고 위계서열을 강화할 우려가 있는 독소라는 것을 확인했다. 그러면 왜 어울림 프로그램에서는 놀이도 아닌 것을 놀이라고 할까? 이것은 어울림 프로그램을 만든 전문가나 교사들이 학교폭력에 대해서 모를 뿐 아니라 놀이에 대해서도 모르기 때문이다.

2015년 어린이 놀이 헌장이 선포된 후 마을배움길연구소에서는 놀이에 대한 관심을 높이고, 놀이를 제대로 살릴 수 있는 사회적 공론의 장을 만들기 위해 17개 시·도 교육청이 진행하는 놀이정책을 조사하고 대안을 제시하는 활동을 해마다 하고 있다. 교육청에서 강조하는 놀이정책을 보면 크게 세 가지로 정리할 수 있는데, 이 또한 문제가 많았다.

첫째, 놀이교육, 놀이수업 또는 놀이통합교육과정 운영으로 표현되는데, 수업 시간에 놀이를 가르치고 놀이를 활용해 수업을 권장하는 학습증후군에 빠져 있다.

둘째, 외부 놀이 강사를 불러서 누군가는 가르치고 누군가는 배워야 한다는 전문가주의로 놀이가 가진 잠재력을 억누르고, 놀이를 소비하도록 부추기고 있다.

셋째, 일부 학교에 재정을 지원해서 성과를 홍보하기 좋은 형태로 운영하려고 하는 공모학교 방식을 취하고 있다. 이것은 예산 지원이 병행되지 않으면 살릴 수 없다는 생각이 전제된 방식이라 놀이를 일반화하고 보편적인 운동으로 만들려는 의지가 없는 것으로 봐야 한다.

물론 몇몇 교육청에서는 교사들과 부모들이 자신의 경험을 살려 서로 배우는 집단지성 방식으로 연수와 모임을 만들어 가고 있지만 대다수 교육청들은 우리도 놀이에 관심이 있고 이런 것을 하고 있다는 성과 위주의 홍보성 정책에만 열을 올리고 있다. 해마다 마을 배움길연구소에서는 전문가주의가 아닌 집단지성의 힘으로 놀이를 살릴 수 있는 여러 방안을 제안하고 있지만 변화는 더디게만 느껴지고, 교육청의 놀이정책들이 놀이를 살리는 것이 아니라 죽이는 것은 아닌지 걱정이 된다.

이런 상황을 해결하고 진짜 놀이하는 공동체를 만들기 위한 사례를 찾아보았는데, 왕따 없는 교실을 만들기 위한 덴마크 부모들의 노력이 본보기가 될 만했다.

덴마크에서는 한 번 정해진 반이 0학년부터 9학년까지 이어진다고 한다. 그래서 무엇보다 관계를 중요시하고 따돌림 없이 모든 아이들이 골고루 친해지게 하기 위해 '라이어그루페'라는 놀이 모임과 '플레이 데이트'를 운영한다. 라이어그루페는 부모들이 순서를 정해 돌아가면서 놀이 모임의 모든 아이들이 함께 놀 수 있는 자리를 마련하는 것인데, 5개월에 한 번씩 구성원을 바꾸어서 전체 아이들과 한 번씩은 꼭 만날 수 있도록 한다. 플레이 데이트는 부모들이 날짜를 정해서 다양한 아이들과 놀 수 있게 하고, 친구네 집에서 자기도 하면서 다양한 가족 문화를 이해하도록 하는 장치이다. 그런 노력에도 불구하고 따돌림이 발생하면 부모들이 긴급회의를 한다. 긴급회의는 부모들이 40분 정도 놀면서 친해지는 시간을 먼저 갖는다. 부모들이 이렇게 할 수 있는 것은 따돌림 문제는 모두에게 책임이 있고, 이것을 해결하기 위해서는 관계가 우선이라는 관점이 있기 때문에 가능하다. 회의의 핵심은 놀이 모임을 구성할 때 따돌림이 생기지 않도록 더 신경을 쓰고, 비교를 금지하자는 것, 플레이 데이트를 다양한 아이들과 하자는 것 등이다. 부모들이 모든 아이들이 골고루 놀 수 있도록 지속적으로 지원하는 장치를 갖고 있는 것이다. 이처럼 어렸을 때부터 오랜 시간 함께 지내며 친분을 쌓은 덕분에 아이들은 관계에서 안정감을 가지고 평생지기가 된다고 한다.

우리가 생각할 때 학교폭력을 해결하기 위한 프로그램 없이 문화로 해결할 수 있는 곳은 덴마크가 유일하다. 안타까운 것은 우리도 수십 년 전에는 그랬다는 것이다. 교사가 개입하지 않아도 될 정도로 마을마다 골목마다 놀이가 살아 있었다. 그런데 우리는 놀이를 잃어버리면서 그런 상황이 어려워졌다.

하지만 우리한테는 장점이 있다. 바로 부모들이 어렸을 때 놀이를 했던 세대라는 것과 교사들에게도 집단지성의 방법으로 놀이를 살려 낼 힘이 있다는 것이다. 우리가 20여 년 동안 놀이 운동을 하면서 만난 교사와 부모들, 놀이 운동을 하는 사람들에게서 그 가능성을 확인해 왔다.

앞에서 어울림 프로그램의 문제점을 놀이를 중심으로 분석하고 비판했지만, 사실 더 큰 문제는 모든 과정을 수업지도안이라는 틀에 맞추어 제공하는 것에 있다. 교육부가 학교폭력을 이해하고 다룰 수 있는 힘이 교사들에게 있다고 믿는다면, 결단코 그러한 형태의 자료를 제공할 수는 없을 것이다. 마찬가지로 교육부가 진짜 놀이가 되살아나기 바라고 교사들에게 놀이를 살릴 힘이 있다고 믿는다면, 지금처럼 전문 강사 중심의 놀이 운동이 아니라 교사들의 집단지성에 의한 방법으로 살려 나가도록 해야 할 것이다. 또한 놀이를 지식으로 전달하는 것이 아니라 공동체를 복원하는 과정으로 만들어 간다면 그것이 특정 프로그램이 아니어도 좋을 것이다. 교육부 장관부터 17개 시·도 교육감까지 모든 어른들이 우리가 가진 놀이문화 자원과 가능성, 사람을 믿고 아이들에게 물으며, 함께 놀이하는 세상을 꿈꿔 본다.

# 놀이가
## 교실을 살린다

허정남

새 학년 첫날부터 놀이로 아이들과 친해지고 틈만 나면 함께 놀았
다. 한두 달이 지나면 내가 먼저 놀자고 제안하지 않아도 아이들이
먼저 스스럼없이 '선생님 우리 같이 놀아요.' 하고 내 손을 이끈다.
놀고 싶어서 아침에 일찍 오는 아이들은 가방을 부리나케 벗어 놓고
곧장 놀이판을 벌인다. 또 쉬는 시간과 점심시간에는 자기가 좋아하
는 놀이를 하느라 교실 여기저기서 웃음소리가 끊이질 않는다. 잠시
라도 쉬는 시간과 빈 공간이 있으면 아이들은 언제 어디서든 놀이판
을 벌인다. 나와 아이들에게 놀이는 이제 일상이 되었다.

　그러다가 최근 교육부에서 제시한 어울림 프로그램의 문제점에 대
해 분석해 보면서 문득 평화샘 프로젝트에서 말하는 놀이가 아이들
삶에 어떤 의미가 있는지 궁금해서 우리 반 아이들에게 물어보았다.

　"너희들은 전래놀이를 하면서부터 무엇이 가장 달라진 것 같아?"

"누구든지 다 끼워서 놀 수 있어서 좋아요."

"놀이가 없을 때는 친한 친구끼리만 놀았는데 놀이를 하니까 친구가 많아졌어요."

"저는요, 따로따로 노는 것보다 우리 모두 함께 노는 것이 더 재미있어요."

"맞아요. 예전에는 남자, 여자 따로 놀았거든요. 근데 지금은 같이 놀아요. 남녀 차별이 없어요."

"우리가 하는 놀이는 모두 다 어울려 노니까 다 같이 친해지고, 사이가 좋아져요. 어제는 방과 후에 친구들이랑 노는데 동생들도 같이 놀았어요."

"놀이는 사람을 안 가리고 싫어하는 사람이든 어색한 사람이든 누구든 놀다 보면 친해져요."

"놀이를 하면 모든 친구들과 친해질 수 있어서 왕따가 생길 일도 없고, 그 반은 화목해질 수밖에 없어요."

아이들은 놀이가 서로의 관계를 열어 주고 친밀하게 맺어 준다고 확신에 차서 말했다.

아이들의 놀이 세상 속으로 들어가기 전에는 아이들 사이의 서열 관계를 정확하게 파악하는 것이 어려웠고, 그 속에서 놀지 못하는 아이들에 대해서도 그 아이가 소심해서 생기는 개인의 성격 탓으로 돌렸다. 그리고 친한 친구끼리 무리지어 노는 것을 자연스러운 일이라고 생각하다 보니 무리에서 문제가 생겨도 공동체적 관점에서 우리 반 전체의 문제로 생각하고 토론하기보다는 개별 상담이 최선이라고 생각했다. 그런데 처음엔 문제가 해결되는가 싶다가도 다시 원점으로 돌아오는 상황이 반복되는 것이었다. 그래서 이런 아이들의 문제는 인간의 본능으로 치부해 버리고 해결할 수 없는 문제라고 스스로 위안을 삼곤 했다. 그러다가 평화샘을 만나고부터 비로소 아이들 세계를 이해하기 시작했다.

아이들의 왕따문제는 결국 '너랑 안 놀아'로 시작되는 것이고, 그렇기 때문에 놀이는 바로 왕따문제 해결의 출발이자 끝이라고 할 수 있다. 놀이는 혼자 하는 것이 아니라 함께 하는 것이기 때문에 서로의 관계를 연결시켜 주고 공동체를 뿌리내리게 한다. 그래서 평화샘 프로젝트에서 놀이는 아이들 생활 속에 언제나 숨 쉬듯 일상적으로 살아 있어야 한다고 말한다. 마치 공기처럼 말이다.

반면 어울림 프로그램에서 놀이는 앞의 서영자 선생의 글에서 확인할 수 있듯이 놀이의 본질이 살아 있지 못하고 수업의 도구로 그 순간의 유희적 기능만 존재할 뿐이다. 나는 원래 평화샘 프로젝트와 어울림 프로그램의 놀이를 비교하는 글을 쓰고 싶었다. 그러나 어울림 프로그램에서는 놀이가 없는 상황이라 비교 자체가 불가능했다. 그래서 놀이가 어떻게 공동체를 확장시켜 주고 또 그 속에서 학교폭력을 예방할 수 있는지, 어울림 프로그램에 대한 비교 과정 없이 평화샘 프로젝트의 실천 사례를 통해 살펴볼 수밖에 없음을 미리 밝혀 둔다.

## 놀이로 시작하는 평화로운 교실공동체

새 학년 첫날을 떠올리면 늘 불안하고 긴장되는 순간이 가장 먼저 그려진다. 전날 밤은 잠을 설치기도 하고, 처음 만나는 아이들에게 무슨 말을 해야 할지 머릿속이 복잡해진다. 경력이 30년이 넘는 선배 교사에게 물어봐도 상황은 마찬가지였다. 오히려 경력이 많을수록 환영받지 못한다는 걱정까지 더해져서 그 불편한 감정은 더욱 크다고 했다. 그래서인지 2월이 되면 교사 커뮤니티에 첫날 아이들을 어떻게 만나는지 자기 나름의 방법을 소개하는 자료가 많이 올라온다. 그 가운데 억지스러운 감동을 주기 위해 우리가 만난 건 특별하다는 식의 '인연설'도 있지만, 어떻게 하면 무서운 선생님으로 보여서 아이들을 꽉 잡을 것인지에 대한 것도 많다. '첫날에는 이도 보이지 말아야 한다'거나 '첫 시간부터 교과서 수업을 하면 아이들을 학기 초부터 차분하게 만들 수 있다'는 이야기도 있다. 몇 년 전 동학년 교사는 '난 첫날에 빨간 립스틱에 가죽바지를 입을 거예요'라며 우스갯소리를 하기도 했다. 이 모든 것이 교사도 첫날이 얼마나 긴장되는지 보여 주는 것이기도 하다. 교사들도 이런데 하물며 아이들은 그 첫 순간이 얼마나 두려울까? 저학년에서는 학교에 가기가 싫다고 울면서 아침부터 부모랑 실랑이를 벌이는 아이들이 학급마다 한둘 있다고 한다. 아이들은 새 학년 첫날 어떤 마음으로 학교에 올까?

'어떤 친구를 만날까?'

'어떤 선생님일까?'

'작년에 나를 괴롭힌 친구는 없을까?'

'선생님은 무섭지 않을까?'

'누가 나를 비웃지 않을까?'

이렇게 설렘과 기대를 가지고 있기도 하지만 두려움이 더 크다고 한다.

유치원 때부터 권력관계에 익숙해진 아이들의 경험을 생각할 때 첫날부터 관계를 제대로 맺지 못한다면, 며칠 사이에 아이들은 자기들만의 위계서열을 만들고, 그 관계는 점점 굳어질 것이다. 따라서 아이들이 끊임없이 힘의 우위를 탐색하는 첫 일주일이 중요하다. 물론 교사가 수업 시간에만 아이들과 시간을 보내려고 한다면 이런 탐색전이 교사의 눈에는 보이지 않겠지만 말이다. 그래서 평화샘 프로젝트에서는 아이들과 교사 모두에게 심각한 스트레스 상황인 첫 만남을 서로 편안하고 친밀하고 기대할 수 있는 분위기로 바꾸어 주기 위해 '놀이'로 아이들을 맞이한다. '시작이 반이다'라는 속담도 있듯이 평화샘 프로젝트에서 첫날, 첫 만남을 놀이로 시작한다. 이것은 놀이가 학교폭력을 예방하고 공동체를 형성하는 첫걸음으로 그만큼 중요한 의미를 가진다는 것이다. 왕따는 쟤는 나랑 다르고, 내 친구가 될 수도 없다는 사회적 거리감으로부터 생기기 때문에 첫날부터 놀이로 친해지면 그 친구를 괴롭힘의 대상으로 여기지 않을 가능성이 높아지기 때문이다. 그래서 나도 해마다 첫 만남을 놀이로 시작한다.

올해는 비석치기로 아이들과 첫 만남 놀이를 하기로 하고 테이프로 교실 바닥에 금을 긋고 나서 어떤 아이가 저 문을 열고 들어올까 두근두근 떨리는 마음으로 기다렸다. 드디어 한 남자아이가 조심스럽게 문을 열고 긴장한 표정으로 교실로 들어왔다.

"안녕? 반가워! 난 올해 이 교실에서 함께 공부할 선생님이야. 혹시 비석치기 아니? 우리 같이 비석치기 할래?"

아이는 선생님이 놀자는 이야기가 신기한지 대답은 하지 않고 멀뚱멀뚱 쳐다보기만 했다.

"비석치기 처음 해 보는구나? 이리 와서 같이 해 보자."

잠시 후 몇 명의 친구가 더 들어와서 간단하게 인사를 나누고 비석치기를 시작했다. 아이들은 처음 해 보는 놀이라며 신기해하면서도 신이 나서 연신 소리를 지르며 웃어 댔다. 교실에 있는 팽이, 딱지, 구슬, 공기, 고누 등 다양한 놀잇감을 이리저리 살펴보다가 팽이에 관심을 갖고 돌리는 아이도 있었다. 팽이를 처음 쳐 보는지 잘 돌리지 못하고 이미 누운 팽이를 치면서도 땀을 뻘뻘 흘리며 신나게 놀았다. 한참을 놀고 나서 모두 자리에 앉아 간단히 자기소개를 하기로 하고 내 소개부터 했다.

"얘들아, 선생님은 이번에 새로 이 학교에 오게 된 허정남이라고 해. 잘 부탁해."

아이들한테도 자기소개를 해 보자고 하니 한 아이가 어두운 표정으로 말했다.

"선생님, 자기소개 꼭 해야 돼요?"

아이들의 반응이 이상해서 물어보니 해마다 첫날만 되면 여러 가지 방법으로 자기를 소개하는 것이 싫었다고 했다. 아직 친구들과 선생님이 낯선데 자신에 대해서 자세하게 이야기하고 소개하는 것이 부담스러웠으리라 이해가 됐다.

"그렇구나. 그럼 우리 밖에 나가서 더 놀까?"

"네!"

아이들은 이 상황이 믿어지지 않는다는 듯 눈을 동그랗게 뜨고 서로 쳐다보다가 신이 나서 큰 소리로 외쳤다.

"얘들아, 놀이를 하다가 다툼이나 괴롭힘이 있을 수도 있으니까 그럴 때는 '멈춰'를 하기로 하자."

간단히 '멈춰'를 알려 주고 연습한 뒤 운동장으로 나갔다. 첫날 하는 놀이는 모두가 쉽게 참여하는 것이 좋기 때문에 달팽이 진놀이를 했다. 이 놀이는 경쟁놀이지만 가위바위보로 승부가 나기 때문에 아이들은 달리기를 조금 못해도 걱정 없이 즐겁게 놀이에 참여할 수 있다. 막판까지 갔다가 가위바위보에서 져서 역전이 될 때 아이들의 환호성은 운동장이 떠나갈 듯 컸다. 한 시간 정도 놀고 나서 교실로 들어와 오늘 놀이한 느낌이 어떤지 물었다.

"처음에 선생님이 놀자고 해서 좀 이상했는데 같이 노니까 정말 좋아요."

"맞아요. 우리 맨날 놀아요."

이미 첫 순간의 긴장감이 사라진 아이들은 놀이에 흠뻑 빠져서 앞으로도 놀이를 계속하자고 합창하듯 말했다. 그리고 한 아이가 신기한 듯 외쳤다.

"선생님, 선생님이랑 친구들이랑 이렇게 빨리 친해진 건 정말 난 생처음이에요!"

이 말은 해마다 첫날 놀이를 하고 나면 신기하게도 항상 드는 말인데, 첫날, 첫 순간의 놀이가 왜 관계를 여는 데 중요한지 알려 주는 말이어서 나에게도 큰 의미로 남는다.


## 전입 교사와 새로운 관계의 지평을 열다

교사들에게 학교를 옮긴다는 것은 어떤 의미를 가질까? 학교를 옮길 때마다 그해 일 년은 고생할 각오를 해야 한다. 기존의 교사들은 자신이 그 학교에 오래 있었던 햇수만큼 편한 업무와 학년을 선택하는 것을 당연한 권리처럼 생각해 왔고, 전입 교사들은 어려운 업무와 학년을 맡는 것은 어쩔 수 없는 관례라고 생각을 한다. 그래서 그나마 고생을 덜 할 수 있는 업무와 학년을 배정받기 위해 발령이 나자마자 새 학교를 방문하는 것이 교직사회의 불문율이기도 하다. 그리고 어떤 교사와 동학년이 되는가도 복불복이다. 새로운 환경에 적응하려면 시간이 걸리는데, 무엇이 어려운지 미리 알고 잘 챙겨 주는 교사와 동학년이 된다면 그야말로 그건 로또에 당첨된 것만큼이나 복이다. 그러나 새 학년 시작이 누구에게나 정신없기는 마찬가지라 그렇게 속속들이 챙겨 주기란 쉽지만은 않다. 이러한 상황에서 교사들 사이에 돌봄과 공감의 관계가 맺어지기는 어렵다. 나는 교사들이 학교를 옮길 때, 서로 환대하고 보살필 수 있는 관계를 만드는 것이 학교공동체를 만드는 지름길이라고 믿는다. 아이들에게 서로를 보살피고 배려하라는 말을 하기 전에 교사들끼리 먼저 그런 행동을 하는 것이 참다운 교육이기 때문이다.

평화샘 프로젝트의 4대 규칙 중 네 번째 규칙이 '선생님은 평화의 본보기가 될 것이다'가 된 것은 그러한 까닭이다. 교사는 아이들 관계뿐만 아니라 동료 교사, 부모와 관계에서도 평화의 본보기가 되어야 한다. 이와 함께 왕따 현상이 하나의 문화로 자리 잡은 평화로운 교실, 평화로운 학교문화를 만들어 가려면 그 구성원 가운데 가장 약한, 소수자의 입장을 살피고 그 목소리에 귀를 기울여야 한다. 그래서 평화샘 프로젝트를 실천하고 있는 학교에서는 새 학년을 시작할 때 가장 약한 위치에 있으며 그 목소리가 존중되지 못하는 전입 교사와 신규 교사들을 위한 환대의 문화로 놀이마당을 연다. 서로 낯선 교사들이 만나 놀이로 웃음꽃을 피우며 관계를 여는 것이다. 다음 이야기는 대다수 교사들이 평화샘 프로젝트를 실천하고 있는 한 학교의 사례이다.

새로 전입하는 교사들을 어떻게 환대하면 좋을지 모든 교사들이 함께 모여 이야기를 나누었다. 먼저 자신이 처음 발령받고 학교를 방문할 때 느낌을 말해 보기로 했다.

"교문 앞에 들어서자마자 너무 떨려서 청심환을 먹고 올 걸 하며 후회했어요."

"긴장되죠. 낯선 곳, 낯선 사람들이니 괜히 위축되기도 하고요."

"현관이 어딘지 몰라 학교를 한 바퀴 돌았던 거 같아요."

"그래도 반갑게 맞아 주시는 분이 있어 훨씬 마음이 놓였어요."

전입 교사들의 생각과 느낌은 모두 비슷했다. 작년까지는 전입하는 선생님들을 환대하기 위해 놀이로 시작하고, 꽃이나 화분을 선물하며 마음을 표현했다. 그런데 실천이 깊어지면서 전입한 교사들의 긴장과 떨림은 학교를 마주한 순간, 아니 그 이전부터 시작되는데 그 마음을 다 헤아리지는 못했다는 선생님들의 반성이 있었다. 올해는 선생님들이 꽃 한 송이를 들고 현관에서부터 새로 오는 선생님들을 맞이하기로 하고, 현관에는 환영 입간판, 교문에는 환영 현수막을 걸었다.

드디어 전입해 온 선생님들을 맞이하는 날. 처음에는 전입 선생님들 모두 깜짝 놀라는 표정이었지만, 이내 얼굴 가득 웃음꽃이 피어났다. 3일간 진행하는 워크숍 동안 함께 놀면서 새로운 관계 맺기를 시도했다. 처음 놀이를 시작할 때는 약간 어색해했지만 조금 지나자 오징어 진놀이에 푹 빠졌다. 새로 전입해 오신 교장 선생님도 함께 놀았는데 교감, 부장교사, 신규 교사, 여교사, 남교사 할 것 없이 그냥 놀이하는 사람들이 뒤엉켜 하나가 된 느낌이었다. 놀이가 끝나고 소감을 나누는데 늘 같이 지내던 사람들처럼 편안했다. 그 가운데 수줍음이 많고 조용해 보이는 선생님이 놀이가 시작되자 완전 다른 사람이 되어 놀기에 물어보았다.

"우아, 박 선생님 힘이 장난이 아니네요. 전에 좀 놀아 보셨지요?"

"그랬나요? 난 이제 시작인데. 제가 좀 놀긴 했죠."

"이거 진짜 신기하네요. 2~3년은 함께 지낸 것 같은 이 느낌 뭐죠?"

"그렇죠? 나도 그래요."

"저도 작년에 새로 왔는데 그때도 놀았거든요. 오후에는 전에 근무했던 학교 선생님들을 만나서 이야기를 나누다가 나도 모르게 '우리 학교는 말이야' 이렇게 얘기해서 완전 미안했잖아요."

전입해 온 교사와 기존에 있던 교사들이 서로 주거니 받거니 나누는 이야기와 깔깔거리는 웃음소리가 강당 안을 가득 메웠다. 이 놀이에는 교사뿐 아니라 급식소, 행정실, 보건실 등 모든 교직원이 함께 했고 오후에는 서로 짝을 지어 마을 나들이도 했다.


## 전학 온 아이, 놀이로 환대하기

아이들에게 새로운 환경은 얼마나 두렵고 긴장이 될까? 전학을 온다는 것은 낯선 세계로 혼자 들어가는 것이기에 교사들이 학교를 옮기는 것 이상으로 불안한 마음이 들 것이다. 그래서 평화샘 교실에서는 친구가 전학을 오면 환대의 의미로 다 함께 놀이판을 벌이고 교실평화 4대 규칙도 다시 약속한다. 낯선 세계에서 스트레스를 받고 있는 아이를 놀이로 환대하면 경계심과 불안이 눈 녹듯 사라진다.

우리 반에도 올해 3월 말쯤, 호준이가 전학을 왔다. 호준이는 이

번이 벌써 두 번째 전학인 데다가 친구들과 친해지자마자 또 전학을 와야 해서 전학 오는 것을 무척 싫어했다고 호준이 어머니가 말했다. 낯선 환경이 호준이에게 얼마나 부담이 되고 긴장될까 걱정이 되었다.

"얘들아, 오늘부터 우리랑 함께 공부할 친구야. 학교 시설도 잘 모르고 첫날이라 많이 낯설 거야. 너희들이 잘 알려 주고 도와주면 좋겠어."

"선생님, 새로 친구가 왔는데 빨리 친해지려면 놀아야죠."

"호준아, 우리는 요즘 진놀이를 많이 하는데 너는 무슨 놀이하고 싶어?"

"잘 모르겠어요."

처음이라 그런지 호준이는 선뜻 대답을 하지 못하고 머뭇거렸다. 그래서 그냥 진놀이를 하기로 했다. 호준이는 진놀이를 처음 들어 본다고 해서 옆에 있는 진영이에게 설명을 해 주라고 했다. 진영이가 호준이의 표정을 살피며 차근차근 놀이 방법을 설명해 주었다. 하지만 아직 놀이규칙이 어려웠는지 호준이가 규칙을 계속 어기자 상대편인 승환이가 불평을 했다.

"호준아, 너 나보다 먼저 나왔잖아. 내가 너 잡았으니까 빨리 와."

"근데, 호준이는 아직 규칙 잘 모르니까 좀 봐주자."

승환이와 같은 편인 은선이가 규칙에 익숙하지 않은 호준이를 배려하자며 말했다.

"알았어. 호준아, 너보다 먼저 나온 사람만 잡을 수 있으니까 기억

해야 돼."

불만을 제기했던 승환이가 봐준다고 하니 긴장했던 호준이의 표정이 밝아졌다. 볼이 빨개지도록 이리저리 뛰어다니는 호준이의 모습이 보기 좋았다. 놀이를 마치고 친구들과 수다를 떨며 교실로 들어가는 호준이를 보니 내 마음도 편해졌다.

"선생님, 호준이 오늘 전학 왔는데 처음부터 같이 있었던 거 같아요."

"맞아요. 오늘 재민이네 집에도 같이 놀러 가기로 했어요."

방과 후 호준이와 친구들은 벌써 서로 친해졌는지 함께 놀러 간다고 싱글벙글 웃으며 이야기를 했다. 새로운 환경 속에서 새로운 인간관계를 맺어야 하는 어려움을 놀이가 아니면 어떻게 해결할 수 있었을까?


## 놀이로 보살핌과 사랑을 싹 틔우는 유·초 연계

현재 유치원 누리과정은 하루에 한 시간씩 바깥나들이와 놀이를 하게 되어 있다. 그러나 한 교사가 수십 명의 아이들을 데리고 놀이와 나들이를 한다는 것은 쉽지 않은 일이다. 만약 초등학교 아이들이 유치원 아이들을 데리고 놀이와 나들이를 한다면 유치원 교사들에게 가장 필요한 도움이 되지 않을까? 그러한 생각으로 시작된 것이 유·초 연계였다.

올해도 유·초 연계를 하기 위해 아이들에게 제안해 보았다.

"유치원 동생들이 매일 나들이와 놀이를 해야 하는데 유치원 선생님 혼자 감당하기가 어려워 사실상 놀이, 나들이가 잘 안 된다데."

내 말에 아이들은 내가 무슨 이야기를 하려고 그러나 하고 눈을 동그랗게 뜨고 쳐다보았다.

"그래서 말인데, 우리가 한 달에 한 번 동생들이랑 같이 놀면 어떨까? 너희들 친구나무도 소개해 주고 같이 나들이도 하면 좋겠는데."

"야, 좋아요. 우리 동생도 여기 병설 나왔어요."

아이들이 모두 좋아해서 함께 유치원에 갔다.

"뭐 하고 놀고 싶어?"

미리 다리세기 놀이도 연습하고 딱지치기 준비도 해 왔지만 아이들은 자기가 준비한 놀이를 일방적으로 하지 않고 동생들이 무슨 놀이를 하고 싶은지 물었다. 수찬이 동생은 사방치기를 하고 싶어했다.

"자, 여기에 발을 이렇게 놓고 뛰어."

장애가 있는 동생과 짝이 된 수찬이는 무릎을 꿇고 앉아 동생의 발을 잡고 직접 이동하는 걸 도와주고 있었다. 동생이 발을 옮길 때마다 손뼉을 쳐 주며 응원을 했다. 한쪽에서 책을 읽고 있는 채은이는 동생을 옆에 앉혀 놓고 손으로 짚어 가며 다정하게 책을 읽어 주고 있었다.

"어머, 어쩜 애들이 이렇게 의젓해요? 저 혼자서는 이렇게 할 수가 없는데 5학년 아이들이 동생들과 책도 읽어 주고 놀아 주니 우리 애들이 정말 좋아하네요."

"교실에서는 개구쟁이라도 동생들에게는 한없이 친절해요. 그래서 유·초 연계를 하면 우리 아이들도 함께 성장하는 게 눈에 보여요."

처음 만난 유치원과 5학년을 이어 준 것도 놀이였다.

유·초 연계를 통해 보살핌이 필요했던 아이도 동생을 보살피며 자신감을 얻고 함께 성장하는 과정이 된다. 또한 이 과정에서도 놀이는 서로 관계를 형성하는 데 가장 중요한 역할을 한다. 함께 노는 과정에서 동생들은 경쟁 상대가 아니라 보살핌의 대상이 되고, 동생은 그런 선배의 모습을 좇아 놀면서 관계를 배워 나간다. 교육청과 학교에서 '마을공동체', '학교공동체'라는 이름으로 무수히 많은 교육정책과 업무를 쏟아 내고 있지만 무엇 하나 아이들의 삶에 영향을 준 것은 없었다. 유·초 연계야말로 마을에서 놀이가 살아 있던 모습을 되살릴 수 있는 진짜 공동체로 갈 수 있는 첫걸음이 아닐까?

## 아이들 스스로 만들어 가는 합동체육수업

"선생님, 오늘 합체해요?"

"해야 하는데, 아직 무엇을 할지 못 정했네. 어쩌지?"

6학년 1학기 초 다른 반 선생님의 주도로 경쟁 중심의 레크리에이션으로 합동체육시간을 운영했는데 수업만 끝나면 아이들의 다툼이 끊이지 않아서 잠시 중단하자고 했다. 그사이 아이들은 각 반에서 놀이를 하며 서로 협력하고 보살피는 놀이문화를 만들어 갔다. 그러다가 2학기가 되자 아이들 사이에서 다시 합체 이야기가 나왔다. 그래서 이번에는 선생님들이 다 계획해서 하지 말고 각 반 반장이 아이들과 함께 상의를 해서 수업을 직접 진행해 보면 어떻겠냐고 했더니 선생님들과 아이들 모두 흔쾌히 동의했다. 점심을 먹고 연구실에서 차를 마시고 있는데 3반 반장인 유진이가 연구실에 들어왔다.

"선생님, 오늘 할 거 결정했어요."

"어떻게 할 건데?"

3반 선생님의 질문에 유진이가 웃으며 말했다.

"코코랑 피구를 하기로 했습니다."

"그래? 그럼 반별로 할 거야? 어떤 반이 코코를 하고 어느 반이 피구를 할 건데?"

"아…."

유진이가 미처 생각을 못했는지 난처한 표정을 지었다. 미리 말해주지 못한 내 잘못이 컸다.

"반별로 할 건지, 세 반이 섞여서 팀을 나누어서 할 건지도 의논해야 할 것 같은데?"

내 말에 유진이가 알겠다며 연구실을 나갔다가 잠시 후 세 반 반장이 함께 들어왔다.

"선생님, 1, 2반이 코코를 먼저 하고 그동안 3반은 피구를 하기로 했어요. 그러고 나서 이긴 팀하고 3반이 코코를 하고 진 반은 피구를 하면 될 것 같아요."

"그럼 반별로 한다는 이야기지? 진 반이 기분 나빠하는 일이 생기지 않을까?"

"에이, 6학년은 그렇게 어리지 않아요. 괜찮을 거예요."

그런데 반별 대항이 되어서 그런지 게임이 끝나고 나서 이런저런 불만이 터져 나왔다. 그래서 이대로는 안 되겠다 싶어 방과 후에 세 반 반장과 함께 아이들에게 희망 종목을 받아서 진행 방법을 함께 토론하기로 했다.

"2학기 합동체육을 어떻게 하면 좋을까? 일단 각 반에서 나온 내용들을 좀 살펴보자."

각 반에서 받아 온 내용을 살펴보니 스포츠와 놀이가 다양하게 쓰여 있었다.

"스포츠도 많은데 놀이도 꽤 많이 나왔네, 이걸 어떻게 배치해서 하면 좋을까? 샘은 합체 시간에 놀이도 좀 했으면 좋겠는데…."

"한 주는 스포츠를 하고, 한 주는 놀이를 하면 되지 않을까요?"

내가 고민스럽게 말하자 유진이가 별 걱정을 다한다는 투로 대답했다.

"아, 그러면 되겠다. 그럼 2학기에 있을 합체 날짜를 쓰고, 너희들이 배치를 해 볼래?"

"네!"

원칙이 합의되자 일사천리로 진행되었다. 잠시 후에 아이들은 날짜와 내용이 쓰인 도화지 한 장을 내게 내밀었다.

"선생님, 다 됐어요!"

"벌써?"

"네!"

아이들이 작성한 계획표를 보니 아까 이야기한 대로 스포츠와 놀이를 번갈아 배치하고, 겨울에는 실내에서 할 수 있는 스포츠와 놀이로 나름 고려해서 계획한 것이 보였다.

"다 됐네. 그럼 이걸 복도에 게시해서 다른 친구들도 다 볼 수 있게 하자!"

"잠시만요. 마지막으로 한번 살펴볼게요."

아이들이 서로 자기 반의 의견이 합체계획서에 모두 들어갔는지 꼼꼼하게 살펴보는데 그 모습이 얼마나 진지한지 깜짝 놀랐다. 아이들은 누구의 의견도 소외되지 않도록 생각하고 배려하는 모습을 보여 주었다. 세 반의 반장들은 매주 월요일부터 그 주의 합체를 어떻게 진행할지 논의하고, 논의된 내용을 각 반에 전달했다. 또 의견이 나오면 다시 모여서 수정해 가면서 합체를 진행했다. 축구를 진행하기로 한 날에는 축구를 싫어하는 아이들을 위해 미리 다른 놀이도 의견을 받아서 모두가 합체에 즐겁게 참여할 수 있도록 했다. 공기놀이를 합체로 할 때면 각 반마다 공기규칙이 다르니 미리 모여 규칙을 합의하고, 세 반을 섞어 공기 모둠을 만들어 놀이를 했다. 아이들은 이렇게 세밀한 부분까지 신경을 써 가며 모든 아이들의 의견을 받았고, 어느 누구도 소외되지 않도록 했다. 합체 시간이면 각 반 반장이 돌아가면서 이번 합체 시간에 진행할 종목과 방법, 규칙들을 설명하고 교사들은 옆에서 보조 역할을 하면 그만이었다. 이렇게 한 학기 내내 합체를 진행하니 아이들 사이에 다툼도 없었고 누가 시키지 않아도 서로 배려하는 모습이 곳곳에서 보였다.

놀이가 익숙한 아이들은 레크리에이션과 스포츠를 하더라도 경쟁이 아닌 협력의 문화를 만들어 갈 줄 안다. 놀이가 바탕이 되면 아이들은 스스로 계획할 수도 있고, 다른 사람의 의견을 존중하며 민주주의의 가치를 자연스럽게 체화해 나간다. 이렇게 민주주의는 교과서가 아니라 몸으로 직접 겪으며 배워 나가야 한다. 그래서 진짜 놀이는 모든 문화의 바탕이 된다.

요즘 민주시민교육을 한다고 하면서 또다시 교과서를 만들고 있다. 민주시민역량이 전달교육을 통해 가능하다고 믿는 까닭이다. 하지만 민주시민역량은 자신들의 생활 속에서 문제를 함께 해결하면서 발전한다. 위의 사례가 그것을 증명하고 있지 않은가.

## 놀이로 협력과 연대의 장을 여는 여자(남자)한마당

"선생님은 남자아이들과 여자아이들 문제 가운데 어느 것이 더 해결하기 어려우세요?"

"당연히 여자아이들 문제가 백만 배는 어렵죠."

얼마 전 교내 학교폭력 예방 연수를 할 때 6학년을 맡은 남교사와 나눈 대화인데 여자아이들 문제가 교사들, 특히 남교사들에게는 얼마나 어려운 문제인지 알 수 있었다. 비단 남교사뿐일까? 여교사들에게도 여자아이들의 문제를 해결하기 어렵기는 마찬가지다. 여자아이들은 파벌을 나누어 서로 경쟁하기도 하고 자기 파벌 내에서 대립하기도 한다. 교사가 파벌을 해체하려고 시도하는 경우도 있으나 성공한 사례는 거의 찾아볼 수가 없으며 때로는 그 화살이 교사를 향하기도 한다. 학교폭력 양상 가운데 여자아이들의 폭력은 관계 속에서 은밀하게 일어나기 때문에 쉽게 드러나지도 않고 해결도 쉽지 않다. 그래서 평화샘 프로젝트에서는 여자아이들의 관계적 공격이 폭력임을 분명히 하고 역할극을 통해 예방교육을 한다. 또한 관계적 공격의 근원인 파벌을 넘어서 관계를 맺고 서로를 이해할 수 있는 계기를 만드는 것을 중요하게 여긴다. 그래서 학급의 모든 여자아이들이 참여해서 자매애를 형성할 수 있는 프로그램으로 한마당을 제안하고 있다. 한마당은 방과 후에 이루어지는 활동으로 하고 싶은 것을 아이들이 함께 논의하며 정한다. 여기서도 놀이는 서로의 관계를 깊게 만들기 위해 중요하다. 무슨 놀이로 할지 정할 때도 핵심은 어느 누구도 소외시키지 않고 모두가 즐겁게 즐길 수 있는가이다.

네 번째 모임에서는 시간, 메뉴, 놀이 목록, 준비물 등에 대해서 정하고 역할을 나눴다. 날짜는 노는 토요일 11시로 정했고, 감자부침개와 김치볶음밥을 만들어 먹기로 했다. 어떤 놀이를 할지 정하는 데 시간이 많이 걸렸다. 처음에는 수건돌리기를 하자는 제안이 있었다.

"나는 그 놀이 안 했으면 좋겠어. 맨 마지막까지 수건을 받지 못하면 좀 속상하거든."

은선이의 이야기를 듣고, 아이들은 모두 고개를 끄덕였다. 그리고 서로 공평하게 즐길 수 있는 강강술래를 운동장에서 하기로 했다.

(중략)

김 선생은 학급의 모든 여자아이들이 참여하는 여자아이들의 한마당이 서로의 경험에 공감하면서 '우리 모두는 같은 여자다' 라는 자매애를 형성할 수 있는 장이라는 것을 실감했다. 아이들 또한 여자아이들 한마당을 준비하는 전 과정에서 서로의 생각을 조절하고 협력하는 방법을 배웠다.[19]

한마당은 여자아이들뿐만 아니라 남자아이들에게도 서로의 경험에 공감하고 협력과 연대의 관계를 만들어 주는 장이 된다. 동성끼리 방과 후에 남아 함께 계획한 대로 신나게 놀고, 음식도 만들어 먹고, 마음속 이야기를 나누는 것은 우리라는 특별한 끈으로 묶어 주는 느낌이다. 아이들은 이런 일련의 과정 속에서 마음의 자물쇠가 자연스럽게 열리는지 왕따를 당했거나, 친구들 관계로 힘들었던 이야기, 가족 안에서 받았던 상처 등 그동안 말하지 못했던 이야기를 꺼낸다. 이때 한 친구라도 눈물을 흘리면 아이들은 금세 울음바다가 되어 서로 안아 주고 위로해 주느라 정신이 없다. 아무리 굳게 닫힌

---

19) 문재현 외, 『학교폭력, 멈춰!』, 살림터(2012), 211~215쪽.

마음의 문도 이렇게 마음을 모으고 서로의 상처를 어루만지는 과정 속에서 자연스럽게 열게 만드는 한마당은 마법의 열쇠다. 그래서 학년 말에 함께 했던 활동 가운데 가장 의미 있는 것을 꼽으라고 하면 아이들은 언제나 한마당을 선택한다.


## 선배들과의 문제 해결, 그 시작은 놀이

"선생님, 언니들이 자꾸 째려봐요."

"형들이 자꾸 욕해요."

"태욱이 오빠는 키가 작아서 자기보다 힘센 사람한테는 가만있는데 자기보다 작은 사람만 괴롭혀요."

이 말이 나오자 반 아이들이 '맞아, 맞아' 하면서 웃긴다는 듯이 깔깔대며 웃었다. 6학년 태욱이는 또래보다 작은 아이인데 규칙을 잘 지키지 않거나 동생들을 괴롭혀서 우리 반 아이들에게 이름이 많이 거론되는 아이였다. 그러다 보니 동생들이 싫어하기도 하고, 또 체구가 작다고 동생들이 얕잡아 보기도 했다.

"태욱이가 욕하고 괴롭히는 것은 당연히 잘못이야. 그래서 이 시간이 끝나면 태욱이를 만나서 문제를 해결할 거야. 하지만 너희들이 태욱이를 무시하는 듯 쳐다보고 피하기만 한다면 태욱이도 바뀌지 않을 거야. 그리고 너희들이 아까 태욱이를 두고 웃은 것은 어떻게 생각해? 내 생각에는 태욱이를 비웃는 것처럼 느껴졌는데."

아이들은 모두 내 말에 수긍을 한다는 듯이 고개를 끄덕였다.

"그래서 말이야. 우리 반에서 싸움이 생기면 우리는 뭘 하지?"

"놀아요."

아이들은 한목소리로 대답했다. 놀이가 관계를 회복시켜 준다는 걸 누구보다 잘 아는 아이들이기에 어쩌면 당연한 대답이었을 것이다.

"그래, 우린 한바탕 놀지. 그래서 혹시 태욱이네 반이랑 한번 노는 건 어때? 그럼 사이가 더 좋아지지 않을까?"

아이들은 모두 환호성을 지르며 '좋아요'를 외쳤다. 그래서 태욱이 담임선생님을 찾아가 조심스럽게 물어봤더니 다행히 선생님도 승낙을 했다. 이렇게 해서 5, 6학년이 모여 두 반이 다방구를 했다. 5, 6학년 남, 여 5명씩 모두 20명이 술래가 되어 나머지를 잡으러 다녔다. 5, 6학년이 서로 힘을 모아 잡으러 다니기도 하고 또 다방구를 외치며 서로를 살려 주기도 했다. 놀이가 끝나고 서로 인사를 하고 앞으로 더 친하게 지내자고 약속도 했다. 그렇게 헤어져 교실로 들어와서 아이들 이야기를 들어 보았다.

"선생님, 저 형들한테 잘 가라고 인사했어요."

"저도 언니들한테 인사했어요."

아이들마다 함박웃음을 지으며 뿌듯해하는 걸 보니 6학년과 놀기를 참 잘했다는 생각이 들었다. 그때 복도를 지나가던 6학년 아이들이 열린 문틈 사이로 우리 반 아이들에게 손을 흔들었다. 우리 반 아이들도 정든 친구라도 만난 듯 손을 흔들며 인사를 했다.

대부분의 학교에서 5, 6학년 사이에 발생하는 문제는 큰 고민거리 가운데 하나인데, 서로 다른 학년 간의 문제라 선생님들이 해결하기가 더 힘들다. 남자아이들은 주로 점심시간에 운동장을 차지하는 문제로 다툼이 일어나고, 여자아이들은 화장이나 옷차림, 표정 하나하나에도 꼬투리를 잡아 선배들이 후배들을 길들이려고 한다. 이렇게 친밀한 관계 형성 없이 학년 위계로 서로의 위치를 확인하려다 보니 끊임없이 갈등과 폭력이 발생한다. 그래서 서로 복도에서 만나지 못하도록 학년 금지구역을 만들기도 하고, 어떤 학교에서는 5, 6학년이 서로 만나는 것을 최대한 막기 위해 6학년 교실을 가장 아래층에 두다 보니 1학년이 오히려 6학년보다 위층에 있기도 한다. 그러나 이런 방법이 교육적 해결이 아님은 누구라도 인정할 것이다. 그래서 평화샘 프로젝트에서는 학년 사이에서 생기는 학교폭력 예방과 문제 해결의 방법으로 학년 연계 놀이를 제안하기도 한다. 한번 놀이로 관계를 열어 놓으면 문제가 발생해도 해결이 훨씬 쉬워지기 때문이다.

옛날에는 형제가 많아서 가족 안에서도 서로 배우고 나누는 관계가 있었고, 마을에서도 선후배끼리 함께 놀다 보면 자연스럽게 보살핌이 일어났다. 그러나 놀이가 사라진 요즘은 학교에서 선후배 사이에 끊임없는 갈등이 일어나고 마을에서도 선배는 후배들을 위협하는 존재로 인식되고 있다. 공동체를 되살리기 위해서는 옛날 우리가 어렸을 때처럼 다양한 연령의 아이들이 함께 협력하고 보살피는 과정이 중요하다. 그래서 평화샘 프로젝트에서는 유·초 연계뿐만 아니라 학년 연계도 제안하고 실천하고 있다. 우리나라 모든 학교 아이들이 이렇게 서로 관계를 맺고 함께 놀 수 있다면, 학교에서 일어나는 많은 갈등과 폭력은 쉽게 해결할 수 있을 것이다.

## 놀이로 학부모와 관계 맺기

"어머, 세현 어머니 똥을 잘 못 싸시네요."

"하하하. 선생님, 똥을 제대로 싸는 게 쉽지 않아요."

세현이 어머니가 비석치기 똥싸개 단계에서 계속 비석을 못 맞추고 엉뚱한데 떨어지자 나와 어머니들은 모두 손뼉을 치며 웃느라 정신이 없었다. 어머니들도 처음엔 어색해서 놀이에 선뜻 나서지 못하다가 놀이에 익숙해지자 표정과 몸짓부터 달라졌다. '선생님, 꼭 놀아야 돼요?' 하고 불편함을 내비쳤던 세현이 어머니가 놀이를 왜 하는지 알겠다며 말했다.

"선생님, 우리 애들이 왜 이렇게 놀이, 놀이 하는지 알겠어요. 놀고 나니까 처음 만난 선생님과 어머니들인데 처음 봤을 때랑 느낌이 다르네요. 아이들이 이렇게 함께 어울려 노는 게 왜 중요한지 알 것 같아요."

"그렇죠. 그래서 집에서도 아이들과 함께 놀아 주세요."

학부모총회는 학부모와 교사가 처음 만나는 자리라 서로 긴장되고 어색한 웃음만 오가기 쉽다. 그런데 평화샘을 하고부터는 신명나는 놀이판으로 서로 친해지는 계기로 바뀌었다.

아이들 왕따문제의 근본 원인은 놀이문화 파괴에 있다. 평화샘 프로젝트에서 놀이는 한 세대가 다음 세대에 이어 줄 가장 중요한 문화유산이기 때문에 부모들에게도 놀이를 제안한다. 부모와 처음 만나는 순간인 총회뿐만 아니라 놀이의 중요성에 동의하는 부모들과도 연대하여 방과 후에 정기적으로 놀이마당을 열기도 하는데, 올초에 EBS에서 방영된 다큐프라임 〈놀이의 힘〉 1부에 청주 한솔초의 놀이마당 사례가 소개되기도 했다. 부모들이 '놀이이모'가 되면 내 아이만 보는 것이 아니라 우리 아이로 함께 바라볼 수 있게 된다. 학교에 적응을 하지 못하는 아이들은 놀이를 하는 것도 힘들다. 이런 아이들은 친구랑 관계 맺기가 어렵기 때문에 어른들이 함께 놀아 주면서 천천히 규칙을 익히고 다른 사람과 소통하는 방법을 배워야 하는데 이런 어른의 역할을 놀이이모가 함께 하는 것이다. 이렇게 놀이가 학급을 넘어 학교의 문화로 정착된 학교에서는 학교폭력이 발생되는 횟수도 줄고, 또 서로 공동체 관계가 형성되기 때문에 문제의 해결도 더 쉽다.

어울림 프로그램에는
모두가 공유하는 규칙이 없다

임오규

"저는 규칙을 다 정해 왔습니다! 오늘 내주고 이렇게 하라고 얘기할 겁니다."

개학 첫날 교무실에서 제대하고 복직한 지 1년밖에 안 된 선생님이 아이들에게 내줄 규칙을 보여 주며 한 이야기다. 다른 교사들도 젊은 교사의 준비성에 감탄하며 너도나도 보여 달라고 한다.

"그런데 학급 약속은 아이들하고 같이 정해야 하는 것 아니에요? 선생님이 정해 주면 잘 지키나요?"

"꼭 지켜야 하는 것들로만 했으니까 괜찮을 겁니다."

이렇게 교사가 일방적으로 제시하는 규칙은 문제가 없을까?

교사는 자신이 정한 규칙을 아이들이 지키지 않으면 자신의 권위에 도전하는 것으로 생각한다. 그래서 아이들이 규칙을 위반했는지에 대해 항상 신경을 곤두세우고 스스로 경찰관이 되려고 한다. 그러면 아이들은 당연히 자기 행동을 옹호하는 변호사 역할을 하게 된다. 교실은 온갖 벌칙을 동원하여 규칙을 지키게 하려는 교사와 규칙에 도전하며 질서를 완화시키려는 아이들의 전쟁상태를 벗어날 수 없게 된다.

왜 아이들은 교사가 정한 규칙을 끊임없이 위반할까? 일방적인 규칙은 아이들의 자율성을 침해하기 때문이다. 아이들은 무의식적으로 자신이 동의하지 않은 규칙에 대해서는 거부감을 갖게 된다. 그래서 규칙이 의미가 있으려면 아이들의 경험과 요구, 권리를 존중하는 깊이 있는 대화과정이 중요하다. 자신의 문제에 대해 스스로 판단하고 결정할 때 자부심을 느끼고 열정과 책임감을 갖기 때문이다.

평화샘 교실에서 일반적인 규칙은 아이들이 제안해서 함께 정하지만 괴롭힘에 대처하는 교실평화 4대 규칙만은 교사가 먼저 제안한다. 그 까닭은 무엇일까? 위계관계가 존재하는 학급에서 권력의 정점에 있는 아이들은 자신의 권력을 유지하기 위해 괴롭힘에 대한 규칙을 제안할 필요성을 느끼지 못한다. 또 왕따를 당하는 아이나 권력의 하위에 있는 아이들은 자신의 목소리를 낼 수가 없다. 그래서 교사가 먼저 4대 규칙을 제안하는 것이며, 이는 왕따문제의 구조를 확실하게 이해하고 있고 언제든지 개입해서 피해자를 도와줄 수 있다는 확신을 주기 위해서이다.

교실평화 4대 규칙은 학교폭력을 예방하고 평화로운 교실공동체를 만들기 위한 바탕이며 이 규칙도 아이들과 충분한 토론과정을 거

쳐 합의한다. 규칙은 그 자체가 아니라 규칙을 만들어 가는 과정에
서 구성원의 깊이 있는 토론을 통해 공통의 생각을 만들어 가는 것
에 가치가 있다.


## 학교폭력 예방이라는 항해의 나침반, 4대 규칙

기나긴 항해를 하기 위해서는 나침반이 꼭 필요하다. 배가 목적지까
지 안전하게 도착할 수 있도록 좌표를 잃지 않게 해 주기 때문이다.
이처럼 학교폭력 예방에서 나침반의 역할을 하는 것이 폭력에 대처
하는 규칙이다. 그래서 세계적인 학교폭력 예방 프로그램들은 이러
한 규칙을 가지고 있는 것이 특징이다. 가장 대표적인 것이 올베우
스 프로그램의 폭력에 대처하는 4대 규칙과 평화샘 프로젝트의 교
실평화 4대 규칙이다.

| 폭력에 대처하는 4대 규칙(올베우스 프로그램) | 교실평화 4대 규칙(평화샘 프로젝트) |
|---|---|
| 1. 우리는 다른 친구들을 괴롭히지 않을 것이다.<br>2. 우리는 괴롭힘당하는 친구들을 도울 것이다.<br>3. 우리는 혼자 있는 친구들과 함께할 것이다.<br>4. 만약 누군가가 괴롭힘당하는 것을 알게 되면 우리는 학교나 집의 어른들에게 이야기할 것이다. | 1. 우리는 괴롭힘 상황에서 서로 도울 것이다.<br>2. 우리는 괴롭힘이 있을 때 서로에게 알릴 것이다.<br>3. 우리는 혼자 있는 친구와 함께할 것이다.<br>4. 선생님은 평화의 본보기가 될 것이다. |

평화샘 프로젝트의 초기 연구 단계에서는 올베우스 프로그램 4대

규칙을 바탕으로 교실 프로그램을 진행했다. 그런데 노르웨이와 우리나라는 교직문화, 학교폭력의 강도 등에서 차이가 있어 그대로 적용하기 어려웠다. 우선 노르웨이와 달리 우리나라는 많은 교사가 직간접적인 처벌이나 보상을 하기 때문에 교사가 폭력의 한 주체이다. 따라서 교사가 이러한 폭력과 위계관계를 벗어나지 않고서는 평화로운 교실공동체에 대한 비전을 보여 줄 수 없었다.

우리나라 교실 내부의 공고한 권력관계 문제도 있었다. 노르웨이의 경우 괴롭힘 관계가 일정한 유행이나 인기의 주기, 다른 아이들의 동맹에 따라 지속적으로 바뀐다. 하지만 한국에서는 학년 간 또는 학교를 넘어선 지역 간 연결을 통해 권력을 공고히 하는 아이들 집단, 곧 일진이 있어 피해자들이 자기목소리를 내기가 훨씬 더 어려웠다. 이러한 조건은 교사들이 평화샘 프로젝트를 쉽게 받아들이지 못하는 원인이 되기도 했고 피해자를 침묵시키는 결정적인 조건으로 작용했다. 피해자는 쉽게 '멈춰'를 외치지 못했다. 선생님과 주변 친구들이 자신의 어려움을 알고 도울 수 있다는 것을 확신할 때만 목소리를 낼 수 있었다.

그래서 평화샘 프로젝트는 새로운 시도를 해야 했다.

먼저 평화샘 프로젝트는 놀이로 시작하고 놀이가 관계 회복의 중심 역할을 한다.

우리 문화는 아무리 옳더라도 내가 친밀하게 느끼는 존재가 아니라면 함께 행동에 나서는 것을 기피하는 경향이 강하다. 그래서 3월 첫날을 즐겁고 신나는 놀이로 시작하고, 이렇게 놀이를 함으로써 교실이라는 공간은 정감 어린 장소가 되고 그 시간은 서로를 특별하게 느끼는 빛나는 순간으로 창조된다. 우리 사회에서는 왕따가 '너랑 안 놀아'라는 말과 태도에서 시작되기 때문에 함께 놀 수 있는 관계는 왕따문제에 대한 근본적인 처방이 될 수 있다.

4대 규칙 역시 올베우스 프로그램과 다른 속살을 갖게 되었다.

표를 통해 알 수 있듯이 올베우스 프로그램과 평화샘 프로젝트의 가장 큰 차이는 교사의 역할에 있다. 올베우스 4대 규칙에서는 교사가 규칙을 함께 지키는 존재가 아니라 아이들이 지킬 수 있도록 도와주는 사람이다. 우리나라는 교사가 표정과 체벌, 보상 등 다양한 경로를 통해서 아이들에게 폭력을 행사한다. 그러한 교사의 폭력이 왕따를 정당화시키는 조건으로 작용한다. 따라서 교사가 스스로 평화의 본보기가 되겠다는 약속을 하지 않고서 새로운 세상을 열기는 어려웠다.

규칙을 만드는 과정도 다르다. 올베우스 프로그램의 규칙은 올베우스가 정했다. 올베우스 프로그램을 진행하는 학교는 모든 교실에서 동시에 4대 규칙을 아이들에게 가르친다. 이와 달리 평화샘 프로젝트에서 제안하는 교실평화 4대 규칙은 교사가 제안하는 기본적인 틀이다.

## 교실평화 4대 규칙을 만들어 가는 과정
― 서로의 바람과 목표를 공유하는 시간

평화샘이 교실평화 4대 규칙을 아이들과 어떻게 공유하는지 그 과정을 간단히 살펴보자. 더 자세한 내용은 『학교폭력, 멈춰!』를 참조하기 바란다.

### 규칙 1. 우리는 괴롭힘 상황에서 서로 도울 것이다.

규칙 1에 대한 토론은 아이들이 그동안 겪었던 괴롭힘의 경험을 드러내는 것에서 시작한다. 경험을 드러내는 방식은 아이들이 종이에 적어 내거나 아이들이 말하면 교사가 칠판에 받아 적는 방법이 있다. 평화샘을 실천하는 대다수 교사들은 두 번째 방식으로 진행한다. 처음엔 주저하던 아이들이 누군가 힘들었던 이야기를 시작하면 맞장구를 친다. 그러면 봇물 터지듯 아이들의 아픈 경험이 드러나는데 그때마다 아이들의 '맞아, 맞아' 하는 반응은 누구나 자신의 이야기를 드러낼 수 있는 안전지대를 만들어 준다. 하나하나의 목소리와 거기에 대한 공감들이 칠판을 가득 채우면 그 과정 자체가 학교폭력에 대한 인식과 해결과정에 대한 의지를 공유하는 장이 된다. 이미 이 과정에서 방어자가 되기 위한 동기가 만들어지는 것이다.

장난과 괴롭힘에 대한 기준도 쉽게 합의가 된다.

"같이 노는 친구가 기분 좋으면 장난이고, 기분이 나쁘면 괴롭힘이에요."

장난과 괴롭힘에 대한 분명한 기준을 공유하고 나면 괴롭힘 상황에서 자신이 그동안 어떤 역할을 했는지 돌아보게 한다.

이 규칙은 누군가 괴롭힘당하는 것을 알게 되었을 때, 공동체 구성원에게 알리는 것이 중요함을 강조한다. 이때 중요한 것은 고자질과 도움행동이 어떻게 다른지 이야기하는 것이다. 아이들은 친구를 도우려는 행동이 도움행동이고 친구를 혼내고 싶어서 하는 행동이 고자질이라고 말한다. 그런데 정작 친한 친구가 다른 아이를 괴롭히는 상황을 알게 되었을 때 선생님에게 말할 수 있는지 물어보면 주저한다.

　"그랬다간 친구를 잃을 것 같아요."

　아이들은 어른에게 괴롭힘 사실을 알리는 것과 친구 사이의 관계에서 고민을 많이 한다. 이때 친구가 잘못된 행동을 계속하게 방관하는 것이 정말 친구를 위한 행동인지 묻고 아이들의 생각을 듣는다. 이러한 과정은 진정한 우정이 무엇인지를 함께 이야기할 수 있는 좋은 기회가 된다.

　일진 아이들과의 관계에서는 보복이 두려워 더 이야기하지 못했다. 몇 년 전 복도에서 일진 아이가 친구를 발로 밟고 때리는 사건이 있었다. 이 장면을 지켜본 6학년 아이들이 스무 명이 넘었는데 아무도 교사들에게 알려 오지 않았다. 아이들이 교사들을 전적으로 믿지 않았기 때문이다. 이런 문제를 해결하기 위해서는 교사가 일진문화를 정확하게 알고 개입할 수 있다는 확신을 아이들에게 주어야 한다. 다시 말하면 아이들 세계를 잘 알고 개입할 수 있는 힘과 능력을 교사가 가지고 있어야 하는 것이다.

### 규칙 3. 우리는 혼자 있는 친구와 함께할 것이다.

"역할극인 줄 알면서도 너무 힘들었어요."

"앞으로 방어자가 되어서 왕따당하는 친구를 지켜 줄 거예요."

평화샘 프로젝트를 진행하면 첫날부터 자신의 왕따 경험을 드러내는 아이들이 있다. 그럴 땐 그 경험을 바탕으로 역할극을 하면서 피해자를 어떻게 도울 것인지 이야기한다. 그렇지 않다면 아이들과 토론을 통해서 가장 익숙하고 잘 알고 있는 왕따 장면을 가지고 역할극을 진행한다.

피해자 역할을 누가 맡을지 정할 때는 가급적 왕따 경험이 있는 아이가 상처받지 않도록 세심한 배려가 있어야 하고, 가해 경험이 있는 아이들이 피해자 역할을 먼저 맡을 수 있도록 조정하는 것도 필요하다. 왕따예방역할극은 모두 5단계로 한다. 단계마다 피해자, 가해자, 방어자 순으로 인터뷰를 하면서 그 아이들의 마음자리가 어떠한지, 상황이 달라질 때마다 마음이 어떻게 바뀌어 가는지를 모든 아이들과 공유한다. 왕따예방역할극은 모든 아이들이 왕따 역할을 경험하는 것이 중요한데, 한 시간에 모두 하기 어렵기 때문에 동료 교사들과 협력하여 전담 시간에 모둠별로 운영하거나 방과 후 시간에 하는 등 학급의 상황에 따라 다양하게 운영할 수 있다.

왕따예방역할극을 하고 나면 아이들은 피해자의 아픔에 모두 공감한 상태이기 때문에 방어자가 되자는 합의는 아주 쉽게 이루어진다.

## 규칙 4. 선생님은 평화의 본보기가 될 것이다.

평화샘 프로젝트는 아이들에게 책임을 떠넘기는 것이 아니라 교사가 아이들을 대하는 방식을 점검하고 성찰하는 것부터 시작한다. 이 철학을 가장 잘 반영한 규칙이 '선생님은 평화의 본보기가 될 것이다'이다. 사실상 교사는 교실의 왕이다. 그래서 아이들은 교사의 눈치를 보면서 말을 잘 못한다. 교사가 우리 학급은 평화로워야 된다고 이야기하면 피해자 아이는 어떻게 생각할까? 선생님이 평화로운 교실을 원하기 때문에 내가 괴롭힘을 당했다고 하면 선생님이 싫어한다고 믿을 것이다. 따라서 아이들의 진정한 목소리를 들으려면 교사는 자기의 권력적 위치에 대한 성찰을 할 수 있어야 한다. 권력관계에서 종속적 위치에 있는 사람은 온전히 자기 말을 할 수 없기 때문에 교사는 아이들의 말이 아니라 표정, 태도에서 그 아이가 어떤 어려움을 겪는지 무엇을 바라는지 읽어 낼 수 있어야 한다. 이렇게 신체적 언어와 느낌으로 아이들을 이해하는 것을 평화샘은 침묵의 목소리를 듣는다고 말한다.

교실에서 지위가 낮은 아이들은 왜 말하지 못할까? 교사뿐만 아니라 또래 관계에서도 권력관계가 형성되어 있기 때문이다. 권력관계의 특징은 상대방의 말을 통제하는 것이다. 평등한 관계에서는 말이 소통의 매체가 되지만 권력관계에서는 상대방을 규정하고 통제하는 수단이 되기 때문이다.

평화샘 연구팀의 논의 과정과 프로젝트를 확산시키는 과정에서 가장 문제가 된 것이 이 네 번째 규칙이었다. 많은 평화샘 교사들이 이런 약속을 할 경우 아이들이 말을 듣지 않을 것을 걱정했다. 그래서 네 번째 규칙을 제외한 세 가지 규칙만을 정하는 사람들이 있었다. 하지만 한 학기가 지나면 대다수가 네 번째 규칙을 추가했다. 놀이와 역할극을 하면서 아이들을 믿게 된 것도 있지만 네 번째 규칙이야말로 교사와 학생 관계를 새로운 차원으로 열어 줄 수 있는 기준점이 된다는 걸 깨닫기 때문이다. 평화샘 프로젝트가 성공적으로 진행된다는 가장 확실한 증거는 교사가 폭력적인 행동을 할 때 아이들이 교사에게 '멈춰'를 하는 것이다. 그 '멈춰'를 받아들이게 되면 진정으로 평등한 관계가 만들어지고 서로에 대한 믿음이 깊어진다.


## 교실평화 4대 규칙을 실천한 아이들과 교사의 목소리

– 교실평화 4대 규칙이 평화로운 교실공동체를 만드는 데 어떤 힘을 주었나?
평화샘 프로젝트를 1년 이상 경험한 선생님들과 아이들의 목소리를 통해 어떻게 평화로운 교실공동체가 만들어졌는지 들어 보았다.

### 방어자가 된 아이들

"전에는 괴롭힘이 있을 때 나도 위험해질까 봐 모른 척했는데 규칙을 합의한 후에는 같이 피해자를 도와줘요."

"싸움이 있을 때 '멈춰!' 하고 말려 줘서 고마웠어요."

"괴롭힘을 보고 모른 척하지 않게 됐어요."

"외로울 때 같이 놀자고 해 줘서 정말 고마웠어요."

"괴롭힘을 보면 바로 도울 수 있게 됐어요."

"혼자 있는 친구와 같이 놀면서 친해질 수 있었어요."

"혼자 있는 친구들과 같이 놀게 되면서 왕따를 당할 확률이 줄었어요."

### 공동체를 만들어 가는 아이들

"전에는 문제가 생기면 선생님하고만 해결을 했는데 이제는 반 친구들과 같이 해결하니까 좋아요."

"'멈춰'를 해서 친구들에게도 알리고 선생님에게도 알릴 수 있어서 편해요."

"평화샘을 하니까 너무 좋아요. 예전에는 선생님이 싸운 애랑 억지로 화해시키기도 하고 억울하게 혼나는 일도 많았거든요. 이제는 다 같이 얘기하니까 그럴 일이 없어요."

"애들에게 말해서 괴롭힘을 함께 해결해요."

"문제가 생기면 서로에게 알리고 학급총회 하면서 같이 해결하니까 빨리 화해할 수 있어요."

### 학교폭력 문제 해결에 대한 확신

"이젠 괴롭힘 상황에서 도움을 받을 수 있어요."

"'멈춰'가 있으니 아이들 싸움을 쉽게 말릴 수 있어요."

"'멈춰' 덕분에 괴롭힘 상황을 막을 수 있어서 좋아요."

"내가 괴롭힘당할 때 친구가 '멈춰'를 해 줘서 그 상황을 벗어났어요."

"학급총회를 열어서 오해를 풀거나 사과를 받을 수 있어서 좋아요."

"'멈춰'를 해서 서로에게 잘 알리기 때문에 사태가 심각하게 되지 않아요."

"싸움이나 괴롭힘이 있으면 서로에게 알리기 때문에 더 빨리 대응할 수 있어요."

### 서로 보살피며 두터워지는 우정

"내가 괴롭힘당할 때 옆에 친구가 도와줘서 고마웠어요."

"혼자 있는 친구와 함께한다는 규칙 덕분에 많은 친구들을 사귈 수 있어요."

"친구들과 더 친하게 지낼 수 있게 됐어요."

"'멈춰'와 학급총회가 있으니까 이젠 싸워도 금방 화해하게 됐어요."

### 선생님에 대한 신뢰 회복

"선생님이 차별을 안 해서 좋아요."

"선생님이 평화주의자가 되어야 우리가 본받아요."

"선생님이 우리들 문제를 최대한 잘 해결하려고 노력해 주셔서 좋아요."

　"선생님께 더 정이 가요."

　"선생님 덕분에 괴롭힘이 줄었어요."

　"우리가 잘못해도 벌을 안 주시니 좋아요."

　"친구와 일이 잘 안 풀릴 때 선생님이 도와줘서 좋아요."

## 성찰하는 힘을 갖게 된 교사들

"규칙은 아이들만 지키는 것이 아니라 나부터 지켜야 된다는 걸 알았어요."

　"평화의 본보기가 되겠다는 규칙 네 번째는 해를 거듭할수록 나에게 가장 중요한 규칙이 되었어요."

　"평화의 본보기가 되기로 선언하고부터 권력자로서 적나라한 내 모습을 성찰하게 됐어요."

　"이젠 예전처럼 살 수가 없어요. 애들이 저한테 '멈춰'를 하거든요."

　"예전에 아이들이 왜 그렇게 제가 만든 학급규칙을 지키지 않았는지 알게 됐어요."

　"아이들과 같이 문제를 해결하니 더 이상 경찰이나 판사 노릇을 안 해도 돼서 좋아요."

## 괴롭힘 상황에서 아이들을 도울 수 있게 된 교사들

"왕따문제에 개입할 수 있는 기준이 생겼어요. 전에는 애들이 친하지 않아서 같이 안 논다고 하면 뭐라고 할 말이 없었거든요."

"이제는 여자아이들이 자기들의 문제를 드러내고 같이 해결하려고 해요. 원래 여자아이들은 자기들 사이의 문제를 숨기려고 해서 더 큰 문제가 됐는데 말이에요."

"4대 규칙을 알기 전에는 혼자서 왕따문제를 해결하려다 좌절했는데 이제는 애들하고 같이 하니까 문제를 해결할 수 있어요."

"이젠 왕따문제에 자신 있게 접근할 수 있게 됐어요."


## 어울림 프로그램에서 아이들은 참여를 하고 있을까?

### — 장식적 참여는 참여가 아니다

학급규칙을 정할 때 교사가 가장 중요하게 생각해야 할 것은 아이들의 자발적 참여 과정이다. 규칙 자체보다 서로의 바람과 목표를 공유하는 과정에서 일어나는 깊이 있는 대화가 규칙을 더 가치 있게 만들기 때문이다.

그런데 어울림 프로그램에서는 교사와 아이들이 문제를 해결하기 위해서 함께 공유하는 규칙을 찾아볼 수가 없었다. 단지 수업지도안 속에 아이들끼리 규칙을 정하는 과정이 몇 개 나올 뿐이다. 그 가운데 학교폭력 인식 및 대처 모듈 교사용 자료[20]에서 학급규칙을 정하는 과정을 살펴보았다.

---

20) 학교폭력 인식 및 대처, 초등학교 저학년 교사용, 13쪽.

> **[활동자료 7] 학급 내 평화로운 학급 시스템 마련 PPT: 슬라이드 1~2**
>
> ① 학기 초에 아이들과 함께 학급규칙을 제정해 놓습니다.
> ② 3~4학년의 경우 5~6개 정도의 규칙이 적절합니다. 한눈에 파악할 수 있고, 기억도
>    쉽게 할 수 있는 정도로 보입니다(1~2학년은 3~4개 정도면 되겠지요).
>    규칙을 제정할 때에는 아이들이 전부 참여할 수 있게 모둠토의를 거쳐 전체
>    협의식으로 진행하는 것이 좋습니다.
>
> [3학년]
> ① 아침 독서 참여하기(방해할 경우 뒤에서 혼자 책 읽기)
> ② 친구_놀리지 않기
> ③ 복도_뛰어다니지 않기
> ④ 때리거나 욕하지 않기
> ⑤ 수업에 집중하기(3회 되면 벌칙)
> ★ 규칙에 어긋나는 행동을 하면 나쁜 어린이표(스티커)를 붙이겠습니다. 3회–5분 명상,
>    5회–좋아하는 물건 일주일 맡기기, 7회–선생님과 상담

이 지도안의 문제는 무엇일까? 먼저 평화로운 학급 시스템을 마련하는 것이 지도안의 목적인데, 우리 교실에는 왕따가 있어서는 안 된다는 교사의 명확한 의지와 태도가 존재하지 않는다. 이럴 경우 아이들은 위 예시의 규칙 내용처럼 자신의 생각이 아닌 교사의 의도에 맞는 규칙을 이야기할 수밖에 없다. 어울림 프로그램 개발자들은 교사의 명확한 철학과 문제의식 없이 바깥에서 주어지는 지도안으로 효과적인 규칙이 만들어질 수 있다고 생각하는 것 같다.

또 하나의 문제는 스티커를 이용해 아이들의 생각과 행동을 통제하려는 것이다. 교실에 문제가 생겼을 때 교사는 두 가지 방식으로 대응한다.

"우리 교실에 문제가 생겼다. 어떤 벌 또는 보상을 주어 해결할까?"

"우리 교실에 문제가 생겼다. 이 문제를 해결하고 ○○을 돕기 위

해서 우리는 무엇을 할 수 있을까?”

이 가운데 두 번째 방식이 진정한 교육이라는 것은 누구나 알고 있다. 그런데 어울림 프로그램 수업지도안은 첫 번째 방식을 택했다. 아이들이 서로를 돕는 것이 아니라 교사가 벌 또는 보상으로 해결하려 하는 것이다. 예전에 나도 아이들에게 규칙을 꼭 지키게 하려는 생각에 스티커를 이용해 관리했다. 스티커 제도가 체벌에 비해서 좀 더 부드럽게 아이들을 통제할 수 있다고 믿었기 때문이다. 아직도 많은 교사들이 생활지도에서 선호하는 방법이기도 하다. 하지만 아이들이 폭력적인 지도 방식 이상으로 스티커를 싫어하는 것을 알고 나서는 이 방식을 사용할 수 없었다. 실질적으로 아이들을 매수하고 경쟁시키는 비교육적이고 폭력적인 프로그램이라는 것을 뼈저리게 느꼈기 때문이다.

더 큰 문제는 이 프로그램의 개발자들이 아이들을 참여시키는 방식에 대한 성찰이 전혀 없다는 것이다. 평화샘 프로젝트에서는 아이들의 참여를 4단계로 구분한다.

① 장식적 참여: 교사가 기획하고 아이들은 남에게 보여 주기 위해 동원되는 수준
② 부분적 참여: 교사가 주도하기는 하지만 아이들 역시 의견을 제시하고 그것이 수용되는 수준
③ 제한이 있기는 하지만 자기 주도적 참여: 기획 단계에서 아이들이 참여하고 중요한 역할을 하지만 모든 것을 스스로 할 수

없는 수준

④ 완전한 참여: 기획 단계부터 마무리까지 스스로 해낼 수 있는
수준

평화샘이 세 번째 자기 주도적 참여와 완전한 참여 사이에 있다면
어울림 프로그램은 첫 번째 장식적 참여에 불과하다. 수업 중에 아
이들이 참여하는 듯 보이지만 자기 문제를 이야기하는 것이 아니라
는 점에서 아이들은 단지 프로그램의 효과성을 보여 주기 위한 동원
대상일 뿐이다.

평화샘 프로젝트를 하면 모든 아이들이 완전한 참여 수준에 도달
하는지 반문할 수 있을 것이다. 평화샘 프로젝트를 실행하면 이미
놀이와 규칙 제정 단계에서 대다수 아이들이 적극적으로 참여하고
몰입하는 모습을 보여 준다. 이는 완전한 참여에 가까운 모습이다.
물론 몇 년간 왕따를 당하면서 힘들었던 아이들은 자기 이야기를 못
할 수도 있다. 하지만 주변 아이들이 방어자 역할을 지속하여 관계
의 안전성에 대한 믿음이 생기면 빠르면 한 달 안에 '멈춰'를 하고
놀이를 제안할 수 있게 된다. 자기 문제를 해결하기 위해서 총회를
소집하고 거기서 문제를 해결하는 과정을 만들 수 있다면 이는 이미
민주시민 의식과 자질을 갖춘 것이라고 볼 수 있다. 요즘 민주시민
교육이 강조되고 있는데 평화샘 프로젝트는 민주시민교육의 측면
에서 볼 때도 탁월한 효과를 보여 주고 있다.

# 평화샘의 역할극은 어떻게 만들어졌을까?

김미자

## 평화샘 프로젝트와 만남, 그리고 마법 같은 순간들

나는 경력 26년 차 교사이고, 11년째 평화샘 프로젝트 연구 개발에 참여하고 있다. 2009년 마을배움길연구소 문재현 소장의 제안으로 함께하게 된 평화샘 프로젝트는 내 삶의 전환점이 되었다. 당시 교직 경력 16년 차였던 나는 교사로서 회의를 느끼며 전망을 고민하고 있을 때였다. 반에 왕따당하는 아이가 있었는데 그 아이를 도우려고 하니 다른 아이들은 왜 편애를 하냐며 나를 공격했고, 부모도 마찬가지였다. 또 여자아이들이 파벌을 만들어 서로에게 관계적 공격을 하는데 그 또한 속수무책이었다. 내가 할 수 있는 일이라고는 그저 큰 사고 없이 무사히 다음 학년으로 올려 보내길 바라며 하루하루 견디는 일뿐이었다.

그랬던 내게 평화로운 교실공동체 프로그램은 한 줄기 빛과 같았다. 처음 1년은 학교폭력에 대한 기존 연구를 찾아 공부하는 시간이었다. 그런데 우리나라에서는 제대로 된 연구물을 찾을 수가 없어 학교폭력에 대해 선진적으로 대응해 온 노르웨이의 올베우스 프로그램을 학습하며 실천했다. 스톱(STOP), 역할극, 4대 규칙 등이 그것이다. 그 당시 우리나라에는 올베우스 프로그램 매뉴얼 번역본이 없어서 영어로 된 원서를 구해 직접 번역할 수밖에 없었다. 십여 명의 평화샘 교사들은 퇴근한 후에 거의 매일 주말도 없이 연구소에 모여 실천한 사례를 토론하며 프로그램을 가다듬었다.

그런데 노르웨이와 우리나라는 학교폭력에 대한 정책 환경과 교직문화, 사회문화적 요인, 학교폭력의 강도, 문화심리적인 특성이 달라 올베우스 프로그램을 그대로 적용하는 것이 불가능했다. 그래서 처음부터 다시 아이들의 삶의 조건부터 검토하며 만들어 가야 했고, 그렇게 해서 탄생한 것이 평화샘 프로젝트이다.

평화샘 프로젝트에 참여하면서 놀라운 순간이 많았지만 그 가운데에서도 학교폭력 예방 프로그램으로 가장 인상적인 순간이 멈춰역할극을 했을 때였다.

"입장을 바꾸니까 정말 기분 나빠요."

친구의 휴대폰을 떨어트려 놓고 '느낌도 없었다', '쟤 말투가 기분 나쁘다'며 버티던 아이가 입장 바꿔서 역할극을 하고 나서는 바로 태도가 바뀌었다. 마법 같은 순간이었다.

이전에는 아이들의 말이 서로 달라 상황을 제대로 알기 위해서는 많은 시간과 에너지가 들고, 온전히 복원하기도 어려웠다. 버티는 아이를 설득하기 위해 긴 시간 설교를 하거나 화를 내야만 했다. 그런데 서로 자신에게 유리하게 이야기하여 합의되지 않았던 상황이 역할극을 하니 선명하게 드러났다.

"아하, 그런 상황이었구나!"

동시에 나와 반 아이들 모두가 상황을 공유할 수 있게 되니 문제해결이 쉬웠다. 피해 아이는 반 친구들의 지지와 위로 속에서 치유될 수 있었고, 가해 아이는 자신을 성찰하며 바뀔 수 있는 계기가 되었다. 그 대화 과정에는 누구를 비난하거나 무시하는 말은 찾아볼 수 없었다. 이 과정에서 아이들이 스스로를 돌아보고 변화할 수 있는 힘을 가지고 있음을 믿게 되었다. 그렇게 나와 아이들은 함께 갖게 된 공통경험, 공통감정으로 평화로운 교실공동체를 향해 한 걸음 한 걸음 다가갈 수 있었다.


## 현실이 없는 박제된 어울림 프로그램의 역할극

3년 전, 지금 근무하는 한솔초등학교로 발령이 났다. 한솔초에서는 5~6년 전부터 놀이와 나들이를 바탕으로 한 평화샘 프로젝트를 실천하는 교사들이 있었다. 올해는 평화샘 프로젝트를 실천하는 교장선생님도 새로 왔고, 부모들도 학교에 대한 믿음이 커서 학교의 모든 구성원들이 함께 실천할 수 있는 조건이 만들어졌다.

2019년 3월, 어울림 프로그램으로 학교폭력예방교육을 하라는 공문이 왔다. 2013년에 교육부에서 한국형 키바라고 하면서 어울림 프로그램을 도입한다고 할 때가 떠올랐다. 그때도 교육부가 일방적으로 밀어붙이려고 했고 평화샘에서는 어울림 프로그램으로 학교폭력을 예방할 수 있을지 토론했다. 그리고 잘못된 진단을 바탕으로 만들었기 때문에 문제 해결이 어렵다는 결론을 내렸다. 연구 결과는 『평화! 행복한 학교의 시작』이란 책에 부록으로 실려 있다. 그런데 7년이 지난 지금 또다시 어울림 프로그램을 교육과정에 편성하여 모든 학교에서 진행하라고 했다. 그 일방적인 방식이 이해가 가지 않았지만 한편으로는 얼마나 내용이 보강되고 채워졌는지 궁금했다. 특히 내가 평화샘 프로젝트를 하면서 학교폭력 예방에 효과가 크다고 느낀 역할극이 어울림 프로그램에 있는지 또 있다면 어떻게 다루고 있는지를 중심으로 살펴보았다.

## 현실과 동떨어진 예시 상황만 있는 어울림 프로그램 역할극

학교폭력 예방 프로그램에서 역할극을 하는 가장 큰 의미는 실제 상황을 복원하여 공동체가 문제를 함께 다룰 수 있는 바탕을 만드는 것이다. 그런데 어울림 프로그램의 역할극은 교사가 제시한 예시 상황을 다루기 때문에 역할극의 가장 큰 장점인 상황 공유는 물론이고 치유, 성찰로 이어질 수 없다. 예시 상황은 현실감이 없어 자신들의 문제로 느끼기 어렵기 때문이다. 현재 교육부에서는 핵심역량을 강조하고 있고 그 의미는 삶 속에서 쓸모 있는 지식이어야 한다는 것이다. 그런데 어울림 프로그램은 이러한 원리에서 벗어나는 수업지도안을 프로그램이라고 만들어서 강요하고 있다. 과연 어느 장단에

춤을 추라는 건지….

이와 달리 평화샘 프로젝트의 멈춰 역할극은 괴롭힘을 당한 아이나 그 주변의 아이들이 '멈춰!'를 외치고 그 상황을 재연하는 것으로 시작한다. 왕따예방역할극이나 관계적 공격에 대한 역할극도 자신이 당한 괴롭힘이나 친구의 경험을 시나리오로 만들어 시연한다.

이제 두 가지 사례를 통해 평화샘 교실에서 역할극이 학교폭력 문제를 어떻게 해결해 가는지 살펴보겠다.

이 이야기는 4학년 때부터 평화샘 프로젝트를 경험한 초등학교 6학년 아이들의 멈춰 역할극 사례이다.


"선생님 학급총회 해야돼요. 진수가 현진이를 때려서 '멈춰' 했어요!"

점심시간이 끝나자마자 아이들이 내게 달려와 학급총회를 하자고 했다. 잠시 후 아이들이 얼굴이 빨갛게 달아오른 진수와 현진이를 데리고 교실에 들어왔다.

"진수가 손으로 현진이 목을 쳤어요."

"현진이가 먼저 규칙을 어겨서 진수가 몇 번 그러지 말라고 얘기했는데 현진이가 계속 무시했어요."

같이 진놀이를 했던 아이들이 한꺼번에 자기가 본 상황을 쏟아 놓았다.

"선생님, 역할극으로 해 봐요. 뭐가 뭔지 모르겠어요."

민준이의 제안으로 바로 역할극으로 상황을 재연해 보았다. 교실 뒷문과 교탁을 진으로 삼고 두 편으로 나누어 섰다. 현진이는 상대편에게 몇 번을 잡혔는데도 자기는 못 느꼈다며 계속 돌아다녔다.

"야, 잡혔으면 진에 가서 붙어 있어야지!"

진수가 화를 내면서 소리를 쳤다.

"잡히는 느낌도 안 났거든. 나 살았어!"

현진이가 여전히 진수의 말을 무시하자 다른 아이들이 나도 봤다며 현진이를 향해 외쳤다. 현진이는 마지못해 진에 가서 슬쩍 붙는 듯싶더니 슬그머니 떨어져 다시 돌아다니기 시작했다. 한 판이 끝나고 현진이가 진수를 쫓아가더니 등을 때리는 시늉을 했다.

"야, 너 잡혔다!"

"에이 씨! 왜 세게 때리는데?"

진수가 화를 내면서 현진이의 목덜미를 손으로 움켜쥐면서 밀었고, 옆에 있던 아이들이 바로 '멈춰'를 하면서 말렸다. 역할극을 끝내고 진수가 한결 편안해진 얼굴로 나에게 말했다.

"화가 난다고 '멈춰'를 하지 않고 때린 건 제가 잘못한 거 같아요."

옆에 있던 현진이를 바라보며 말을 이어 갔다.

"현진아, 나는 너랑 친하게 지내고 싶어. 내가 화난다고 너를 때려서 미안해. 앞으로는 폭력을 쓰지 않고 '멈춰'를 하도록 할게. 그리고 너도 규칙을 잘 지키고 우기지 않았으면 좋겠어. 아까 '멈춰'를 하고 말려 준 친구들도 고마워. 안 그랬으면 크게 싸웠을 것 같아."

평화샘을 3년 경험해서인지 방어자를 격려하며 내가 했던 말을 진수가 자연스럽게 이야기했다. 진수의 말에 현진이는 별 표정 없이 알았다고만 했다. 그러자 다른 아이들이 현진이가 놀이규칙을 지키지 않는 문제를 지적했다.

"근데 현진이는 잡혀도 자기는 안 죽었다고 우겨요."

"맞아요. 요새 애들이 안 죽었다고 사기 쳐서 재미없다고 삐져서 나가는 애들이 많아요."

여러 친구들이 문제를 제기하자 현진이가 말했다.

"제가 사기를 좀 많이 치긴 하는데 이번엔 정말 손이 닿는 느낌이 없었어요."

진수와 현진이의 문제로 시작한 학급총회는 자연스럽게 놀이규칙에 대한 회의로 바뀌었다. 내가 아이들을 둘러보며 물었다.

"안 죽었다고 우기거나 그래서 화난다고 그냥 나가 버리면 놀이판은 어떻게 돼?"

연주가 입을 삐죽거리며 말했다.

"재미없어요. 그래서 그냥 그만하고 들어온 적도 있어요."

다시 아이들을 향해 물었다.

"안 죽었다고 우기는 건 주로 어떨 때 그래?"

내 말이 끝나기가 무섭게 여기저기에서 불평하는 목소리가 들렸다.

"옷 같은 데 술래 손이 닿았는데 자기는 못 느꼈다고 안 죽은 거라는 애들이 많아요."

며칠 전에 이와 똑같은 문제가 생겨 그럴 때는 술래 말을 믿어 주기로 했던 약속을 떠올렸다. 그랬더니 현진이가 입을 내밀고 말했다.

"술래가 사기 칠 수도 있잖아요."

그래서 다시 아이들을 향해 물었다.

"애들아, 혹시 자기가 안 잡았는데 잡았다고 속여 본 사람 있니?"

진수가 당치도 않은 말을 한다는 듯이 손사래를 치며 말했다.

"잡을 생각에만 집중해서 사기 칠 생각은 안 나요. 분명히 손에 닿았으니까 잡았다고 이야기하는 거죠."

다른 사람들 생각은 어떠냐고 물었더니 모두 그렇다고 맞장구치며 고개를 끄덕였다.

"그래, 그렇다면 술래가 하는 말을 믿는다는 규칙을 잘 지키면 되겠다. 그리고 화난다고 중간에 나가 버리는 문제는 어떻게 하지?"

"규칙 때문에 그러는 거면 다 같이 모여서 합의를 하기로 하고 중간에 마음대로 빠지지 않기로 해요."

이렇게 놀이규칙을 합의하고 앞으로 아까와 같은 상황이 생기면 어떻게 행동할지 연습해 보자고 제안했다.

"현진아, 술래가 잡았다고 하면 믿어 주기로 했잖아."

"진수야, 그렇게 짜증 내지 말고 우리 모여서 같이 규칙을 새로 정하자."

진놀이를 했던 아이들은 저마다 자기가 할 수 있는 대안 행동을 역할극으로 다시 해 보았다. 역할극이 끝나자 민준이가 익살맞게 웃으며 말했다.

"선생님, 새로운 규칙을 실습하는 의미에서 나가서 놀아요!"

"그러자!"

말이 끝나기 무섭게 아이들과 함께 신발을 들고 운동장으로 달려나갔다.

또 다른 사례는 1학년 아이들과 왕따예방역할극을 해 본 이야기다.

1학년 2학기 개학을 하고 다시 규칙을 세우며 교실평화 4대 규칙 가운데 규칙 3을 이야기할 때 있었던 일이다. 고학년이라면 다섯 번의 역할극을 해야 하지만 1학년이라 놀이에 끼워 주지 않는 상황과 함께 놀이하는 상황으로 단순화하여 진행하였다.

"오늘은 왕따당하는 친구의 마음을 이해하기 위해서 예방역할극을 해 보려고 해요. 우리 친구들이 보거나 경험한 것으로 역할극을 해 보면 좋겠는데."

그러자 성준이가 몸을 앞으로 쑥 내밀며 이야기했다.

"제 이야기로 해요."

"아, 그랬지. 성준이가 어린이집 다닐 때 겪었던 일로 해 보면 좋겠다. 성준아, 그때 상황을 한번 이야기해 줄래?"

"음…. 제가 같이 놀자고 하는데, 뭘 만들어 오면 끼워 준다고 했어요. 그래서 만들어 갔는데, 그래도 안 된다고 저리 가라고 했어요."

성준이는 3월 초 괴롭힘에 대한 이야기를 할 때 어린이집에서 겪었던 왕따 경험을 이야기했다. 친구들에게 같이 놀자고 했을 때 뭘 만들어 오면 끼워 준다고 해서 이날 성준이는 집에 가서 엄마랑 아이들에게 줄 캐릭터를 정성껏 그리고 색칠하고 오려서 가져갔다고 했다. 그런데도 아이들에게 거부당해 화가 난 성준이는 아이들과 싸웠다. 선생님은 과정을 제대로 묻지도 않고 성준이를 혼냈다고 했다. 그 상황을 해 보자고 제안한 것이다.

"누가 피해자 역할을 해 볼까?"

아무도 선뜻 나서지 않는데 준영이가 해 보겠다고 나섰다. 평소 감정 표현을 잘하는 준영이가 하면 효과가 클 것 같아 내심 잘됐다고 생각했다. 준영이 주변에 앉은 아이들 9명을 나오라고 해서 역할극을 시작했다. 준영이를 뺀 나머지 8명의 아이들이 손을 내밀고 '앞쳐뒤쳐'를 외쳤다. 그러고 준영이가 말했다.

"나도 같이 놀자."

그랬더니 아이들이 너 나 할 것 없이 우르르 말했다.

"안 돼."

"뭐 만들어 오면 시켜 줄게."

준영이는 갑자기 표정이 어두워지고 멈칫하더니 자기 자리로 가서 뭘 들고 왔다. 그러고 다시 말했다.

"갖고 왔어. 같이 놀자."

"그래도 안 돼!"

"저리 가!"

연기라고 여러 번 말하고, 아이들이 웃으면서 하는데도 준영이는 씩씩거렸다.

"으악! 못 참겠어!"

숨을 몰아쉬며 눈을 부라리고 교실을 이리저리 뛰어다녔다. 그런 준영이를 보고 아이들이 한마디씩 했다.

"준영이가 정말 화가 났어요."

준영이 등을 토닥이며 물었다.

"연기라고 했는데도 화가 많이 난 것 같네. 준영아, 기분이 어때?"

"너~ 무 속상해요."

그런 준영이를 보며 여자아이들이 성준이 이야기도 했다.

"아, 그래서 성준이가 쎄졌구나."

성준이는 어린이집에서 당했던 것을 친구들에게 하나씩 시도하면서 1학기 때 '멈춰'를 가장 많이 받았다. 성준이가 왜 그렇게 행동하게 되었는지 공감하는 표정과 말들이 오갔다. 그러자 성준이도 쑥스러운 듯 몸을 돌리며 혼잣말을 했다.

"너희들도 내가 어떤 심정이었는지 이제야 알겠지?"

씩씩거리는 준영이를 달래고 놀이에 끼워 주는 상황으로 바꾸어 역할극을 했다. 준영이가 먼저 말했다.

"얘들아, 나도 같이 놀자."

"그래! 같이 놀자!"

아이들이 모두 같이 놀자며 준영이한테 몰려오니 준영이 표정은 바로 바뀌었다. 다시 개구쟁이 준영이로 돌아왔다.

두 가지 사례에서 볼 수 있는 것처럼 실제 아이들이 겪는 문제 상황 속에서 역할극이 이루어지기 때문에 어울림 프로그램에서 말하는 공감, 자기존중감, 감정조절, 의사소통, 갈등해결, 학교폭력 인식 및 대처 이 모든 것을 통합적으로 익힐 수 있다. 교육부와 어울림 프로그램 개발자들은 이러한 가치들을 수업을 통해 인지적으로 가르칠 수 있다고 믿는 것일까.

"저는 방어자가 되어 우리 반을 평화로운 반으로 만들겠습니다."

　3월 첫 주 규칙에 대한 토론을 마치고 학급 회장 선거에 출마했던 대다수 아이들이 방어자가 되겠다는 공약을 했다. 막연하게 괴롭히지 말자가 아니라 폭력을 막고 친구를 돕는 방어자가 되자는 것은 아이들에게 평화로운 교실공동체를 만들기 위한 확실한 비전이 되었다.

　학교폭력에 대한 전통적 접근 방법은 가해자-피해자 틀이어서 학교폭력을 개인 특성 때문에 생기는 것으로 본다. 따라서 아이들에게 공감하고 확신을 갖게 하는 분명한 목표를 제시하지 못한다. 그런데 방관자의 역할을 중시하는 가해자-피해자-방관자 틀은 방관자가 친구들의 폭력을 막는 방어자로 나서면 피해자에게는 보살핌을, 가해자에게는 자기 행동을 되돌아볼 기회를 주게 된다는 분명한 목표를 준다. '방어자'라는 개념을 제시했을 때 확신에 찬 아이들의 눈빛을 잊을 수가 없다.

　그래서 방관하는 것이 곧 가해하는 것이므로 피해자를 도와 방어자가 되겠다는 것은 그만큼 중요하다. 널리 알려진 학교폭력 예방 프로그램인 올베우스 프로그램, 키바 코울루 프로젝트 그리고 평화샘 프로젝트 모두 방관자가 피해자의 아픔에 공감하여 방어자로 바뀌는 것을 핵심으로 두는 까닭은 여기에 있다.

　그렇다면 어울림 프로그램은 어떨까? 어울림 프로그램의 역할극을 보다가 그 가운데 학교폭력 인식 및 대처, 초등 고학년 심화 지도

안 '친구의 마음을 이해하고!, 친구를 진심으로 도와주고!'[21]에 '방어자'라는 글자가 눈에 띄어 관심 있게 살펴보았다.

그러나 방어자라는 말은 있는데 방관자를 방어자로 변화시키는 과정은 보이지 않았다. 교사의 일방적인 훈계에 방어자라는 말만 있을 뿐 제대로 다루지 않아 다시 한 번 실망했다.

이렇듯 방관자는 따돌림 상황에 참여하기도 하고 옆에 서 있지도 않는 사람이거나 피해자를 도와주어야 한다고 생각은 하지만 아무것도 하지 않아 결국 따돌림 상황을 키우는 사람입니다. 그러나 오늘 여러분은 더 이상 방관자가 아닙니다. 이제는 방어자로 다시 태어날 것입니다. 방어자는 폭력을 싫어하고, 폭력을 당하는 학생을 도우려고 노력하는 사람입니다. 방관자는 또 다른 가해자가 될 수도 있지만, 방어자는 가해자의 힘을 잃게 하고, 평화의 분위기를 자라게 하는 사람입니다.

위 역할극 지도안을 보면 교사를 포함한 4~5명이 진행하는 역할극을 나머지 아이들은 피해자, 피해자 부모, 같은 친구 입장이 되어 관찰하게 하는데 이 같은 과정을 통해서는 서로의 감정을 이해하기도 협력의 과정을 만들기도 어렵다.

평화샘 프로젝트에서 만든 『학교폭력, 멈춰!』는 2012년 3월부터

---

21) 학교폭력 인식 및 대처. 초등학교 고학년 학생용 심화 집단 따돌림, 20~43쪽.

2016년 4월까지 모두 여섯 번의 과정을 거쳐 책을 수정하고 찍어 냈다. 그 까닭은 어울림 프로그램처럼 전문가가 만들어 배포하고 교사는 실행만 하는 내리먹이기식 연구·개발·보급 모델이 아니기 때문이다. 평화샘 프로젝트는 현장의 실천이 곧 프로그램 개발로 연결되었으며, 그 과정에서 현장의 문제 해결 역량을 높이는 현장대화·실천·확산 모델을 바탕으로 한다. 따라서 2009년부터 전국 수백 개의 교실에서 실천하다 부족한 부분이 생기면 함께 토론하고 수정하여 책의 내용도 수차례 보강을 해 왔다. 2012년 처음 『학교폭력, 멈춰!』 책을 냈을 때는 올베우스 프로그램의 괴롭힘의 원 역할극을 우리나라 학교폭력의 특성에 맞게 수정해서 활용했다. 그런데 이러한 8가지 역할(피해자, 가해자, 동조자, 조력자, 소극적 조력자, 방관자, 소극적 방어자, 방어자)로 이루어진 괴롭힘의 원을 아이들에게 제시했을 때 대다수 아이들은 자신들의 상황을 제대로 표현할 수 없다는 반응이었다. 아이들은 '방어자는 유치원이나 1학년 교실에나 있고, 방관자가 아주 많다'고 말했다. 더구나 왕따가 있는 교실에서는 모두가 가해자이다. 그래서 아이들의 의견을 반영하여 새롭게 개발한 것이 '절망의 원'과 '인간지옥' 그리고 '보살핌의 원'과 '회복의 원'이다. 그 후 2013년 『왕따, 이렇게 해결할 수 있다』를 발간하며 왕따예방역할극을 개발하여 왕따문제에 대한 해결책을 제시했다.

그동안의 학교폭력 교육은 학교폭력이 무엇인가를 가르치는 인지적인 내용 중심이었다. 왕따예방역할극은 이러한 교육과정을 공감능력과 감정이입을 중심으로 한 새로운 차원으로 변화시킨다. 이처럼 피해자의 아픔을 모든 사회 구성원이 공감함으로써 공동체를 복원하기 위한 것이 왕따예방역할극이다. 왕따예방역할극은 교사와 부모, 아이 등 모든 학교 구성원들이 해야 한다.[22]

이때부터 괴롭힘의 원 역할극 대본에서 8가지 역할을 찾아 괴롭힘 상황에 대한 통찰력을 키우는 데 활용했다. 그리고 모든 아이들은 왕따 피해자가 되어 모두가 가해자일 때, 1명이 방어자일 때, 3명이 방어자일 때, 모두가 방어자일 때 왕따예방역할극을 경험했다. 이렇게 세밀한 역할극은 전 세계에서 평화샘 프로젝트만이 가진 특징이다. 우리가 이렇게 네 번의 역할극을 구성한 이유는 각각의 상황에서 피해자, 가해자, 방어자의 심리에 어떤 변화가 있는지 느껴보고 해결 방안을 찾기 위함이다. 네 가지 역할극을 마친 아이들의 목소리에서 역할극 하나하나가 가진 속살을 살펴보자.[23]

① 모두가 가해자일 때

피해자 역할을 한 아이는 거친 숨을 몰아쉬며 힘들어했다.

"너무 무서워요. 세상에 나 혼자 남겨진 기분이에요."

---

22) 문재현 외, 『학교폭력, 멈춰!』, 살림터(2013), 68쪽.
23) 왕따예방역할극의 자세한 내용은 『학교폭력, 멈춰!』, 『왕따, 이렇게 해결할 수 있다』 참조.

그 순간 교실 안에 있던 다른 아이들은 숨소리도 들리지 않을 정도로 몰입하며 집중했다. 반면 가해자 역할을 한 아이는 왕이 된 것 같다고 했다.

모두가 가해자일 때 피해자 역할을 했던 아이들은 역할극인 줄 알면서도 무척 힘들어했고 눈물을 흘리는 아이도 있었다. 단 몇 분으로도 이렇게 힘든데 매일, 아니 몇 년을 이렇게 지냈을 왕따 피해자를 생각하며 그 아픔에 공감했다.

### ② 1명이 방어자일 때

피해자 역할을 한 아이는 조금은 편안해진 얼굴이다.

"방어자 친구가 고마워요. 마치 한 줄기 빛 같았어요. 근데 방어자 친구가 저처럼 왕따를 당할까 봐 걱정돼요."

가해자 역할을 한 아이는 이렇게 말했다.

"아까는 재미있었는데, 조금 멈칫했어요. 근데 뭐 다른 애들이 여전히 나를 따르니까 괜찮아요. 좀 더 세게 나가고 싶은 마음도 생겨요."

방어자 역할을 한 아이는 다른 아이들도 같이 방어자가 되면 좋겠고, 자신이 괴롭힘을 당할까 두려운 마음도 들었다고 했다. 또 언제 나서야 할지 용기 내기가 어려웠다는 말도 했다. 아이들은 왕따 상황에서 혼자 방어자가 된다는 것이 쉽지 않은 일임을 공감했다.

### ③ 3명이 방어자일 때

피해자 역할을 한 아이 얼굴에는 이제 웃음이 번지기 시작했다.

"좋아요. 이 정도면 저도 숨을 쉴 수 있고, 맞설 수 있을 것 같아요."

역할극에서 가해자 역할을 하는 친구들에게 "멈춰!"라고 말하는 아이도 생겼다.

가해자 역할을 한 아이는 표정이 좀 굳어 있었다.

"좀 부담스러워요. 내가 잘못한 것 같은 느낌이 들기도 하고요."

그리고 방어자 역할을 한 아이들은 이구동성으로 이렇게 말했다.

"서로 의지가 돼요. 뭔가 바꿀 수 있다는 자신감이 생겨요."

방어자가 3명이 되니 가해 행동을 한 아이들이 어떻게 할 줄 몰라 우왕좌왕하며 기세가 꺾인 모습이었다. 아이들은 3의 법칙이 실제로 상황을 바꿀 수 있다는 자신감과 문제 해결의 가능성을 온몸으로 느낀 듯했다.

④ 보살핌 행동 없이 모두가 방어자일 때

피해자 역할을 한 아이는 주변을 둘러보며 눈을 맞추기도 하고 훨씬 여유가 생겼다.

"정말 좋아요. 이제 무섭지 않아요. 그런데 저를 친구로 생각하는지는 모르겠어요."

어떤 아이는 구름 위를 나는 것 같다고 표현하기도 했다. 가해자 역할을 한 아이는 잔뜩 긴장된 표정이었다.

"제가 왕따가 된 기분이에요. 이런 상황이라면 다시는 하기 어려울 거 같아요."

방어자 역할을 한 아이는 뿌듯함에 하이파이브를 하기도 했다.

"다 같이 '멈춰'를 외치니까 이제 우리 반에서 괴롭힘을 없앨 수 있을 거 같아요."

이렇게 아이들은 모두가 방어자가 되는 행복한 경험을 통해 왕따 없는 평화로운 교실을 만들 수 있다는 확신을 갖게 되었다.

문제는 모두가 방어자가 되는 역할극에서 가해자가 완전히 고립되는 상황이 발생하는 것이었다. 아무리 역할극이라 하더라도 이는 또 다른 왕따 상황을 만들어 내는 것이므로 가해자를 어떻게 부드럽게 변화시킬지에 대한 방안이 필요하다는 생각을 하게 되었다. 그래서 모두가 방어자가 된 역할극을 두 가지로 나누었다. 모두가 방어자인 상황은 그대로 하고, 또 하나의 상황은 피해자만 보호하는 것이 아니라 가해자를 변화시키기 위한 보살핌 행동을 추가하였다.

### ⑤ 보살핌 행동이 있는 모두가 방어자일 때

피해자 역할을 한 아이는 얼굴에 웃음이 가득했다.

"정말 좋아요. 따뜻한 물속에 있는 기분이에요. 친구들이 다가와서 말도 걸어 주고 하니까 이제 진짜 친구가 된 거 같아요."

가해자 역할을 한 아이도 안도하는 표정이었다.

"아까는 친구를 괴롭히면 안 되겠다는 생각만 들었는데 지금은 ○○이에게 너무 미안해요. 그리고 저에게 말을 걸어 준 친구들이 고맙고 잘 지내야겠다는 생각이 들어요."

방어자 역할을 한 아이들은 신이 난 모습이었다.

"뿌듯해요. 이제 우리 반에서 괴롭힘을 없앨 수 있을 거 같아요.

세상이 갑자기 환해진 느낌이에요."

아이들은 즉흥적으로 보살핌 행동을 만들어 어깨동무를 하고 같이 놀러 가자고 하기도 하고, 맛있는 거 사 줄 테니 편의점에 가자고 하기도 했다. 그 속에서 피해자 역할을 한 아이나 가해자 역할을 한 아이는 함께 어울려 웃고 있었다. 드디어 보살핌의 원이 완성된 것이다.

이렇게 해서 다섯 번의 역할극을 하도록 만든 것이 지금의 왕따예방역할극이다. 이렇게 하고서도 몇 번의 사건을 해결한 뒤에야 왕따문제가 해결될 수 있다. 그런데 단 한 번의 역할극과 인터뷰로 아이들을 도울 수 있다고 생각하는 어울림 프로그램 개발자의 발상은 썩은 달걀이 부화하기를 바라는 것과 같은 이치이다.


## 아이들을 믿지 않는다

아이들에게 괴롭힘 상황은 벗어날 수 없는 현실이다. 따라서 아이들은 항상 왕따문제를 심각하게 느끼고 있고, 누구보다 잘 알 수밖에 없다. 그런데 어울림 프로그램은 마치 교사는 알고 아이들은 모르는 내용을 전달하듯이 수업지도안을 만들고 있다. 또한 지도안을 보면 아이들에게 가해자 역할을 맡기는 것은 위험하므로 그 역할은 교사만 해야 한다고 말한다.

교사가 가해자 역할을 해야 한다. 학생이 가해자를 맡을 경우 감정을 이입하여 재미와 쾌감을 느낄 수도 있으니 주의한다.

이렇게 할 경우, 가해자를 변화시키는 행동 자체가 생겨날 수가 없다. 어울림 프로그램이 가해자의 변화나 방관자를 방어자로 변화시키는 내용이 없는 것은 그 때문일 것이다.

하지만 올베우스 프로그램이나 평화샘 프로젝트에서는 모든 역할을 아이들이 맡는다. 교사의 역할은 아이들에게 확신을 주는 것이다. 왕따문제를 잘 알고 있고, 언제든지 개입할 수 있는 힘과 능력을 가지고 있는 선생님이라는 확신 말이다. 따라서 어울림 프로그램 개발자들의 주장은 근거가 없는 자신들만의 주장일 뿐이다. 또한 괴롭힘 상황을 연기하는 것이 실제로 그 행동을 조장한다는 어떤 연구 결과도 나온 바가 없다. 이미 역할극의 맥락은 방어자에게 가장 높은 가치가 주어져 있기 때문이다. 평화샘 교실의 아이들은 교사의 명확한 의지를 알고 있기 때문에 역할극을 통해 자신의 문제를 해결할 수 있다는 확고한 믿음을 가지고 있다. 하지만 교사가 가해자 역할을 맡게 된다면 가해 아이의 감정 변화와 공동체 구성원으로 회복되는 과정을 경험할 기회를 잃어버리게 된다.

> **2차시 역할극 시나리오 – Game Level Up!**
>
> **등장인물: 가해자(교사), 피해자(힘이 있거나 집단 따돌림 가해자 역할을 할 요인이 많은 아이), 방관자 1, 2(반에서 힘이 있으면서 모범적인 아이)**
>
> 가해자 : (실명을 말하며) 야, OOO! 너 이리 와 봐.
> 피해자 : (말없이 가해자 앞으로 오면서) …
> 방관자 1, 2는 말없이 이 상황을 지켜본다.
> 가해자 : 너 내가 왜 불렀는지 알아, 몰라?
> 피해자 : (우물쭈물하며) 글쎄, 잘 모르겠는데….
> 가해자 : (어이없다는 듯이) 이 새끼! 이거 봐라.
> 피해자 : …….
> 방관자 1 : OOO 또, 쟤한테 혼나나 봐.
> 방관자 2 : 쟤가 찐따니까 맨날 저러고 살지.
> 방관자 1 : 그러게… 우린 빨리 화장실 다녀오자.
> 가해자 : 내가 어제 내 아이디로 게임 들어가서 레벨 업 해 놓으라고 했지? 왜 안 했어?
> 피해자 : 하려고 했는데… 생각보다 잘 안 돼서….
> 가해자 : (피해자의 머리통을 쥐어박으며) 그럼 밤을 새워서라도 했어야 할 거 아냐! 어제 뭐 하느라 못 했어? 응?
> 피해자 : (작은 목소리로) 학원 가고, 숙제하고 하느라고….
> 가해자 : 야! (때릴 듯이 손으로 위협하며) 너 죽을래? 학원 갈 정신이랑 숙제할 시간은 있으면서 내가 시킨 건 안 해? (기가 막힌다는 듯이 혀를 차며) 나 참! 어이가 없어서… 너 이따 학교 마치고 기다려.
> 피해자 : (두 손을 모아 싹싹 빌며) 아니야. 잘못했어. 오늘 꼭 할게.
> 가해자 : 끝났어. 넌 맞아야 정신을 차리지. 그냥 이따 남아.
> 피해자 : (울먹이며) 아니야, 미안해. 오늘은 꼭 해 놓을게.
> 가해자 : 됐고! 이따 학교 마치고 남아서 보자. 너 도망가면 죽는다. 알아서 해!

아이들은 실제 어울림 프로그램에 대해 어떻게 반응할지 궁금해서 6학년 아이들과 앞의 수업(Game Level Up!) 과정을 시연해 보고 소감을 나누어 보았다. 이 아이들은 작년에 평화샘 프로젝트를 경험한 아이들이다. 역할극이 끝나고 소감을 물어보니 가장 많은 아이들이 선생님이 가해자 역할을 해서 실감이 나지 않는다는 반응이었다.

"선생님이 가해자 역할을 해서 실감이 안 나요."

"괴롭히는 상황을 연기한 건데도 그냥 선생님이 학생한테 심부름 같은 걸 시키는 분위기였어요."

"게임 레벨 업을 시키는 선생님이 어딨어요? 푸하하!"

"작년에 했던 역할극이 훨씬 실감 났어요."

"맞아요, 맞아!"

대다수 아이들이 작년에 했던 평화샘 프로젝트의 왕따예방역할극이 더 실감 난다고 말했기 때문에 어울림 프로그램과 비교해 보자고 제안했다.

"친구들이 모두 참여해서 괴롭힘 행동을 하니까 실감 났어요."

"그때는 막 우는 애들도 많았어요."

"모든 역할을 친구들끼리 해서 감정이입이 잘됐어요."

"그때는 피해자에게 공감이 저절로 됐어요. 친구들이 경험한 이야기잖아요."

마지막으로 아이들에게 가해자 역할을 시킬 경우 재미와 쾌감을 느껴 모방할 수 있기 때문에 선생님이 가해자 역할을 한 것이라고 말해 주니 아이들은 이렇게 이야기했다.

"그렇게 우리를 못 믿겠으면 피해자, 방관자도 다 선생님이 하시지 그랬어요."

"우리를 몰라도 너무 몰라요."

## 평화샘 프로젝트를 표절했지만 본질은 없애 버렸다

아래 표의 피해자, 방관자, 방어자 인터뷰 자료는 어울림 프로그램과 평화샘 프로젝트의 내용을 비교한 것이다. 누가 보아도 표절했다는 것을 한눈에 알아볼 수 있다. 방관자와 방어자 인터뷰 부분만을 삭제하고 실어 놓았다. 이 또한 가해자-피해자 틀을 기반으로 한다는 것을 확인할 수 있는 부분이다.

| 피해자 인터뷰(평화샘 프로젝트) | 피해자 인터뷰 예시 자료(어울림 프로그램) |
|---|---|
| **교사** 한성(피해자)아, 무슨 일이 있었지?<br>**한성** 수철(가해자)이가 빵 사 오라고 시켰어요. | **교사** OO(피해자)야, 무슨 일이 있었지?<br>**피해자** OO(가해자)가 자기 아이디로 게임 들어가서 레벨 업 시켜 놓으라고 시켰어요. |
| | **교사** 근데, 왜 OO(가해자)가 너한테 게임 레벨 업 시켜 놓으라고 했어?<br>**피해자** 모르겠어요. |
| **교사** 근데 왜 부당한 심부름을 하려고 했어?<br>**한성** 무서웠어요. | **교사** 근데 왜 넌 그걸 하려고 했어?<br>**피해자** 그냥 무서웠어요. |
| **교사** 그때 기분이 어땠어?<br>**한성** 기분이 나쁘고 속상했어요. | **교사** 그때 기분이 어땠어?<br>**피해자** 기분 나쁘고 속상했어요. |
| | **교사** 그걸 할 때 다른 친구들도 옆에 있었지?<br>**피해자** 네. |
| **교사** 다른 아이들이 방관할 때 무슨 생각이 들었어?<br>**한성** 제가 쳐다봤을 때 눈을 피하고 모른 척해서 더 속상했어요. | **교사** 다른 아이들이 방관하고 있을 때 무슨 생각이 들었어?<br>**피해자** 제가 쳐다봤을 때 눈을 피하고 모른 척해서 더 속상했어요. |
| **교사** 상호(방어자)가 도와줄 때 기분은 어땠어?<br>**한성** 고마웠어요. 근데 수철이가 상호도 괴롭힐까 봐 걱정돼요. | |
| **교사** 방관자들이 어떻게 하면 좋겠니?<br>**한성** 모두가 함께 도와줬으면 좋겠어요. | **교사** 그럼, 친구들이 어떻게 해 주었다면 좋았겠니?<br>**피해자** 도와줬으면 좋겠어요. |

평화샘 프로젝트는 아이들이 괴롭힘의 원에서 각각의 역할(가해자, 동조자, 조력자, 소극적 조력자, 방관자, 소극적 방어자, 방어자, 피해자)을 이해하고 괴롭힘에 대한 통찰력을 제공하기 위해 피해자부터 인터뷰를 진행하는데 그 가운데 피해자, 방관자, 방어자 인터뷰를 그대로 표절한 것이다. 이렇게 역할극을 부분적으로 가져와서 겉으로 드러나는 것은 비슷해 보이나 그 속살은 전혀 다르다.

| 방관자 인터뷰(평화샘 프로젝트) | 방관자 인터뷰 예시 자료(어울림 프로그램) |
|---|---|
| **교사** 현수(방관자)야, 너는 왜 모른 체했어? | **교사** ○○(방관자)야, 너는 왜 모른 체했어? |
| **현수** 내 일이 아니잖아요. | **방관자** 내 일이 아니잖아요. |
| **교사** 왜 너의 일이 아니라고 생각해? | **교사** 왜 너의 일이 아니라고 생각해? |
| **현수** 엄마가 남의 일에 나서지 말라고 그랬어요. | **방관자** 엄마가 남의 일에 나서지 말라고 그랬어요. |
| **교사** 한성(피해자)이는 너의 행동을 보고 어떻게 느꼈을까? | **교사** ○○(피해자)이는 너의 행동을 보고 어떻게 느꼈을까? |
| **현수** 글쎄요. | **방관자** 글쎄요. |
| **교사** 그럼 수철(가해자)이는 어떻게 느꼈을까? | **교사** 그럼 ○○(가해자)이는 어떻게 느꼈을까? |
| **현수** 계속해도 된다고 생각했을 거 같아요. | **방관자** 계속해도 된다고 생각했을 거 같아요. |
| **교사** 넌 아무것도 안 했다고 생각하지만, 결과적으로 수철이가 한성이를 괴롭히는 상황을 도운 거네. | **교사** 그렇구나. 넌 아무것도 안 했다고 생각하지만, 결과적으로 ○○(가해자)이가 ○○(피해자)이를 괴롭히는 상황을 도운 거네. |
| **현수** 그런 거 같아요. | **방관자** 그런 거 같아요. |
| **교사** 네가 한성이처럼 괴롭힘을 당할 때 아무도 돕지 않는다면 어떨까? | |
| **현수** 속상하고 막막할 것 같아요. | |
| **교사** 다른 사람이 상호처럼 방어자가 되어 멈춰를 하면 너도 할 수 있겠어? | |
| **현수** 네, 노력해 볼게요 | |

| 방어자 인터뷰(평화샘 프로젝트) | 방어자 인터뷰 예시 자료(어울림 프로그램) |
|---|---|
| **교사** 상호(방어자)야, 아까 정말 용기 있는 행동을 했어. 그때 어떤 생각을 했니? | **교사** ○○(방어자)야, 아까 정말 용기 있는 행동을 했어. 그때 어떤 생각을 했니? |
| **상호** 저도 겁이 나긴 했지만 가만히 있으면 한성(피해자)이가 더 힘들어질 것 같았어요. | **방어자** 저도 겁이 나긴 했지만 가만히 있으면 ○○(피해자)가 더 힘들어질 것 같았어요. |
| **교사** 그렇게 하고 나니 기분은 어때? | **교사** 그렇게 하고 나니 기분은 어때? |
| **상호** 뿌듯해요. 아까 한성이랑 잠깐 눈이 마주쳤는데 고마워하는 것 같았어요. | **방어자** 뿌듯해요. 아까 ○○(피해자)랑 잠깐 눈이 마주쳤는데 고마워하는 것 같았어요. |
| **교사** 그래. 너부터 시작한 용감한 행동을 다른 친구들도 따라서 하게 될 거야. 그럼 어떻게 될까? | **교사** 그래. 너부터 시작한 용감한 행동을 다른 친구들도 따라서 하게 될걸요. 그럼 어떻게 될까? |
| **상호** 우리 반에서 폭력이 사라질 거예요. | **방어자** 우리 반에서 폭력이 사라질 거예요. |

우리가 문제를 삼는 것은 평화샘 프로젝트를 가져다 쓴 것이 분명한데 우리의 철학과 생각, 우리의 원리와 방법을 완전히 벗어나서 전혀 새로운 내용이 되었기 때문이다. 이러한 변화가 좋은 방향이고 우리에게 도움을 구했다면 우리도 별다른 문제를 제기하지 않았을 것이다. 하지만 학교폭력의 실상을 왜곡하고 악화시키기 때문에 바로잡아야 하겠다는 판단에 따라 저작권 침해에 대한 소송을 제기한 상태이다.

현재 교육부에서 어울림 프로그램을 추진하는 상황은 선무당이 사람 잡는다는 말과 딱 맞는다. 어울림 프로그램 개발자들이 실제 현장을 연구한 사람들도 아니고, 연구에 참여한 교사들도 그것을 지속적으로 연구한 사람이 아니라 제시된 틀에 맞춰서 그대로 진행하는 역할을 할 뿐이니 선무당이라고 할 수 있다.

"우리를 몰라도 너무 몰라요."

어울림 프로그램의 역할극을 끝내고 아이가 했던 말이 자꾸 귓가에 맴돈다.

# 어울림
## 프로그램 역할극 시연

– 아이들이 말하는 어울림 프로그램의 속살

신용대

## 행복한 학급운영은 복불복?

처음 발령을 받고 젊은 교사라는 이유로 고학년 담임을 주로 맡았다. 그때 가장 해결하기 어려운 문제는 학급에서 발생하는 집단 괴롭힘이었다. 매년 친구들과 잘 어울리지 못하고 내 주변에서 맴도는 아이가 있었고 5월이나 6월이 되면 여학생들 사이에서 발생하는 따돌림 때문에 골머리를 썩기 일쑤였다. 간혹 남자아이들끼리 싸움이라도 벌어지면 아이들은 말리기는커녕 마치 스포츠 경기 구경하듯 둘러싸서 어서 싸우라고 부추기는 충격적인 일까지 종종 있었다. 내가 보기엔 왕따당하는 아이는 언제나 그럴 만한 이유가 있었고 다른 아이들을 괴롭히는 아이 역시 정서적으로 문제가 많은 아이들이었다. 그런 아이들과 개별 상담을 하면서 문제 상황을 해결하기는 너무 힘들었다. 그래서 상담 관련 자료도 찾아보고 방학이면 각종 학급운영 관련 연수를 찾아서 들으며 이것저것 좋아 보이는 방법들을 학급에 적용해 보았다. 하지만 워낙 다양한 상황들이 벌어지다 보니 상담 자료나 연수에서 배운 것처럼 깔끔하게 해결되는 경우는 드물었다.

왕따를 당하는 아이에게 좀 더 자신감을 가지고 친구들을 대하라고 다독이고 영향력 있는 아이나 다른 아이들을 괴롭힐 가능성이 있는 아이와는 더 친밀한 관계를 유지하면서 관리하는 것이 내가 선택한 방법이었다. 그리고 아이들에게 올바른 인성과 진정한 우정의 중요성을 강조하는 정신교육을 틈틈이 했다. 어르고 달래고 때로는 호통치고 벌을 주기도 하면서 큰 사고 없이 1년이 지나기를 바라며 불안한 하루하루를 보냈다. 그렇게 지내면서 학교폭력 문제는 담임교사의 노력으로는 극복하기 어렵고 그저 운 좋게 생활지도가 수월한 꿈의 학급을 맡는 게 상책이라는 생각을 하기도 했다.


## 평화샘 역할극이 열어 준 새로운 길

경력이 짧아서, 새롭게 학교를 옮겨서 등의 이유로 남들이 맡지 않으려는 6학년을 맡게 되는 경우가 많았다. 얼른 경력을 쌓아 좀 편한 학년으로 눈치 안 보고 갔으면 좋겠다는 생각을 하며 참고 지내던 때에 '평화샘 프로젝트'를 만나게 되었다. 학급운영 연수를 들으면 모든 문제가 금방 해결될 것 같은 희망에 부풀어 학급에 적용했다가 제대로 작동하지 않아 어려웠던 경험을 반복했던 터라 큰 기대는 없었다. 하지만 지푸라기라도 잡는 심정으로 평화샘 프로젝트를 학급에 적용해 보았다.

"선생님, 학급총회 열어 주세요!"

"그래? 무슨 일이 있었는데?"

"복도 지나가는데 애들이 저한테 인디안 밥 이러면서 둘러싸고 때렸어요."

5교시 수학시간을 앞두고 우리 반에서 가장 작은 현수가 생글생글 웃으면서 말했다. 웃으면서 학급총회를 신청하는 모양새를 보니 하기 싫은 수학시간을 어떻게든 빼먹어 보려는 속셈처럼 보였다. 그렇지만 괴롭힘이 있으면 누구나 언제든지 학급총회를 신청할 수 있고 그때는 꼭 열겠노라고 아이들과 약속했기 때문에 하는 수 없이 학급총회를 열었다.

역할극을 통해 상황을 복원해 보니 복도를 지나가던 현수를 건우가 붙잡고는 '인디안 밥!'이라며 등을 두드렸고 지나가던 다른 남자, 여자아이들도 다 같이 달려들어 등을 두드린 것이었다. 그런데 역할극을 재연하는 아이들이 너 나 할 것 없이 모두 웃고 있는 것이 아닌가? 확실히 어떻게든 수업 시간을 줄여 보려는 아이들의 술수로 보였다.

"아까는 애들이 세게 때렸니?"

"아뇨, 그런데 기분이 나빴어요."

"아이들이 아프게 때리지도 않았는데 왜 기분이 나빴는지 얘기해 줄 수 있겠니?"

"……."

학급총회를 빨리 끝내고 진도를 나가려 던진 질문에 조금 전까지 생글생글 웃고 있던 현수가 표정이 굳어지면서 아무런 말도 하지 못했다. 재연된 상황 속에 미처 내가 알아채지 못했던 문제가 있는 것이 분명했다. 그래서 현수에게 장난을 걸었던 건우에게 현수 역할을 맡기고 다시 역할극을 해 보았다.

"애들이 저를 만만하게 보고 함부로 대하는 것 같아 기분이 나빠요. 현수가 힘들었을 것 같아요."

자기를 괴롭힌 건우가 이런 말을 하면서 먼저 사과를 하고 다른 아이들도 모두 사과를 하자 이내 현수는 눈물을 뚝뚝 흘리기 시작했다. 그제야 나와 아이들은 현수의 입장에 제대로 공감할 수 있었고 그동안 짓궂은 장난에도 생글생글하던 현수의 웃음이 좋아서 웃는 것이 아니라 어찌할 바를 몰라서 나오는 것이라는 것도 알게 됐다.

현수가 용기 있게 신청한 학급총회 덕분에 우리 반 아이들은 머리로만 알고 있었던 장난과 괴롭힘의 차이를 확실하게 알게 됐을 뿐만 아니라 괴롭힘 상황을 함께 해결할 수 있다는 확신도 갖게 되었다. 그리고 이 사건 이후로 우리 반 아이들은 아이들의 세계를 알고 있다고 착각하고 있던 나에게 진짜 자신들의 세계를 보여 주기 시작했다.

놀이와 나들이로 관계를 맺고 괴롭힘 상황에서 서로 돕는 공동체를 만들어 가는 평화샘 프로젝트는 엄격한 관리와 통제가 학급운영의 왕도라 생각했던 나에게 새로운 길을 열어 주었다.

## 어울림 프로그램이 뭐길래?

"우리 학년에 어울림 프로그램 예산이 배정됐어요. 학교폭력 예방 프로그램으로 진행을 해야 되는데 어울림 수업이 다른 반은 부담이 될 테니 그냥 저희 반에서만 할게요. 다른 반들은 어울림 예산으로 진행하는 놀이 프로그램에 함께해 주시면 돼요."

2017년 학교를 옮기니 우리 학년이 어울림 프로그램 시행 학년으로 지정이 되어 있었다. 어울림 프로그램이 어떤 것인지도 잘 모르는 상황이라 같이 하겠다는 교사가 없자 부장교사는 어울림 수업과 만족도 조사는 자신의 반에서만 진행하고 외부에서 강사를 불러 진행하는 놀이 프로그램만 학년 전체가 참여해 달라고 부탁했다. 놀이 프로그램은 강당에서 외부 강사가 와서 모둠이나 반끼리 경쟁하는 레크리에이션으로 진행되었고 학교폭력 예방에 대한 언급은 없었다. 행사를 마치고 아이들의 생각을 물어보니 수업 시간에 레크리에이션을 한 것에 대해 좋다는 의견이 있을 뿐 학교폭력 예방이나 친구들과의 관계 형성에 도움이 되었다는 아이는 없었다. 어울림 수업을 했던 부장 선생님과 놀이 행사에만 참여했던 동학년 선생님들 모두 어울림 프로그램이 학교폭력 예방에 효과가 있는 것 같지 않다고 했다. 그래서 다음 해의 각종 공모사업 실시 여부를 결정하는 11월 교직원 다모임에서 어울림 프로그램 운영 예산은 신청하지 않기로 결정했다.

그런데 매년 시·도 교육청에서 학교별로 관리자와 담당자를 불러서 어울림 프로그램 연수를 해 왔고 학기 초에 공문을 통해 학교폭력 예방 프로그램으로 어울림 프로그램을 운영하도록 강력하게 권장한다는 것을 알게 되었다. 그래서 어울림 프로그램은 어떤 효과가 있기에 이렇게 강요하는지 궁금했다. 처음엔 교사용 학교폭력 인식 및 대처 모듈만을 살펴보았는데 너무 문제가 심각해서 다른 모듈도 다 보게 되었다. 어울림 프로그램을 보면서 가해자보다는 피해자를 비난하고 탓하게 만들어 피해자를 더욱 위축시키고 힘들게 만드는 위험한 프로그램이라는 생각이 들었다. 그리고 아이들은 이 프로그램을 어떻게 생각하는지 궁금해서 어울림 프로그램 수업을 진행해 보았다.

우리 반 아이들은 5학년 때부터 학년 전체가 학기 초 공동체 놀이와 4대 규칙 토론, 왕따예방역할극을 하면서 피해자의 입장에 공감하고 함께 나서서 돕겠다는 약속을 실천하고 있다. 또 실제 괴롭힘이나 갈등이 발생하면 곧바로 학급총회를 열어 상황을 재연하는 역할극을 해 보고 피해를 당한 아이의 입장에 공감하고 성찰하면서 함께 문제를 해결하고 있다. 그래서 우리 반 아이들이 그동안 꾸준히 해 왔던 학교폭력 문제 해결 경험과 비교하기 좋은 모듈을 찾아보았다. 그 가운데 감정조절 초등 고학년 심화 지도안이 구체적인 괴롭힘 상황과 해결 방법을 역할극을 통해 연습하도록 구성되어 있어서 아이들과 함께 해 보기에 적당했다.

| 차시 | 프로그램명 | 목표 | 세부 활동(내용 및 방법) | 활동 자료 |
|---|---|---|---|---|
| 6 | 마음의 신호등을 켜요 | 화가 났을 때 지혜롭게 대처하는 힘을 기를 수 있다. | 〈도입〉<br>• CF 보며 다음 장면 상상해 보기<br>〈전개〉<br>• 마음의 신호등 소개하기<br>• '마음의 신호등을 켜요' 즉흥극 하기<br>〈마무리〉<br>• 활동 소감 나누기<br>• 시 '토닥토닥' 들려주기 | • 동영상 자료<br>• PPT 자료<br>• 활동지, 상황 쪽지<br>• PPT 자료 |

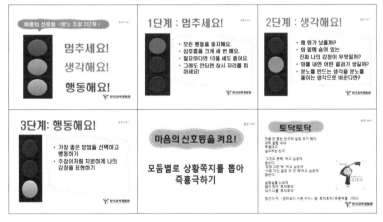

[마음의 신호등 PPT 자료]

---

24) 감정조절, 초등학교 고학년 학생용 심화, 78~91쪽.

| 상황1 | 친구 수연이가 갑자기 나를 따돌리고 다른 친구들에게 내 뒷담화를 하며 놀지 말라고 한다. |
|---|---|
| 상황2 | 승준이가 쉬는 시간에 우유를 들고 친구랑 장난치다가 넘어지면서 얼마 전 새로 산 내 가방에 우유를 쏟았다. |
| 상황3 | 현수가 듣기 싫은 내 별명을 자꾸만 부르고 머리를 툭툭 치고 도망간다. |
| 상황4 | 내 뒤에 앉은 덩치 큰 현태가 자꾸만 내 의자를 발로 차서 하지 말라고 하니 오히려 나에게 화를 낸다. |
| 상황5 | 반별 대항 피구 결승전에서 경현이가 다른 팀으로 잘못 패스하는 바람에 지게 되어 우승을 놓쳤다. |
| 상황6 | 급식을 받기 위해 줄을 서 있는데 동인이가 내 앞으로 새치기를 한다. |

　수업은 지도안 안내에 따라 진행했다. 모둠별로 주어진 상황에 대한 대본을 만들고 역할극을 진행하니 아이들이 재밌어하며 잘 참여했다. 자료를 따로 준비할 필요가 없도록 구성되어 있어서 수월하게 수업을 진행할 수 있었다. 별다른 준비를 하지 않아도 아이들의 참여와 호응이 좋아서 지식 전달이 목적인 수업이라면 '이 수업안 참 괜찮네!' 하면서 만족할 수도 있겠다는 생각도 들었다. 다른 모듈들도 교사가 곧바로 활용하기 쉽게 지도안과 자료가 제공되고 아이들이 직접 활동할 수 있는 게임과 역할극 등의 비중이 높아서 부담 없이 쉽게 진행할 수 있을 것 같았다. 하지만 어울림 프로그램에서 제시하는 내용과 방법을 전달만 하고 역할극을 시연하는 과정에서도 교사는 그저 진행자 역할만 해야 하는 점은 답답하고 힘들었다. 기존 교육과정처럼 밖에서 만들어진 교육과정을 아이들에게 전달하

는 사람으로서 교사의 역할을 벗어나지 못한다는 생각이 들었다. 이럴 거면 교사의 핵심역량은 왜 얘기하고 있는지 모르겠다. 또 모듈에 짜여진 틀에 따라서 수업을 진행하다 보니 서로의 생각과 느낌을 나눌 시간도 없어 결국 지도안에 제시한 내용대로 정리할 수밖에 없었다.


### 방관자나 방어자는 없어도 돼요?

어울림 프로그램의 여섯 가지 모듈을 다 살펴보고 나니 일관된 내용이 있었다. 그 내용을 정리해서 요약하면 이렇다.

'자기존중감'이 낮고 '공감', '의사소통' 능력이 부족해 다른 아이들과 제대로 사회적 관계를 맺지 못하는 아이가 '감정조절'에 실패해서 '갈등'을 일으키고 이것이 심해지면 '학교폭력'의 가해자 또는 피해자가 된다. 그렇기 때문에 심리적으로 문제가 있는 아이의 부족한 사회적 기술을 길러 주면 학교폭력을 예방할 수 있다.

결국 괴롭힘 상황이 벌어지기 전에는 가해자가 참아야 하고 실제 괴롭힘이 벌어지는 상황에서는 피해자가 스스로 노력해서 상황을 극복하라는 이상한 예방교육이 될 수밖에 없다. 이런 어울림 프로그램의 한계를 평화샘에서는 다음과 같이 이야기했다.

학교폭력의 문제는 구조와 마음의 문제까지 포함하는 아이들 생활 전체의 문제다. 이렇게 상황과 구조를 배제하고 마음의 문제를 고려한 프로그램을 개발한다면 심리치료 프로그램밖에 될 수 없다. 한국교육개발원에서 개발한 어울림 프로그램이 '공감', '의사소통', '갈등해결/문제해결능력', '자기이해 및 자기존중감', '감정조절', '학교폭력 인식 및 대처' 등 6개 구성 요소로 되어 있는 것은 이 때문이다.[25]

그런데 아이들은 이러한 논리 없이도 직관적으로 이 문제를 알고 있었다. 모둠별 상황 쪽지로 마음의 신호등 대본을 짜면서 아이들이 여러 가지 질문을 했는데 그 가운데 가장 많이 한 질문은 이것이었다.

"선생님, 방관자나 방어자는 없어도 돼요?"

괴롭힘 상황이 생기면 곧바로 학급총회를 열어 상황을 공유하고 피해자를 돕기 위해 우리가 어떻게 방어자가 될 것인가를 말하고 실천해 오던 아이들이 어울림 프로그램의 역할극을 할 때 당연히 떠올릴 수밖에 없는 질문이다. 이렇게 괴롭힘을 개인의 문제로 보지 않고 공동체의 문제로 받아들여 함께 해결하는 것이 익숙한 아이들에게 가해자-피해자 틀로 피해자에게 모든 책임을 씌우는 방식은 혼란스러울 수밖에 없었던 것이다.

---

25) 문재현 외, 『평화! 행복한 학교의 시작』, 살림터(2013), 185쪽.

## '답정너' 말고

지도안에 제시한 질문은 이미 아이들에게 도움이 되었다는 것을 전제로 하여 앞으로 어떻게 행동할 것인지에 대한 답을 유도하고 있다. 그것도 몇 분 안 되는 짧은 시간에 하도록 되어 있어 아이들이 솔직한 생각과 느낌을 말하기보다는 프로그램 개발자가 원하는 대답을 하게 될 가능성이 많다. 요즘 흔히들 하는 말로 딱 '답정너'(답은 정해져 있고 너는 대답만 하면 돼)다. 그래서 아이들이 자신들의 생각과 느낌을 충분히 이야기할 수 있도록 어울림 수업에 대한 토론 수업을 따로 진행했다.

"지난 수업 시간에 배운 내용대로 실천하면 학교폭력 문제를 해결하는 데 도움이 될지 우리 학년에서 하고 있는 방법과 비교해서 이야기해 볼까요?"

어울림 수업을 해 본 느낌이 어떠냐고 물었을 때는 연극 수업이라 재미있었다고 하던 아이들이 이렇게 질문을 바꿔 보자 다른 반응을 보였다.

"피해자만 참으라고 해서 피해자가 억울해요."

한 아이가 이렇게 이야기의 물꼬를 트자 여기저기서 '맞아, 맞아'

하면서 이야기가 터져 나왔다.

"이렇게 해도 힘이 센 아이가 그냥 무시하고 가 버리거나 더 괴롭히면 방법이 없어요."

"약하고 소심한 친구는 아예 이렇게 말하지도 못해요."

"가해자한테 유리해요. 피해자한테만 참으라고 하잖아요."

"힘이 비슷한 친한 친구끼리는 가능한데 힘이 센 친구한테는 안 통할 것 같아요."

"이렇게 가르친다고 해도 실제로 이렇게 하는 사람은 없을 거예요."

신기하게도 어울림 프로그램의 여섯 가지 모듈들을 살펴보면서 생각한 문제점들을 아이들도 똑같이 이야기했다. 도대체 어떤 문제가 있기에 이런 부정적인 반응을 보였을까? 아이들의 목소리에서 드러난 어울림 프로그램의 문제점을 더 깊게 짚어 보자.


## 피해자만 참으라고 해서 피해자가 억울해요

아이들과 감정조절 모듈에서 주어진 여섯 개의 상황 중에서 괴롭힘을 찾아보니 1번은 왕따 3, 4번은 괴롭힘으로 2, 5, 6번은 친구들끼리의 갈등으로 구분했다. 이렇게 구분하고 나니 '마음의 신호등'을 켜는 방법으로 2, 5, 6번 상황은 해결할 수 있겠지만 1, 3, 4번 상황은 이 방법이 통하지 않는다고 했다. 피해자만 참으라고 하면서 가해자 편을 드는 거라고 억울해하기까지 했다. 학생들이 역할극 대본을 완성하는 데 어려움이 있거나 시간이 부족할 경우 아이들에게 제공하도록 준비된 역할극 예시를 보여 주자 아이들은 더욱 어울림 프로그램의 문제에 대해 목소리를 높였다.

---

〈 마음의 신호등을 켜요 〉

우리 모둠이 뽑은 상황 쪽지는? ( 1 )번
갈등상황: 친구 수연이가 갑자기 나를 따돌리고 다른 친구들에게 내 뒷담화를 하며
놀지 말라고 한다.

우리 모둠이 해결해야 할 갈등상황을 즉흥극으로 만들어 봅시다.
(마음의 신호등을 켜지 않았을 때와 켰을 때로 나누어 즉흥극을 준비해 봅시다.)

| | |
|---|---|
|  | 교실에서 수연이가 다른 친구들과 모여서 이야기를 하고 있을 때, 나래(나)가 교실 문을 열고 들어온다.<br><br>수연: (친구들에게) 김나래 온다. 쟤랑 이야기하지 마. 알았지?<br>나(나래): (어두운 표정으로 자리에 앉는다.)<br>나(나래): (혼잣말로) 왜 나를 따돌리는 거지? 이유도 없이 갑자기 이러니 억울하고 속상해. 난 이제 외톨이야. 모두 나를 싫어하고 멀리하고 있어. 나 이제 어떡하면 좋지? (책상에 엎드려 흐느낀다.) |
|  | 교실에서 수연이가 다른 친구들과 모여서 이야기를 하고 있을 때, 나래(나)가 교실 문을 열고 들어온다.<br><br>수연: (친구들에게) 김나래 온다. 쟤랑 이야기하지 마. 알았지?<br>나(나래): (굳은 표정으로 자리에 앉아 혼잣말로) 친구들과의 틀어진 관계 때문에 몸도 마음도 긴장된 상태야. 일단 몸과 마음을 편안하게 이완시켜야겠어. (근육 이완을 활용해 평화로운 상태를 만든다.)<br>나(나래): (한결 편안해진 얼굴로) 수연이가 갑자기 나와 놀지 않으려고 하는데, 혹시 무슨 오해가 있어서 그런 걸지도 몰라. 나도 모르게 수연이에게 잘못한 것이 있을 수도 있고. 한번 가서 이야기해 봐야겠다.<br>나(나래): 수연아, 난 너를 좋은 친구로 생각하고 그동안 친하게 지냈었는데 갑자기 나와 놀지 않으려고 하니 마음이 무겁고 슬퍼. 혹시 내가 잘못한 것이 있니? 오해가 있었다면 풀고 예전처럼 친하게 지내고 싶어.<br>수연: 사실 네가 요즘 나보다 옆 반 혜영이랑 더 친하게 지내는 것 같아 속상하고 화가 났었어. 그래서 일부러 그런 행동을 했던 거야.<br>나(나래): 그랬구나. 얼마 전에 혜영이랑 학원에서 같은 반이 되어 더 이야기도 많이 하고 그랬던 건데. 그것 때문에 신경 쓰였었구나. 난 그것도 모르고.. 미안해. 앞으로 우리 예전처럼 친하게 지내자. |

"이런 것 때문에 따돌리지 않아요. 여자애들은 여우 짓 하거나 나대거나 그런 거 때문에 따돌려요."

"만약에 실제로 이렇게 직접적으로 물어보면요 더 심하게 까요. 그래서 이렇게 물어볼 생각도 못 해요."

여자아이들은 예시 대본이 현실과 다르다는 것부터 지적했다. 더 심각한 것은 피해자가 사과를 하고 가해자는 어떤 반성과 성찰도 없이 상황이 정리되는 것이다. 결국 왕따는 피해자 때문에 생기는 것이므로 피해자가 자신의 문제점을 고쳐야 한다는 것이 어울림 프로그램 개발자들의 생각인 것이다. 이렇게 가해자를 부추기고 피해자를 공격하는 내용을 모범 예시 안으로 넣은 것인데 아이들은 이 내용에 대해서 분노를 여과 없이 표현했다. 그러고는 '진짜는 이래요!' 하면서 아이들이 스스로 역할극 대본을 만들었다.

---

수연: 우리 놀이공원에 놀러 갈래?
지민: 콜~ 그 대신 혜지는 빼자.
지현: 왜?
지민: 걔 생긴 것도 돼지고 착한 척 오지게 하고 완전 짜증 나잖아. 걔는 숨 쉬는 것도 짜증 나!
지현, 희수 : 어, 인정! 큭큭큭.
  이때 지나가던 혜지가 무슨 일인지 물어본다.

혜지: 얘들아, 뭐가 그렇게 재밌어?
수연: (웃으면서 다정한 목소리로) 넌 몰라도 돼. 별거 아냐.
혜지: 어, 그래. 알겠어. (다른 곳으로 간다.)
희수: 쟨 눈치가 있는 거야, 없는 거야?
지민: 인정, 인정! 겁나 짜증 나!
지현: 어쨌든 우리 이번 토요일에 놀러 가는 거다. 톡해.
수연, 지민, 희수 : 오키!

---

해설: 네 사람은 즐겁게 놀고 난 후 놀이공원에서 같이 찍은 사진을 프로필 사진으로 바꿨고 해민이가 이 사진을 보고 혜지가 은따가 되었음을 알게 된다.

해민: 혜지야, 너희 무슨 일 있어? 너희 친했잖아. 혹시 싸웠어?
혜지: 아니 그런 게 아니라…. 그냥 요즘 걔네들이 나 빼고 노는 것 같아.
해민: 힘들겠다.
서현: 그럼, 우리가 같이 있어 줄게. 이번 주에 우리랑 같이 놀러 가자.
채연: 애들 문제는 내일 우리랑 같이 선생님께 이야기해 보자.
혜지: 그래. 고마워, 얘들아.

따돌림을 당하는 아이는 상대방에게 물어볼 엄두도 못 내고 막막한 처지에 놓이게 된다. 용기를 내서 물어보면 아이들이 만든 대본과 같은 상황을 경험하거나 더 심한 공격의 빌미가 된다. 아이들은 피해자가 아니라 방어자가 침묵의 목소리에 먼저 반응하고 문제를 해결할 수 있도록 나서야 한다는 것을 알고 표현했다.

그런데 어울림 프로그램은 개인이 감정조절을 잘해서 문제를 해결하라며 피해자에게 책임을 떠넘기라고 가르친다. 이렇게 되면 결국 피해자는 자신의 언어를 잃게 되고 스스로의 감정조차 알 수 없게 된다. 따라서 어울림 프로그램에서 이야기하는 감정은 피해자의 감정이 아니라 가해자 또는 학교폭력 상황을 관리하는 장학사들의 감정일 수밖에 없다. 가해자가 피해자의 문제 제기를 귀찮아하듯이 교육부 관리들이나 장학사들도 피해자들이 계속 신고를 해서 힘드니 왕따문제를 갈등으로 정리하고 세뇌를 시켜서 문제를 아예 없는 것으로 만들어야 한다는 은밀한 속셈을 여기에 반영하고 있는 것이 아닐까.

## 교육부는 가해자 편인가요?

만약 초등학교 1학년부터 고등학교 3학년까지 이런 어울림 프로그램의 잘못된 관점을 놀이, 역할극으로 반복해서 배우고 내면화한다면 어떻게 될까? 아이들에게 이런 교육을 고등학교까지 받으면 어떻겠냐고 물어보았다.

"에이, 그런 무서운 말씀 하지 마세요. 이런 걸 왜 해요?"

다들 말도 안 되는 농담이라고 생각하는 모양이었다. 그런데 이 프로그램을 만들고 학교에 배포한 기관이 교육부이고 어울림 프로그램을 초등학교 저학년에서 고등학생까지 전국적으로 확대 실시한다고 하니 황당하다는 표정으로 소리쳤다.

"예? 왜요?"

"헐~ 교육부는 가해자 편인가요?"

아이들이 생각하는 교육부와 교육청은 자기들을 위해서 존재하는 곳인데 이런 프로그램을 만들어 배포하고 실시하라고 하는 것에 대한 놀라움과 배신감의 표현이었다.

토론 수업을 마치며 어울림 프로그램의 문제에 대해 민원을 제기하겠다고 하자 아이들이 놀 시간까지 쪼개 가며 자기 생각을 글로 써 주었다.

피해자의 입장을 들어줘야 하는데 가해자가 오히려 유리한 조건으로 말하는 것 같다 마치 피해자는 그냥 참고있으라는 것으로 마음에 와닿았다.
만약에 우리 같은 학생들 중 피해자가 이런 말들로 교육을 받으면 점점 자신감이 떨어져 갈것같다.
그래서 나는 이런 방식으로 교육을 받는것을 반대 한다.
이 말로 설명할수 없을 정도로 이상한 프로그램은 차라리 배우지 않는 것이 낫다고 생각한다.
이 방법으론 절대로 사건 해결이 될거라 믿지 않는다.
내가 만약에 피해자 상황에 처한다면 나는 절대로 대응을 하지 못할것 같고, 오히려 이 방법 때문에 내가 꼭 먼저 물어봐서 그렇게 화해를 해야만 하는 압박감이 느껴질거 같아 역효과가 날것같다.

[어울림 수업에 대한 아이들의 생각]

아이들의 목소리를 담아 어울림 프로그램의 문제점을 지적하며 실시 중단을 촉구하는 민원을 제기했더니 교육부는 다음과 같이 답변했다.

어울림 프로그램은 학교폭력 예방 및 대처에 관한 이론 전문가인 연구진들과 실천 전문가인 현장 교사로 구성된 집필진에 의해 연구 개발되었으며, 현장 적용 효과성 검증에서 유의미한 결과를 보이고 있습니다. 귀하께서 제안하신 어울림 프로그램 중 확인이 필요한 부분에 대하여 연구진 및 집필진과 철저한 논의를 거쳐 학교현장에서 어울림 프로그램을 적절히 활용할 수 있도록 안내하겠습니다.

민원에 대한 답변 내용을 아이들에게 알려 주자 황당해하며 목소리를 높였다.

"교육부는 정말 가해자 편인가 봐요."
"이런 건 우리한테 먼저 물어봐야 되는 거 아니에요? 우리 문제잖아요."

교육부는 확인이 필요한 부분에 대해 연구진 및 집필진과 철저한 논의를 하겠다고 한다. 피해자의 목소리를 듣지도 않고 프로그램을 만든 사람들끼리 다시 논의를 해 봐야 문제 해결의 실마리가 잡힐 리 없다. 먼저 어울림 프로그램의 문제점을 지적하는 아이들의 목소리에 귀 기울이는 것이 학교폭력 문제 해결의 첫 단추를 꿰는 것이다.

# 초·중·고등학교
# 학교폭력은 다르다고?

김수동

## 검증됐다고 주장하는 어울림 프로그램의 민낯

"어울림 프로그램 내용은 보셨나요?"

"봤어요. 공감 프로그램이라 해서 여러 가지 내용을 아이들끼리 하도록 하는데 실효성이 있을지는 모르겠어요. 수업으로 할 수 있게는 해 놨지만 진도 나가기 바빠 죽겠는데 교과에서 하라고 하니 교과진도표에만 적어 놓고 안 하죠."

"어울림 직접 해 보셨나요?"

"작년에 해 봤는데 아이들 호응이 별로 안 좋더라고요."

"어떤 반응이었는데요?"

"그냥 웃긴다는 거죠. 뭐 유치하다는 거예요."

"어울림 프로그램이 현실을 제대로 반영하고 있다고 생각하세요?"

"에이, 사실 만든 사람들도 좀 피상적인 것 같아요. 이러면 이럴 거라는 추측만 가지고 만들지 않았나 싶어요."

"교육부는 엄청 효과가 있다고 하는데요?"

"사후 설문조사 같은 걸 해요. 그런데 그런 거 빤하잖아요. 아이들도 그냥 효과 있다고 대충 체크하는 거죠."

"교과 선생님들의 반응은 어떤가요?

"하라고 하니까 하는 거지. 하는지 안 하는지는 몰라요. 교과진도표에는 집어넣어야 하고요. 아무것도 안 하는 것보다는 낫지 않나 싶어요."

고등학교에서 어울림 프로그램을 운영했던 생활부장과 나눈 이야기다. 어울림 프로그램에 대한 교사와 아이들의 반응이 싸늘했다. 효과는커녕 천덕꾸러기라는 느낌이 들었다.

교육부는 2019년부터 어울림 프로그램을 국가수준 프로그램이라고 하면서 전국 모든 학교 교육과정에 반영하라고 밀어붙이고 있다. 이렇게 밀어붙이는 근거로 현장에서 적합성과 효과성 검증을 마쳤기 때문이라고 했다. 하지만 어울림 프로그램을 진행했던 위 학교의 사례처럼 교육부의 이야기와 현장의 목소리는 달라도 너무 달랐다.

검증을 받았다던 어울림 프로그램은 교사들에게는 교과진도표에 끼워넣기용으로, 아이들에게는 시시하고 유치한 프로그램으로 이해되고 있었다. 이는 어울림 프로그램이 학교폭력 예방으로는 어떤 신뢰도 받지 못하고 있음을 확인해 주는 것이다.

이미 효과가 검증됐다며 자신만만해하는 교육부의 주장과는 다르게 왜 학교현장의 반응은 싸늘한지에 대해서 좀 더 알아보기 위해 어울림 프로그램을 살펴보았다. 평화샘 연구팀에 참여하는 교사들 대다수가 초등 교사들이라 나는 중학교와 고등학교의 어울림 프로그램을 중점으로 보았다.

## 학교폭력 문제 해결 원리가 학교 급별에 따라 다르다고?

어울림 프로그램을 전체적으로 살펴보면서 든 생각은 너무 복잡하다는 것이다. 이와 달리 노르웨이 올베우스 프로그램, 핀란드 키바 코울루 프로젝트, 한국의 평화샘 프로젝트는 구성원 모두가 실천할 수 있는 핵심적인 몇 개의 프로그램으로 구성되어 있다. 그리고 프로그램을 초, 중, 고등학교로 구분하지 않는다. 왜냐하면 학교폭력을 만드는 원인과 문제 해결 원리가 초등과 중등이 다르지 않기 때문이다.

구분이 있다면 교실, 학교, 지역, 국가 차원의 매뉴얼처럼 문제 해결 주체의 준비 정도와 환경에 따른 기능과 역할을 나눈 것이다. 그리고 세 프로그램은 모두 전 사회가 가장 기본적인 방법을 공유하고 동시에 반응하는 것이야말로 학교폭력 문제 해결의 가장 효과적인 길이라고 강조한다.

집단 따돌림에 둔감하고 그 폐해를 인식하지 못하는 초등학교 저학년 학생을 대상으로 집단 따돌림의 인식·예방·대응 능력을 키우고자 다음과 같이 구성하였다.

– 학교폭력 인식 및 대처, 초등학교 저학년 교사용, 7쪽

실제 학교폭력이 시작되는 초등 3, 4학년, 그중에서 4학년 아동을 중심으로 각 학급에서 실시할 수 있는 놀이, 학급회의, 역할극 등의 다양한 방법으로 구성하였다.

– 학교폭력 인식 및 대처, 초등학교 고학년 학생용 기본, 4쪽

학교폭력을 줄이기 위해서는 무엇보다 청소년 개개인의 자기존중감을 향상시키고 서로 긍정적이고 수용적인 대인관계를 경험할 수 있는 학급 문화를 조성할 필요가 있음을 알 수가 있다.

– 자기존중감, 중학교 학생용 기본, 3쪽

청소년들은 심한 갈등과 스트레스에 노출되며 정신적 불안과 부적응에 자주 직면하면서 부모, 교사, 또래 등 다른 사람과의 관계 속에서 갈등을 겪게 된다.

– 갈등해결, 고등학교 학생용 기본, 3쪽

어울림 프로그램의 개발 배경을 살펴보면 초등과 중등을 아동과 청소년으로 구분한다. 이런 이분법적인 구분에 따라 학교폭력의 원인과 문제 해결에도 급간의 차이를 두고 프로그램 내용도 다르게 구성하고 있음을 알 수 있다.

유치원은 학교폭력이 없고, 초등학교 저학년은 학교폭력을 잘 모

르기 때문에 교육을 시켜야 하고, 초등학교 고학년, 중학생, 고등학생의 학교폭력이 다르다고 전제하고 있다. 하지만 교육부의 이런 진단과 구분이 아이들 세계와 학교폭력의 현실을 전혀 이해하지 못하고 있다는 것을 마을배움길연구소 청소년모임 고등학생들의 이야기를 통해 확인할 수 있었다.

"초등학교와 중·고등학교 학교폭력이 많이 다르니?"

"아니요. 초등학교도 왕따 있고, 고학년에는 일진들이 있어요. 그리고 1, 2학년들도 엄청 쎄고 무서운 언니들은 알고 있죠."

"그러면 왕따 현상은 언제부터 있어?"

"유치원 때 이미 놀이에 끼지 못하고 떨어져 나긴 친구들이 있어요. 그게 초등학교로 이어지고 더 심해지고요."

"일진은 언제부터 있어?"

"1, 2학년 때 이미 언니나 형들이 일진인 아이들은 건드리지 못해요. 형들이 와서 위협을 하거든요. 5, 6학년 때는 선배들이랑 같이 다니면서 너희들이랑은 급이 다르다는 것을 말과 행동으로 표현해요. 그래서 접근하기가 어려워요. 중학교로 가면 더 조직화되죠."

"중·고등학교는 학교폭력이 더 심하니?"

"글쎄요. 중학교, 고등학교는 이미 초등학교에서 관계가 정해져서 새삼스러울 것도 없어요. 고등학교는 대학을 가야 하니까 그냥 무시하기는 해요."

"어울림 프로그램에서는 초등학교 저학년, 초등학교 고학년, 중학교, 고등학교로 구분해서 프로그램을 진행하는데 그게 의미가 있을까?"

"의미가 없죠. 같은 것을 왜 따로 해요. 진짜 필요한 것은 선생님과 부모님이 우리들이 왜 힘든지 알고 도와주는 거예요."

"왜 초등학교, 중학교, 고등학교로 나누어서 진행한다고 생각하니?"

"그건 우리들 세계를 몰라서 그래요. 우리한테 물어본 적 없잖아요. 우리가 제일 많이 아는데도요. 수업 시간에 한두 시간 하는 것으로 정말 학교폭력을 해결할 수 있다고 생각하는 거잖아요. 너무 순진한 것 같아요."

학교폭력을 가장 잘 아는 것은 아이들이다. 하지만 교육부와 어울림 프로그램 개발진은 아이들의 목소리를 제대로 듣지 않고 있다. 아이들의 목소리를 한 번만이라도 진지하게 들었더라면 이런 조롱거리가 되지는 않았을 것이다.

고등학생의 말처럼 우리나라의 학교폭력은 유치원 시기에 '너랑 안 놀아'로 표현된다. 놀이과정에서 배제와 소외로 시작된다는 것이 아이들과 현장 교사들의 공통된 증언이다. 특히 아이들이 가장 힘들어하는 일진문제에 대해서 언급도 없는 것은 아이들의 세계를 부정하고 현실의 문제를 증발시킴으로써 문제 해결에 접근할 수 없게 만드는 것이다.

학교폭력 예방, 대처, 회복 프로그램의 핵심은 전 사회가 기본적 방법을 공유하고 동시에 반응하는 것에 있다. 그런데 총체적이고 구조적인 현실을 낱낱이 해체하고, 구체적인 말과 실상을 외면하는 어울림 프로그램으로 학교폭력을 예방한다는 것은 고목에 꽃이 피기를 바라는 것과 다르지 않을 것이다.

## 학교폭력 문제를 어렵게 하는 어울림 프로그램 독소들

중·고등학교의 어울림 프로그램을 살펴보면 초등용 프로그램에서 나타나는 문제들을 그대로 가지고 있다. 학생과 교사를 대상화하는 수업 방식으로 진행하는 것, 학교폭력을 구조의 문제가 아니라 개인의 감정 문제로 바꾸는 것, 문제 해결을 피해자의 역량으로 돌리는 것, 교사들로 하여금 피해자와 가해자에게 편견을 갖게 하는 것 들이다. 초등 프로그램은 앞에서 다루었으므로 여기에서는 중학교와 고등학교 어울림 프로그램이 왜 학교폭력 예방 프로그램이 될 수 없는지를 극명하게 보여 주는 사례 두 가지만 이야기하고자 한다.

### 피해자를 절망에 빠뜨리는 화해용서 프로그램

학교폭력 인식 및 대처 모듈, 중학교 교사용 수업지도안 가운데 '화해로 만나는 친구의 마음'[26]이 있다. 이 수업지도안을 보면 심각한 집단 괴롭힘을 받아 전학 가고 싶다는 여고생 A양의 사례가 나온다.

여고생 A양의 경우, 1학년 학기 초부터 같은 학급의 6~7명으로부터 괴롭힘을 수시로 당해 왔다. 4월 중순 무렵 화장실에서 급기야 말다툼이 벌어진 상황에서 6-7명이 A양을 둘러싸고 심한 욕설과 모욕적인 말을 퍼부었다. 집에 돌아와서도 카톡과 채팅으로

---

26) 학교폭력 인식 및 대처, 중학교 교사용, 22~35쪽.

서로 언쟁을 벌인 상태에서 A양은 다음 날 담임선생님께 지금까지 상황을 알리면서 전학 가고 싶다고 한다. 담임교사는 사안을 조사한 후 상담교사에게 의뢰하여 개인상담(피해 학생), 집단상담(가해 학생)을 진행하게 되었고 그 과정에서 가해 학생들이 진심으로 뉘우치고 사과 편지를 작성하여 1:1로 피해 학생에게 직접 전달하였다. 피해 학생이 친구들의 진심 어린 사과 편지를 읽고 나서 자신도 답글을 작성하여 보낸 후로 관계가 회복되어 전학 가지 않고 현재 학교생활을 잘하고 있다.

이 프로그램에서 가해 학생은 아름다운 사과의 편지를 쓰고, 피해 학생은 가해자를 용서하는 편지를 쓰게 한다.

---

**[사과의 편지글 예시]**

**[가해자의 사과글]**

"○○야 이 편지 받아서 좀 당황했지? 전화로 하려니까 좀 쑥스럽고, 문자로 하려니까 또 성의 없이 보이고 해서. (중략) 그때 내가 너를 때린 건 너에게 나쁜 감정이 있어서라기보다는 나도 모르게 우쭐한 기분에. (중략) 그런 실수를 만회하기 위해서 많이 생각하고 행동하려고 노력하고 있어. 정말 그때 일은 미안하단 말밖에 할 말이 없어. 나의 사과를 받아 줄 거지. 미안하다 친구야."

**[피해자 답글 예시]**

---

그리고 나서 편지글이 오가면 화해 합의서를 작성한다. 화해 합의서는 "이후 여하한 사유가 있어도 추후 폭력대책자치위원회 제소를 하지 않을 것을 확약하고 후일의 증거로서 이 합의서에 서명 날인합니다"라는 내용으로 마무리한다.

[화해 합의서 (예시)]

| 피해 학생 (갑) | 성 명 : 000 (학번) |
| | 주 소 : |
| | 전 화 : |
| 가해 학생 (을) | 성 명 : 000 (학번) |
| | 주 소 : |
| | 전 화 : |

20○○년 ○○월 ○○일 ○○시 ○○분경 ○○○에서 000가 000에게 피해를 입힌 사실이 있음을 인정하고 화해를 요청하였고, 이에 대해 피해 학생 0000이 화해에 응하여 담임교사 000가 자체 해결해 주시도록 부탁을 드리며 **이후 여하한 사유가 있어도 추후 폭력대책자치위원회 제소를 하지 않을 것을 확약하고 후일의 증거로서 이 합의서에 서명 날인합니다.**

○○○○년 ○○월 ○○일

위 피해자 :                 (印)
보호자                       (印)
위 가해자 :                 (印)
보호자                       (印)

입회인    성 명 : 담임          (印)
          주 소 :
          전 화 :

이 수업을 하고 나면 피해자에게 용서를 강요하는 것이 당연하게 생각된다. 또한 화해 합의서 때문에 더 이상 문제를 제기하지 못하고, 사과가 마음에 들지 않아도 수용해야 하는 압력을 받게 된다. 이 상황에서 피해자가 문제 제기를 하면 사과를 받을 줄 모르는 찌질한 사람이 되고, 문제 해결을 방해하는 사람이라는 비난을 받을 가능성이 높다. 결국 가해자는 사과만 하면 되고 피해자가 모든 것을 조절해야 하는 것으로, 이는 피해자를 더 힘들게 하여 절망에 빠지게 하며 사건이 해결된 듯하지만 속으로는 더 곪게 만드는 것이다. 학교폭력 상황에서 이처럼 피해자를 힘들게 하는 절차나 프로그램은 명백한 2차 가해이다.

또한 이 사례는 학교폭력을 축소·은폐하는 것이다. 심각한 집단괴롭힘 사건을 화해 프로그램으로 종결시키는 것은 「학교폭력 예방 및 대책에 관한 법률」 제11조(교육감의 임무) 10항 "교육감은 관할 구역에서 학교폭력이 발생한 때에 해당 학교의 장 또는 소속 교원이 그 경과 및 결과를 보고함에 있어 축소 및 은폐를 시도한 경우에는 「교육공무원법」 제50조 및 「사립학교법」 제62조에 따른 징계위원회에 징계의결을 요구하여야 한다"를 위반한 것이다. 그리고 교육부에서 학교폭력을 은폐, 축소하는 교사는 파면, 해임 등 중징계하겠다는 지침에도 어긋난다.

### 학교폭력 문제 해결에 활용할 수 없는 또래 사이 갈등해결 방법

학교폭력 인식 및 대처, 고등학교 교사용 프로그램을 보면 '또래상담', '또래조정', '학생자치법정'의 사례가 나오고, 학교폭력 인식 및 대처, 고등학교 학생용 프로그램을 보면 '학교폭력 대책 모의 자치법정'을 다루고 있다.

　우선 자치법정은 사법 제도에 대한 이해를 위한 프로그램이지 학교폭력 예방 프로그램이 될 수 없다. 이는 교육부가 자신들이 뭔가를 하고 있다는 것을 보여 주기 위한 전시행정일 뿐이다. 학생들의 자치 역량을 높여서 학교폭력 문제를 해결하겠다는 것이다. 하지만 학교폭력 문제의 권위자인 올베우스는 화해 프로그램이나 또래 사이 갈등을 해결하는 방법들은 학교폭력 문제 해결에 활용될 수 없다고 다음과 같이 단호하게 말하고 있다.

　　괴롭힘의 주요 특징 중 하나가 힘의 불균형이므로, 괴롭힘 문제를 두 학생들 간의 '일반적인' 갈등으로 간주해서는 안 된다. 괴롭힘은 또래 간의 폭력이므로, 괴롭힘을 당하는 학생들은 이러한 희생양이 되는 일로부터 보호받아야 한다. 학생들 간의 힘의 차이가 있다는 특징이 있기 때문에, 또래 간의 갈등을 해결하는 방법들이 괴롭힘 문제 해결에 활용될 수는 없다. 또래 사이 갈등해결 프로그램은 양쪽 모두 어느 정도 옳고, 어느 정도는 그르다는 것을 전제로 한다. 따라서 괴롭힘을 당하는 학생들을 어떤 부분에서 나무라고, 괴롭힌 학생 또한 어느 정도 책임으로부터 벗어나게 된다. 이러한 프로그램들은 중재를 목적으로 하므로, 괴롭힘 문제에 적용할 경우에는 피해 학생이 더 희생을 당하게 될 수도 있음을 의

미한다.[27]

위의 이야기에서 보듯이 중·고등학교 어울림 프로그램에서 진행하고 있는 또래상담, 또래조정은 학교폭력 문제 해결에 활용할 수 없다는 것이 분명하다.

무엇보다 어른들이 해결하지 못하는 학교폭력을 아이들에게 해결하라는 것은 너무나 무책임하다. 더 심각한 것은 또래 사이 갈등 해결 방법에 참여하는 아이들이 주로 권력관계의 상위에 있는 아이들이라는 것이다. 이는 교사들이 아이들에게 공식적으로 권력관계를 인정해 주는 것으로, 사실상 교사와 센 아이들의 동맹 관계가 되어 피해자들을 절망에 빠뜨릴 수 있다는 것을 교육부와 프로그램 개발자들은 알아야 한다.


## 학교폭력 문제 해결, 오히려 중등이 쉽다

중학교 2학년은 '중2병'이라는 말이 있을 정도로 학교폭력 문제를 지도하는 데 부담이 많아 경력 교사들도 꺼린다. 이 말에는 중학교 학생들의 학교폭력 문제는 해결하기 어렵다는 비관주의가 배어 있다. 일반적으로 중학교와 고등학교의 학교폭력 문제는 초등학교보

---

27) 단 올베우스, 올베우스 프로그램 교사용 매뉴얼 번역본, 강현주, 마을배움길연구소 (2010), 24쪽.

다 해결하기 어렵다고 생각한다. 실제로 초등에 견주어 담임에 대한 충성심도 부족하고 교사들의 영향력이 덜 미치는 것도 사실이다. 학교폭력 문제에서 생활부장에 대한 의존도도 지나치게 높다. 그리고 아이들이 나이를 먹고 생각이 더 컸기 때문에 교사들의 지도를 잘 따라 주지 않는 부담도 있다. 하지만 중등 아이들도 담임선생님이 자신들의 문제를 적극적으로 해결해 주기를 바란다. 그 기대가 충족되지 않기 때문에 거리를 두고 냉소적으로 대하는 것이다.

지난 10년 동안 평화샘 프로젝트를 실천하며 수많은 초등학교, 중학교, 고등학교의 강의, 연수, 컨설팅, 상담 등을 통해 교사, 학생, 학부모를 만나면서 교사들이 연대한다면 중등에서 학교폭력 문제 해결이 더 쉽다는 것을 다음과 같이 확인할 수 있었다.

첫째, 중등은 초등에 비해 학생들의 의식 수준과 생각의 차이가 크지 않다. 초등학교는 학년군별로 편차가 심하다. 특히 1~2학년과 5~6학년은 같은 말로 얘기하기가 힘들 정도이다. 그런데 중등의 경우 1~3학년까지 의식 수준의 차이가 크지 않아 학교 차원의 공통 프로그램을 진행할 수 있다.

둘째, 중등학생들이 인지능력과 자치능력이 높다.

초등학생이나 중등학생이나 왕따문제를 현실에서 경험하고 있기 때문에 누구보다 잘 알고 있다. 하지만 초등학생의 경우 그것을 이론적으로 이해하기는 쉬운 문제가 아니다. 이와 달리 중등학생들은 왕따문제를 이론적으로 이해하고 스스로 여론을 만들고 해결할 수 있는 자치능력을 가지고 있다. 또한 교사가 자신들의 문제를 이해하고 해결할 의지가 있는지도 금방 파악할 수 있다.

셋째, 담임과 교과교사들이 연대하면 문제 해결이 더 쉽다. 중등의 경우 담임교사가 아이들과 생활을 하지 않고 거의 모든 수업 시간을 교과교사들이 들어가기 때문에 아이들과 일관된 과정을 만들기 어려운 것이 현실이다. 하지만 반대로 담임과 교과교사가 모두 수업에 들어가기 때문에 아이들에 대한 정보를 공유할 수 있고, 여러 명이 동시에 대응할 수 있다는 장점도 있다. 따라서 학교폭력 문제 해결의 원칙과 행동 방식을 아이들을 만나는 모든 교사가 함께할 필요가 있다.

나는 지난 10년 동안 담임교사와 교과교사, 교사와 부모 등 어른들의 협력과 연대를 통해 학교폭력과 왕따문제를 해결해 나가는 사례들을 많이 만날 수 있었다. 그리고 이런 사례를 통해서 중등, 더 나아가 한국 학교폭력 문제의 해결 가능성이 높다는 희망을 갖게 되었다. 10여 년 동안 청주, 대구, 여주, 용인의 여러 중학교에서 그런 가능성을 확인하였다. 그 가운데 여주의 한 중학교에서 한 역할극 사례를 살펴보자.

### 역할극으로 달라진 중학교 아이들

"선생님, 아이들이 확 달라졌어요. 욕하는 것도 확 줄고, 어떻게 이렇게 달라질 수가 있죠?"

2013년 여주의 한 중학교 생활부장한테 1학년 학생들에게 학교폭력 예방교육을 해 달라는 요청이 들어왔다. 경기도교육청 연수에서 평화샘 프로젝트를 알게 되었는데 새 학기를 시작하는 3월 말에 학생들을 대상으로 교육을 시켜 달라는 것이었다.

이 중학교는 한 학년에 1학급, 학급 인원수도 15명 내외인 면 단위 작은 사립학교였다. 학생들은 인근에 있는 두 학교 졸업생들인데, 가까운 도시로 유학을 가고 남은 아이들이 주로 입학을 한다. 유치원부터 초등학교, 중학교까지 같은 학교, 같은 교실에서 생활하면서 이미 아이들 사이의 서열이 굳어져 있고, 파벌과 왕따가 정해져 있었다. 그런데 두 학교 아이들이 만나다 보니 남자아이들의 경우 3월 초에 서열다툼을 하느라 폭력과 괴롭힘이 심한 편이라고 했다. 특히 욕과 언어폭력이 심해서 3월에 학생들을 위한 특강을 요청한 것이다.

선생님과 상의해서 괴롭힘의 원 역할극을 해 보는 것으로 정했다.

"현수가 힘들었을 것 같아요. 현수에게 미안해요."

"방관하는 것도 괴롭히는 거라는 것을 처음 알았어요."

"방어자가 되어야 하는 것은 알겠는데 혼자 하긴 힘들 것 같아요."

처음에는 낄낄거리며 역할극에 참여하던 아이들은 피해자와 가해자, 동조자, 방관자, 방어자 등 역할을 하면서 점차 달라졌다. 세 번째 역할극을 하기 위해 역할을 정할 때였다. 내내 껄렁한 말투로 말하던 학년 짱 영재가 피해자 역할을 맡겠다고 나서면서 분위기가 어색해졌다. 영재가 피해자 역할을 맡아서 그런지 다른 역할을 맡은 아이들은 눈치를 보면서 소극적으로 나왔다. 그럼에도 불구하고 역할극이 진행되면서 영재의 얼굴이 붉어지고 점점 굳어져 갔다.

역할극을 마치고 영재에게 소감을 물었다.

"영재야, 지금 기분이 어때?"

"아무렇지 않아요. 기분 안 나빠요."

"정말, 괜찮아?"

"네. 전혀요. 난 멘탈이 강해서 상관없어요."

영재의 당당한 목소리에 나머지 아이들이 눈치를 보면서 교실 분위기가 싸늘해졌다. 분위기를 바꾸기 위해 역할극을 한 아이들에게 그만 들어가라고 했다.

"에이 ㅆㅂ, 기분 ㅈ같네."

자리로 돌아가는 영재의 목소리가 들렸다. 얼른 영재를 불러 물었다.

"영재야, 왜 그러니?"

영재는 잠시 망설이다가 말했다.

"저, 사실 기분 나빴어요."

"그런데 왜 아깐 괜찮다고 했어?"

"가오 때문에요. 이거 연극이잖아요. 연극 가지고 그러면 쪽 팔리잖아요."

"그러면 실제로는 어떤데?"

"기분 나빠요. 가짜로 하는 줄은 알지만 기분 나쁜 건 나쁜 거죠."

"이런 적 처음이니? 피해자였던 거."

"네."

"그러면 가해 경험은 있어?"

영재는 잠시 망설이다가 대답했다.

"네. 있었던 것 같아요."

"그때 기분은 어땠어?"

"몰라요. 별생각 없었어요."

"네가 장난친다고 툭툭 치거나 욕하고 그러면 당하는 친구는 기분이 어떨 것 같아?"

"기분 나쁠 것 같아요."

"그것이 반복되면?"

"힘들 것 같아요. 저라면 못 참을 것 같아요. 싸울 것 같아요."

"다른 친구라면, 약한 친구라면 어떨 것 같아? 너처럼 못 참고 싸울 것 같아?"

영재는 바로 대답을 하지 않고 생각하는 듯 망설이다가 말을 이었다.

"아뇨. 못 할 것 같아요."

"그러면 약한 친구는 힘들어도 계속 참고 지내야겠네."

"……."

영재는 얼굴이 굳어진 채 한동안 대답을 하지 못했다. 그러다 무언가 결심한 듯 반 친구들과 나를 보면서 말했다.

"제가 잘못한 것 같아요. 애들을 괴롭힌다고 생각하지 못했어요. 그냥 그런 게 당연한 줄 알았어요. 애들한테 미안해요. 앞으로는 욕도 안 하고 건드리지도 않을게요. 다른 애들이 괴롭히면 제가 나서서 막을게요. 애들아, 그동안 나 때문에 힘들었지? 미안하다. 앞으로는 안 그럴게. 우리 서로 친하게 지내자."

방어자가 되겠다고 말하는 영재의 표정은 환했고, 반 친구들은 박수를 쳤다.

이렇게 역할극을 마치고 반 친구들끼리 서로 괴롭히지 않고 친하게 지내기 위한 규칙을 약속하였다. 내가 제안한 4대 규칙을 비롯하여 아이들은 '서로 욕하지 않기', '툭툭 건들지 않기', '놀 때 빼놓지 않기' 등 세부적인 규칙을 정하였다.

"선생님, 아이들이 확 달라졌어요. 욕하는 것도 확 줄고, 어떻게 이렇게 달라질 수가 있죠?"

4월 말쯤 담당 선생님에게 전화가 걸려 왔다. 전화를 받자마자 빠르게 외치듯 말하는 담당 선생님의 목소리는 들떠 보였다. 지난 3월 말에 내가 다녀간 뒤 한 달 사이에 아이들의 학교생활이 바뀌었다는 것이다. 1학년이 다른 학년에 견주어 괴롭힘이 없고 아이들 사이가 좋다며 고맙다고 했다. 특히 아이들 말에서 욕설이 거의 사라졌다고 했다. 그러면서 2학년도 와 줄 수 있느냐고 하였다. 그 뒤 이 학교는 학기 초에 평화샘 프로젝트 특강을 하면 1년이 학교폭력 없는 평화로운 교실이 된다면서 해마다 특강을 요청하였고, 교사와 부모 연수도 함께 진행하였다.

# 놀이와 동료 교사 협력으로 학교폭력 해결의 실마리를 찾다

김두환

나는 대전의 중학교에서 근무하고 있는 50대 남교사이다.

내가 학교폭력을 온몸으로 경험한 것은 2014년 1학년 남자반 담임을 맡았을 때이다. 처음에는 놀라움과 당황스러움, 그리고 무력감과 좌절감의 연속이었다. 어려움 속에서 헤매다 간절한 마음으로 평화샘에 도움을 요청하였다. 일련의 과정을 거치며 해결의 실마리를 찾았고, 어둡기만 했던 마음에서 벗어나 희망을 품고 평화로운 교실을 위해 노력하게 되었다. 물론 시행착오도 있었고 또 완전한 해결을 이루었던 것도 아니다. 하지만 해결의 가능성을 충분히 보았기 때문에 용기 내어 이 글을 쓴다. 아직도 그때 나를 힘들게 했던 아이들이 가끔씩 연락을 한다. 부족하지만 평화로운 교실을 위해 노력했던 나의 진심을 알아주었기 때문이라고 생각한다.

당시 내가 발견한 학교폭력 해결의 실마리가 몇 가지 있다.

첫째, 교사들의 협력이다. 학교폭력 사안은 담임교사 혼자 감당하기 어렵다. 같은 학년의 담임교사, 그리고 교과교사가 같은 관점을 갖고 같은 대처를 해야 한다. 일진 아이들의 특성 중 하나가 네트워크화이다. 학년은 물론 선후배 사이에도 서로 엮여 있기 때문에 이들을 효과적으로 돌보고 지도하기 위해서는 교사들의 협력이 필수적이다.

둘째, 교실의 분위기를 바꾸는 것이다. 상대방을 존중할 뿐 아니라, 어려움에 처한 아이들을 돕고, 외톨이를 만들지 않으려고 노력하는 분위기 속에서는 학교폭력이 일어나기 어려울 것이기 때문이다. '공동체의 회복'이라고도 요약할 수 있는 이런 정신을 가장 잘 실현할 수 있는 길이 바로 놀이다. 쉬는 시간 또는 점심시간 중에 한두 아이와 놀이를 해도 그 유쾌한 분위기는 교실 전체에 미친다. 교사가 학생들에게, 또는 학생들 사이에 '우리 함께 놀자'라고 제안하는 것은 최고의 환대이다. 개인적으로 나는 학기 초에 아이들을 만날 때 실뜨기를 한다. 서로의 마음을 주고받듯 실뜨기를 하는 가운데 아이들은 편안함과 안전함을 느낀다. 간단한 실뜨기 한 번에 학생들은 나에게 마음을 열고 무한신뢰를 보낸다. 학교폭력 예방과 그 상처를 치유하는 데에 놀이가 최고라는 사실은 당시 감당하기 어려웠던 상황에서 배운 값진 교훈이다.

학교폭력 앞에서는 학생, 학부모, 교사 모두가 피해자일 수밖에 없다. 또 학교폭력의 영향에서 그 누구도 자유로울 수 없는 것이 현실이다. 그렇기에 함께 지혜를 모으고 힘을 모아야 한다. 그런데 한 가지 안타까운 사실은 학교폭력 해결에서 학생들이 교사와 부모, 곧 어른들을 신뢰하지 않는다는 것이다. 이는 어른들이 자신들의 세계를 잘 알지 못한다고 생각하기 때문이다. 어떤 문제를 해결하려면 사실을 정확히 아는 것에서 시작해야 한다. 학생들이 겪는 어려운 현실을 정확히 알고 그에 맞는 해결 방안을 제시할 때 학생들은 비로소 교사를 포함한 어른들의 도움을 받아들일 것이다.

학교폭력의 피해자뿐 아니라 가해자도 우리가 돌보아야 하는 우리의 아이들이다. 교실, 학교, 그리고 마을과 사회에서 우리 아이들을 따뜻하게 대하고 돌보는 분위기가 만들어지면 좋겠다. 아래 두 가지 이야기는 각각 다른 학교에서 실천한 사례이다. 부족하지만 학교폭력 해결의 가능성을 함께 고민해 보는 계기가 되면 좋겠다.


## 놀이로 왕따 아이를 돕다

영민이는 우리 반(6반)에서, 희철이는 1반에서 외톨이로 지내는 아이다. 중학교 2학년인 영민이와 희철이는 서로에게 유일한 친구이다.

희철이 어머니는 한 번 만난 적이 있다. 같은 반 남자아이들이 스포츠 시간에 희철이를 가운데 놓고 피구공을 주고받으며 왕따 놀이를 했고, 이 일 때문에 희철이 어머니와 고모, 고모부가 학교에 오셨기 때문이었다. 그때 희철이와 친한 영민이 담임이라고 나를 소개하며, 공동체적으로 문제를 풀어 보자고 제안을 했다. 희철이를 위해 다른 선생님 수업 시간을 한 시간 빌려 역할극을 하기도 했다. 이런 노력 덕분에 1반 남자아이들과 희철이 사이에 서로 사과하고 용서하는 분위기가 만들어졌다. 그런데 희철이네가 무리한 요구를 해서 문제가 해결되기보다는 오히려 희철이가 고립되는 안타까운 상황이 되어 버렸다.

8월 말쯤 희철이 어머니가 학교를 다시 방문한 일이 있었고, 이때다 싶어 일을 마치고 돌아가는 희철이 어머니를 붙잡고 이야기했다.

"희철이가 아이들과 관계를 쉽게 맺을 수 있는 방법이 있어요. 그게 놀이인데요. 놀이는 아이들을 자석처럼 끌어당기죠. 어머니도 어릴 때 놀이 많이 하셨잖아요? 희철이가 당장 다른 아이들과 놀이하는 것은 어려우니, 나와 어머니가 함께 희철이와 놀이를 하면서 스스로 관계를 확장시켜 나갈 수 있는 힘을 길러 주면 어떨까요? 희철이와 친한 영민이와 영민이 어머니도 함께 하면 어떨까요?"

희철이 어머니는 '선생님이 그렇게 해 주시면 고맙죠'라며 내 제안을 받아 주었다. 당장 영민이 어머니에게도 전화를 했다. 그랬더니 내가 잊을 수 없는 담임이 될 것 같다고 하며 좋아했다.

토요일 오후 2시, 영민이와 희철이 그리고 어머니 두 분을 학교에서 만났다.

몇 가지 놀잇감을 준비하고 뭘 할까를 물었더니 땅따먹기와 비석치기가 좋겠다고 했다. 체력단련실에서 보드 마커와 물티슈를 사용하여 땅따먹기를 시작했다. 네 사람이 한 모퉁이씩 차지하고, 가위바위보로 순서를 정했다. 나는 놀이가 잘 진행되도록 도우미 역할을 했다. 돌이 세 번 만에 자기 집에 들어올 듯하다가 조금씩 벗어나거나 금에 물리면 아쉬운 탄성이 터졌고, 성공했을 때는 손뼉을 치며 활짝 웃었다. 중간 이후 영민이는 점점 땅을 크게 넓혀 가며 땅따먹기 재미에 푹 빠졌고, 희철이는 땅을 넓히지 못하는 어머니가 안쓰러웠던지 이런저런 훈수를 두었다. 사실 자기 땅이 가장 좁았는데 말이다. 마지막에는 희철이에게 세 번의 기회를 더 주기도 했다.

비석치기는 '우에시다리'로 편을 나누었다. 희철이와 영민이 어머니, 그리고 영민이와 희철이 어머니가 한편이 되었다. 영민이는 이미 반에서 놀이를 해 보아서 익숙했지만 희철이는 낯설어했다. 아이들은 두 번의 기회를, 어머니들은 한 번의 기회만 갖기로 했다. 오줌싸개, 배사장의 우스꽝스러운 몸짓에서는 웃음이 터져 나왔다. 똥꼬는 그냥 넘어가기로 했는데, 영민이는 배사장 대신에 똥꼬를 하겠다고 자청을 했다. 영민이에 비해 희철이는 움직임이 다소 둔해 보였다. 연습하면 된다고 격려를 해 주었다. 영민이는 자기가 꼭 이길 거라며, 이기면 상을 주느냐고 물었다. 놀면서 얻는 즐거움이 상이라고 답하자, 어머니들도 이에 맞장구를 쳐 주었다. 영민이와 희철이 어머니가 마지막 단계에 먼저 도달했다.

쉬는 시간을 포함해서 두 시간이 순식간에 지나갔다. 놀이를 마치고 희철이는 자기가 6반이었어야 했다고 말했다. 어머니들도 즐거운 시간이었다고 말하며, 아이들 사춘기를 선생님 덕분에 잘 넘긴다고 고마워했다. 점심시간에 영민이와 희철이를 중심으로 놀이를 하면서 두 아이가 다른 아이들과 관계를 맺도록 해 보겠다고 약속드렸다.

저녁에 희철이 어머니에게 반가운 문자를 받았다.

'선생님 희철이 엄마예요. 오늘 좋은 시간 만들어 주셔서 진심으로 감사합니다. 희철이하고 이야기도 많이 나누고 추억도 많이 쌓아야 하는데 사실 그게 잘 안 되거든요. 그런데 선생님 덕분에 정말 즐거운 시간 보냈습니다. 그리고 희철이 곁에 선생님이 있어서 너무 안심이 되고 선생님이 정말 존경스럽습니다.^^'


## 교사들과 협력하여 일진과 왕따문제 해결에 나서다

아내가 우연한 기회에 문재현 소장의 강의를 듣고는 평화샘 프로젝트 책을 사서 내게 선물을 했다. 학교에서 일어난 학교폭력 사례를 아내에게 이야기한 적이 있었는데, 강의를 들으면서 내 생각이 났던 모양이다. 올해 1학년을 맡았고, 반의 몇몇 아이들이 문제를 일으키는 과정에서 책꽂이에 있던 평화샘 프로젝트 책을 다시 꺼내 보게 되었다. 그리고 내가 겪고 있는 교실의 상황들을 책에서 읽는 생생한 경험을 하였다. 몸과 마음이 지칠 대로 지쳤을 뿐 아니라 어찌할 바를 알지 못했던 나는 평화샘에 도움을 요청하였다.

태준이와 그 무리 아이들은 경계성 지적장애가 있는 성민이라는 아이를 툭툭 치고 도움반에 있는 동성이라는 아이와 복도에서 싸움을 시키고(콜로세움), 중간고사에서 부정행위를 하고도 당당하게 피해 학생을 협박하고, 지도 중에 교무실을 뛰쳐나가고, 선생님들에게 협박성 쪽지를 쓰고, 수업 시간에 책을 안 가지고 와서 교실 뒤에 세워 둔 아이 배를 발로 차고, 책, 옷, 가방 셔틀을 시키고, 도움행동을 하는 아이를 협박하고, 다른 반 아이와 짱 가리기 싸움을 하는 등 일진 아이들의 모습을 보였다.

『학교폭력 어떻게 만들어지는가』라는 책의 '일진 아이들의 말과 놀이'에 근거해서 아이들과 대화를 하자 "우리 담임이 우리 세계를 너무 많이 알고 있어. 이것은 분명히 누군가가 자세하게 알려 주기 때문이야"라고 하며, 자기들 세계를 내게 알리는 아이를 찾겠다고 공포 분위기를 조성하기도 했다. 하지만 내가 보는 앞에서는 눈치를 보고, 내가 하는 말에는 고개를 끄덕이기도 했다. 부모님들에게도 학교폭력 사안에 대해 단호하게 이야기하자, 처음에는 '왜 우리 애만 가지고 그러느냐'고 항의했지만 아이들의 변화를 보면서 수긍하고 어떻게 하면 되겠느냐고 협조적으로 나왔다.

그런데 일진문제는 반에서 혼자 해결하기에는 한계가 있음을 알게 되었다. 태준이가 우리 반을 넘어 다른 반 일진 아이들과 어울려 다니면서 아이들을 괴롭혔고, 태준이 초등학교 6학년 담임선생님과 통화하면서 태준이에게 심하게 괴롭힘을 받은 아이가 다른 반에 있다는 이야기도 들었다. 그리고 자기가 시험을 잘못 봤다고 이유 없이 복도에서 다른 아이를 때리는(감정 빵) 아이의 모습도 보았고, 3학년 일진의 교내봉사 활동을 대신해 주는 1학년 아이의 모습도 목격한 것이다. 그래서 고민 끝에 학년부장에게 평화샘 프로젝트를 소개하고 학년 차원에서 대응하자고 제안하였다. 학년부장은 같은 고민을 하고 있었다며 함께 하자고 나섰고, 교감 선생님도 적극 지원하겠다고 하였다. 교과선생님들에게는 수업 시간에 있었던 아이들의 행동들을 메신저로 그때그때 알려 달라고 부탁을 하였다.

　전문가의 도움을 받기 위해 마을배움길연구소를 방문하여 평화샘 연구원과 상담을 하고 학년 차원의 연수를 요청하였다. 5월 15일 스승의 날, 학생들이 평소보다 조금 일찍 하교한 후 평화샘 연구원이 학교를 방문하여 1학년 담임과 교과 선생님을 대상으로 강의를 진행했고, 다른 학년의 몇몇 관심 있는 선생님들도 참여하였다. 이미 내가 이야기한 것도 있고, 태준이가 교무실에서 보인 행동이 알려져 대다수 선생님들은 문제의 심각성을 느끼고 있었다. 각 반에 일진과 왕따가 있다는 것도 모두 수긍하는 분위기였다. 연수에서 연구원이 교사들의 협력이 학교폭력 문제 해결에서 가장 중요하다는 것을 강조했는데, 일진 아이들이 교실에서 벌인 행동을 알고 있어서인지 모든 선생님들이 공감을 하였다.

　학년부장과 한 선생님이 자기 반에 왕따가 있어서 지금 조사도 하고 고민 중이라는 사례를 이야기하자, '우리 반도 그래요', '어쩌면 그렇게 똑같아요' 하면서 한 반의 문제가 아니라 전체 학년의 문제라는 것에 쉽게 동의하였다. 1학년이더라도 초등학교부터 몇 년 동안 일진생활을 해서 지속적인 노력이 있지 않고는 쉽게 바뀌지 않는다는 것도 이해를 함께했다. 일진 아이들은 네트워크를 통해 조직적으로 대응하고 있는데, 교사들은 마음자리와 대응 방법이 다 달라서 문제를 해결할 수 없다는 연구원의 말도 공감하였다.

　"오늘 연수 가운데 가장 마음에 와닿았던 것은 교사들의 협력부분이었습니다. 아주 뜻깊은 자리가 된 것 같습니다."

연수에 함께 참여했던 교감 선생님은 밝은 표정으로 마무리 발언을 하였다. 연수를 마치고 내 제안에 공감해 주는 동료들이 있어 기뻤고, 함께 문제를 풀 수 있다는 기대와 자신감을 얻게 되었다.

내가 일진문제에 대한 분명한 원칙을 갖고 나서자 일진 아이 가운데 하나인 진석이가 달라지기 시작했다. 진석이는 누가 누구를 괴롭히고 누구는 방관하는 등의 내용을 자세히 적어 주었다. 상담을 하는 과정에서 자기 가정사와 속마음도 털어놓았다. 예전 같으면 수업시간에 그냥 엎드려 잤을 텐데 담당 선생님에게 허락을 받으려고도했다. 아이들 세계를 이해하고 지속적인 관심을 보이는 것만으로도아이들은 바뀐다는 것을 실감하는 순간이었다.

5월 27일에는 1학년 담임과 교과 선생님들의 워크숍을 진행하였다.

"태준이하고 대섭이(5반)는 라이벌로 며칠 전에 싸움을 했어요. 싸움에서 승자가 정해지지는 못했는데. 바로 대섭이가 카톡으로 태준이를 비난하는 글을 올렸어요. 여기에 다른 아이들이 동조하면서태준이가 노는 아이들 내에서 왕따당하는 분위기가 조성되었어요.태준이와 놀던 같은 반 아이들도 대섭이와 어울리는 모습이 목격되었어요."

"태준이는 처음부터 말썽꾸러기로 눈에 딱 띄기는 하지만, 반 전체를 장악한다기보다는 혼자 움직이는 것 같아요. 하지만 5반의 대섭이는 공부도 잘하는 편이고, 선생님들에게는 매우 공손하여 노는아이로 많이 인식하지 못했어요. 대섭이는 반장을 왕따시키고 학급내에서 수업 방해를 주도하고 있어요. 지난번에는 반장이 없을 때 대섭이가 반장 대행을 한 적이 있었어요. 반의 수업 분위기를 확 잡았지만 반장이 돌아오자 다시 수업 분위기를 흐트러뜨리는 거예요. 반장이 엄청 힘들어해요."

"우리 반은 반장이 왕따를 당해요."

"우리 반에 동주라는 아이가 있는데 이 아이는 키가 무척 작아요. 그러니까 아이들이 어린아이 취급을 하는 거예요. 무릎에 앉혀 놓고 얼굴을 만지고."

"우리 반에는 초등학교 때부터 왕따를 당하던 현경이라는 아이가 있는데, 이 아이는 늘 혼자 있어요. 그런데 왕따당하던 것을 어떻게 알았는지 중학교 와서도 왕따를 시키고 있어요."

연수와 워크숍을 통해 왕따와 일진은 각 반만의 문제가 아니기 때문에 학년 전체가 함께 협력해서 풀어야 한다는 원칙을 정하고 마음을 모으니 선생님들의 이야기가 쏟아졌다. 우리 모두의 아이들이 되는 순간이었다. 아이들에 대해서 모두가 공유하니 공동으로 대응할 수 있는 힘이 생긴 느낌이었다.

6월 3일에는 평화샘의 도움을 받아 각 반 담임교사가 사전 통보 없이 1교시에 학교폭력실태조사를 실시하였다. 실태조사에 대해 일진 아이들은 '이런 조사를 왜 하느냐'고 불만을 표시했으나, 막상 실태조사에서는 자기가 책과 옷 셔틀을 시킨 사실을 기록하였다. 방어 행동을 했다가 일진들로부터 괴롭힘을 당해 시무룩해 있던 지민이의 얼굴이 밝아졌다. 선생님들은 설문조사에서 가해 경험까지 진지하게 쓰는 것, 설문 결과 자신이 전혀 예상하지 못한 아이들이 일진으로 지목되는 것을 보고 놀라기도 했다. 설문조사 결과를 정리하는 데 많은 시간이 들었지만 학생들을 이해하는 의미 있는 시간이었다고 말하는 선생님도 있었다. 전체 교사들이 협력해서 움직이고 뭔가 일이 되는 분위기가 형성되자 학년부장이 가장 기뻐했다. 교장선생님도 부장회의에서 학년 차원에서 이런 조사를 하는 것은 처음 봤는데 아주 잘하고 있다고 학년부장을 격려했고, 학교폭력실태조사 결과를 검토하더니 쉬는 시간과 점심시간에 직접 교실로 가서 아이들과 대화하기도 했다.

실태조사 후 결과를 교사들이 공유하고 각 반 아이들에 대한 상담을 진행했다. 그리고 담임과 교과 선생님들의 공동 행동을 위해 수업 시간에 벌어지는 아이들의 말과 행동을 바로 공유하고, 이렇게 한다는 것을 아이들에게도 알렸다. 일진 아이들도 자신들의 일을 선생님들이 모두 알고 있다는 것을 인식해서인지 조심스럽게 행동하는 모습이 나타났다.

이런 교사들의 노력을 부모님들에게 알리고 협조를 구하는 자리를 마련하자는 제안도 있어 학년부장과 교감, 교장 선생님께 상의를 드린 후, 그동안의 과정을 알리는 가정통신문을 발송하였다. 그래서 평화샘 연구원이 강의를 하고, 강의 후 담임과 학부모가 면담하는 '학교폭력 예방을 위한 학부모 모임'이 열렸다. 약 150여 명의 학부모가 참석했는데 우리 반은 20명이 참석했고, 그 가운데에는 아버지 한 분도 계셨다. 전체 학부모 모임 후 각 반 교실에서 담임교사와 학부모들이 면담을 하였다. 우리 반에서는 먼저 반 아이들과 함께

한 역할극 동영상을 보여 드렸고, 학교폭력에 대해 부모님이 할 수 있는 질문과 오해들이 어떤 것일까 미리 생각해 두었다가 말씀드렸다. 그러고 나서 한 분씩 말할 수 있는 기회를 드렸는데, 정말 다양한 이야기들이 쏟아져 나왔다. 초등학교 때 자신의 아이가 피해를 당했던 이야기, 아이의 누나가 피해를 당한 이야기, 가해자로 몰린 이야기 등을 하며 부모로서 상처받았던 이야기도 털어놓았다. 어떤 어머니는 남자들은 맞으면서 자라야 한다는 생각이었는데, 이제 집에서부터 때리지 않겠다고 비폭력 선언을 하기도 하였다.

부모님 가운데 성민이 어머니의 말씀이 가장 인상 깊었다. 성민이는 이해할 수 없는 행동으로 아이들의 공분을 사기도 하고, 괴롭힘을 당한 아이다. 성민이 어머니에게 성민이의 정신과 상담을 여러 번 추천해 드렸다. 성민이는 아스퍼거 증후군 진단을 받았고, 1주일에 한 번씩 상담치료를 받고 있었다. 아이를 이해할 수 있었고, 자신의 교육 방식을 돌아보고 바꿀 수 있어서 가족이 행복해졌다고 말했다. 기쁜 나머지 이야기를 너무 자세하고 길게 해서 다른 부모님에게 기회를 드리자고 하면서 이야기를 끊기까지 했다. 아마도 학교폭력을 예방하고자 하는 우리의 노력에서 가장 큰 혜택을 본 분이 아닐까 싶었다.

4반 담임선생님은 설문조사와 학부모 모임을 하고 나서 학생들이 학교폭력에 민감해지고, 작은 말다툼도 줄었다고 했다. 6반 선생님은 한 어머니로부터 감사의 편지를 받았다고 했다. 아이의 눈빛과 행동이 달라져 고민하고 있었는데, 학부모 모임 이후 아이들의 세상을 잘 이해하게 되어 아이를 바르게 잡아 줄 수 있었다고 했다.

교사와 부모들이 같이하니 아이들의 행동이 바뀌기 시작했다. 일진 아이들이 몰려다니는 행동도 줄었고, 왕따를 당하는 아이들의 표정도 밝아졌다. 아이들이 교사들을 대하는 태도도 바뀌고 있다는 것을 느꼈다.

나 혼자 고민할 것이 아니라 동료 교사와 함께 협력하면 아이들을 도울 수 있다는 확신을 얻었다.

어울림 프로그램에는
교장의 역할이 없다

윤재화

## 이러지도 저러지도 못하는 교장의 처지

나는 올해 3월 1일 자로 내부형 공모제 교장이 되었다. 해마다 겨울 방학이면 '내년에는 몇 학년을 할까?'를 고민했는데, 지난해 겨울에는 '교장이 되면 뭘 해야 하지?'를 고민하며 지냈다. 무엇보다 우리 때하고 다른 요즘 아이들의 문제를 알아야 한다고 생각했다. '요즘 아이들은 참 불쌍해. 부모들이 맞벌이를 하니 혼자 있는 시간도 늘고, 마을에 친구도 없고, 학원을 전전해야 하고⋯.' 아이들을 걱정하며 교사들끼리 주고받는 말인데, 걱정만 할 뿐 대책을 세우기는 어렵다. 그래서 이런 아이들과 어떻게 지내야 할지 아이들이 느끼는 어려움을 어떻게 도와줄 수 있는지 생각하고, 교사들과 토론하며 학부모와 소통하고 지역사회와 협력할 줄 아는 교장이 되고 싶었다. 그러던 차에 평화샘 후배 교사인 안 선생에게 뜻밖의 말을 들었다.

"선생님, 어울림 프로그램 아세요?"

"몰라요. 어울림 프로그램이 뭐예요?"

"교육부에서 만든 학교폭력 예방 프로그램인데, 내년부터는 충북의 전 학교에서 교육과정에 반영해 운영하라고 교장 연수 때 말했대요. 사안이 발생하면 어울림을 했는지부터 보겠다고, 안 하면 책임을 묻겠다고 해서 우리 학교 교장 선생님도 꼭 해야 한다고 하세요."

이 말을 들으니 가슴이 탁 막히는 것 같았다. 과거에 교장들이 교장회의를 다녀와서 전달하는 이야기가 항상 '이거 해야 된다. 안 그러면 책임을 져야 한다'는 말이었다. 그런 말을 들을 때마다 나는 내심 위축되고 소신껏 하고 싶던 마음이 사그라졌다. 그런데 '촛불정부'라는 현 정부의 교육부마저 교장을 통해 무조건 학교에 지시하는 것도 기가 막혔지만, 책임을 묻겠다는 바람에 벌벌 떨어야 하는 교장의 위치도 옛날과 달라진 것이 없었다. 안 선생에게 어울림 프로그램을 어떻게 할 건지 물었다.

"연구부장 샘한테 그 얘기를 하니까 선생님들한테 안내하고 교육과정 진도표에만 표시하겠다고 했어요. 아마 대부분 학교가 그럴 걸요."

교사들은 이미 위에서 내리먹이는 정책에 대한 대처 방법을 마련해 두었다. '창의적 체험활동' 시간에 교사가 생각한 창의적 체험활동은 거의 없다. 독도사랑 교육, 안전교육, 성폭력 예방교육, 아동학대 예방교육, 장애이해 교육 등등 위에서 '연간 몇 시간씩 하라'고 지시가 내려오는 것을 채워 넣기 바쁘다. 그 가운데 몇 시간을 빼거나 기존의 교과 내용 옆에 빨간 글씨로 어울림 프로그램을 한 것처럼 써 넣기만 하면 책임을 회피할 수 있다는 것을 너무나 잘 알고 있다. 대다수 교장들도 어울림 프로그램이 꼭 필요하다는 소신에서 선택한 것이 아니라 '위에서 하라고 하니까 하는 척이라도 하자'는 생각일 것이다. 그래서 안 해도 한 것처럼 보이는 교사들의 대처 방안과 쉽게 타협점을 찾는다. 결국 학교폭력 문제를 해결하기 위해 진정성을 갖고 논의를 하자는 것이 아니라, 무언가 그럴싸하게 하는 것처럼 보일 뿐이다. 이러다 보니 현장 교사들은 위에서 내려온 정책이 반가운 적이 없었고, 또 다른 업무가 늘어난다며 허탈해한다. 나는 이런 상황을 교육부가 모른다고 생각하지 않기에 더욱 답답한 마음이 들었다.

내가 꿈꿔 온 교장의 역할은 어떤 문제든 학교 구성원들과 함께 논의하면서 해결해 가는 것이지 이미 정해서 내려온 정책을 교사들에게 강요하는 것이 아니다. 특히 내가 근무하게 될 한솔초는 몇 년 전부터 평화샘 교사들이 아이들과 평화로운 교실 만들기를 열심히 실천하고 있는데, 또 다른 프로그램을 억지로 하라고 할 수가 없었다. 교장으로 근무를 하기도 전에 걱정부터 되었다.


## 우리를 혼란에 빠트리는 조벽 교수의 논리

생각하면 할수록 도대체 어울림 프로그램이 어떤 것인지 궁금했다. 마침 마을배움길을 여는 모임에서 선배 교장인 서울 평화샘 송 선생을 만나게 되어 어울림 프로그램 교장 연수 때 어떤 이야기가 나왔는지 물어보았다. 그랬더니 2018년에는 교장 연수를 먼저 했고, 2019년에는 교감 연수를 하고, 그다음에는 생활 담당 교사 연수를 통해 어울림 프로그램을 전국의 학교에 확산한다는 것이다. 전형적인 상명하달식 정책이었다. 조벽 교수가 기조강연을 했다고 하고 어울림 프로그램도 자세히 알아볼 겸 「2018 하반기 어울림 프로그램 제고를 위한 학교장 직무연수 자료집」을 구해서 살펴보았다.

조벽 교수는 학교폭력 문제는 부모의 잘못으로 애착손상을 입은 특정한 아이들에게서 주로 발생하고, 그 아이는 불행을 대물림하며 나중에 이혼할 확률도 높다고 말하고 있었다. 이런 아이들이 바람직한 행동을 하기를 원한다면 아이들의 감정을 부정에서 긍정으로 이동하도록 돕고 자존감을 확보할 수 있도록 해야 한다고 한다. 그것을 스스로 하면 '회복탄력성 기술'이고, 다른 사람이 도우면 '감정코칭'인데 이러한 기술을 실천하기 쉬운 모듈로 디자인한 프로그램이 어울림이라고 소개했다. 전형적인 가해자-피해자 틀이다. 조벽 교수는 세계적인 학교폭력 예방 프로그램인 올베우스와 키바, 평화샘 프로젝트 모두 피해자의 입장에서 문제를 해결하고 방관자를 방어자로 만드는 것을 핵심으로 하는 가해자-피해자-방관자 틀이라는 것을 모르는 것일까.

조벽 교수의 논리에는 피해자의 아픔에 공감하고 도와야 한다는 말은 어디에도 없었고 오로지 가해자를 변화시켜야 한다는 것에 초점이 맞춰져 있었다. 학교폭력 문제를 사회구조적인 문제가 아니라 개인의 상처로 보는 것이다. 또 교장이 중심이 되어 어울림 프로그램을 추진해야 한다고 거론은 하지만 막연한 말뿐이다. 그러면서 교사가 한 명의 아이들이라도 구제해야 한다면서 교사들의 헌신성을 강요했다. 이것은 정부 정책으로 해결하려는 것이 아니라 교사의 자발적 노력을 강조하는 것이다. 특히 조벽 교수는 최성애 박사와 함께 감정코칭으로 워낙 유명한 인사이기에 어떤 내용을 말해도 그것을 분석, 비판하기보다 무조건 지지할 가능성이 커서 더 걱정이 되었다. 지금 우리에게 필요한 것은 헌신성으로 포장한 미사여구가 아니라 전 사회가 달려들어 학교폭력 문제를 함께 해결하자는 명료한 말일 텐데.

## 학교폭력에 대처하는 교장의 역할

조벽 교수가 교장의 리더십을 이야기하고 있기에 어울림 프로그램에서 교장의 역할을 찾아보았지만 어디에서도 찾을 수 없었다. 어울림 프로그램은 교실에서 아이들이 좋은 생각과 감정을 갖도록 교육을 하면 학교폭력이 해결된다고 믿고 있는 듯했다. 곧 문제의 발생과 해결의 단위를 교실로 한정 짓고 있어서 교사들 간의 협력, 학교 구성원 전체의 협력, 지역사회와 협력한다는 개념은 아예 존재하지 않았다. 교실 밖에 있는 교장의 역할도 당연히 없었다. 아이를 바르게 기르자는 말을 할 때는 온 마을이 필요하다고 하면서 학교폭력 문제를 해결할 때는 교사에게만 책임지라는 것은 모순이다. 그 결과

학교폭력 문제에 휘말렸던 교사들이 압박감을 견디지 못하고 휴직을 하는 일이 자주 일어나고 있다.

나는 힘든 아이들과 교사들, 그리고 학부모들을 돕고 문제를 해결하기 위해 교장이 적극적으로 교사들과 협력하여 학교폭력을 해결해야 한다고 생각한다. 그래서 평교사 시절에는 학급의 학교폭력 문제를 해결하기 위한 '멈춰!', '4대 규칙'과 '역할극'에 관심이 많았는데, 교장의 위치가 되다 보니 학교 차원의 대책과 교장의 역할이 궁금해졌다. 그동안 평화샘에 참여하면서 들었던 세계적인 학교폭력 예방 프로그램인 올베우스 프로그램과 키바 코울루 프로젝트, 평화샘 프로젝트에서는 교장이 어떤 역할을 하는지 평화샘 모임에서 확인해 보았다.

"올베우스는 학교폭력 문제 해결 프로그램의 아버지라고 불려요. 가장 먼저 만들었고 영향력도 크지요. 1990년대부터 2000년 대 초반까지 그 프로그램 이외에는 특별한 프로그램이 없었어요. 그러다가 2009년쯤부터 평화샘 프로젝트와 키바 코울루 프로젝트가 나타나요. 키바 코울루 프로젝트는 교장의 역할이 크지 않아요. 교사 3명이 연수 받고 온 다음에 그 사람들이 20시간을 교육하는 거예요. 반면 올베우스 프로그램은 교장의 역할을 중요시하지요. 우리 같은 경우엔 교장의 역할이 중요할 수밖에 없어요. 교장의 권력이 너무 강해서 교장이 어떤 원칙을 가지고 어떻게 도와주느냐에 따라 프로그램의 성패가 결정되게 돼 있거든요. 한국에서는 어떤 일이든 교장이 받아들이지 않으면 실행할 수 없어요. 당연히 교장의 역할이 다른 사회보다 더 중요하지요."

평화샘 프로젝트 책임연구원의 이야기였다. 그 이야기를 듣고서 나라마다 교장의 역할이 다르다는 것을 알게 되어 조금 더 자료를 찾아서 비교해 보았다.

〈 학교폭력에 대처하는 교장의 역할 〉

| 어울림<br>프로그램 | 올베우스 프로그램 | 평화샘 프로젝트 |
|---|---|---|
| – 학교장<br>역할 없음 | – 행정적 도움을 줄 수 있도록 준비<br>– 지역 인사 및 학교운영위원회와의<br>  논의가 가능하도록 조력<br>– 프로그램 자료 및 연수를 위한 자금<br>  조달 돕기<br>– 프로그램의 대표가 되어 교육자,<br>  교직원, 학부모, 학생 및 미디어<br>  등에 그 중요성을 강조 | – 교사들과 공통감각을 가져야 함<br>– 4대 규칙과 역할극을 할 수<br>  있어야 함<br>– 놀이와 나들이를 할 수 있어야 함<br>– 학교 차원의 학교폭력 예방을<br>  위해 교육 주체들을 조직<br>– 지역사회 협력 기반 조성 |

교장이 학교의 행정을 책임지고 교실을 지원하는 역할이 강조되는 다른 나라들과 달리 우리나라의 교장은 아직도 권위적인 요소가 강하다.

교장이 되기 전 평화샘 교사들에게 기억나는 교장에 대해 물었는데, 두 가지 유형의 이야기를 들었다. 하나는 교사들의 의견을 존중하며 믿어 주는 교장이었다. 평화샘 박 선생이 학교폭력 업무를 담당했을 때 교장에게 우리 학교에서도 일진 조사를 해 보자고 제안을 했는데, 교장이 흔쾌히 동의해 주었다고 한다. 그때 처음 일진과 카스트에 대해 이해를 한 다른 교사들은 아이들의 관계를 알게 되어 다행이라고 했고, 서로 협력하는 풍토를 만들 수 있었다고 한다. 그런데 그다음 해의 교장은 조사하라는 지침이 있는 것도 아니고 아이들이 설마 그럴 리가 있겠느냐며 거부하는 바람에 조사를 할 수 없었고, 다른 교사들의 관심과 협력을 만들 수도 없었다고 한다. 이렇게 교장이 어떤 마인드를 갖고 있느냐에 따라 교사들의 자발성은 살아날 수도 있고 죽을 수도 있다.

## 공통감각을 바탕으로 한 협력관계 만들기

평화샘에서는 교장과 교사들 사이의 소통과 협력을 중요하게 생각한다. 아이들의 어려움을 함께 해결하는 동지이기 때문이다. 특히 학교장이 이런 마인드를 갖고 함께 협력한다면 더할 나위 없이 좋은 조건이 된다. 한솔초 교사들도 이 점을 중요하게 생각했기에 겨울방학 중에 열린 새학년맞이연수 때 나를 초청해 주었다. 한솔초 교사들은 첫날 현관 입구에서 꽃 한 송이씩을 들고 새로운 교사들을 맞이하더니 팔짱을 끼고 강당으로 데려가 놀이를 시작했다. 이렇게 3일간의 연수 동안 오전에는 함께 놀고 오후에는 학구 나들이도 하면서 친해졌다. 이 연수 덕분에 첫 출근하는 날이 마치 몇 년을 근무하고 있는 학교에 가는 것처럼 익숙하고 편안했다.

새학년맞이연수는 충북 전체 학교에서 동시에 이루어졌는데, 일반 교사들은 모두 참여한 반면 관리자들은 거의 참여하지 않았다. 도교육청에 그 까닭을 물었더니 기존의 관리자들에 대한 예의가 아니라 참여를 강제할 수 없었다는 이해하기 어려운 말을 했다. 새학년맞이연수는 기존의 교사와 새로운 교사들이 서로 환대하고 친해지며 일 년의 계획을 세우는 자리이다. 이 자리에 교장이 빠질 경우 이미 결정한 일을 다시 논의하거나 교장이 마음대로 바꾸는 일도 생긴다. 그래서 교장이 꼭 참석하여 마음자리를 맞추고 공통감각을 만들어야 한다.

그다음으로 중요한 것은 아이들과 소통하는 힘이다. 교장공모제를 추진할 때 한솔초에서는 각 교육 주체들의 의견을 모으고 그것을 바탕으로 교장 후보들에게 질의를 했다. 그때 아이들의 질문은 자기들과 함께 놀고 나들이할 수 있느냐는 것이었다. 당연히 적극적으로 수용했고, 교장이 된 뒤에는 아이들과 놀이와 나들이를 하면서 금세 친해졌다. 교장실도 아이들과 놀이할 수 있는 곳으로 바꾸었다. 반은 손님을 맞이할 수 있는 탁자를 배치하고 나머지 반에는 사방치기도 그리고 비석치기 금도 그렸다. 미세먼지 때문에 실내에서 놀이를 많이 하는 요즘 교장실은 또 다른 놀이터가 되었다. 담임이 아니라 쓸쓸할 뻔했던 나도 함께 놀자고 찾아오는 아이들이 있어 외롭지 않다.


## 모두가 공유하는 문제 해결 원칙

나는 지난해까지 담임이었다. 그것도 누구나 기피하는 1학년을 맡았는데, 웃을 일도 많았지만 힘들 때도 많았다. 24명 우리 반 아이들 가운데 정말 나를 힘들게 하는 한 아이가 있었다. 친구들에게 말보다 주먹이 먼저 나가고 한번 고집을 피우면 앞뒤 생각 없이 떼를 써서 수업을 못하게 할 때가 많았다. 처음엔 타일러도 보고 화도 내 봤지만 소용이 없었다.

어느 날 이 아이가 수업 중에 이상한 소리를 내며 수업을 방해했다. 그 아이를 쳐다보며 조용히 하라고 주의를 줬더니 싱글싱글 웃으면서 더 큰 소리를 내는데 어찌나 화가 나던지 순간 뜨거운 불덩이가 불끈 솟아오르는 느낌이 들었다. 눈을 질끈 감고 화를 진정시킨 다음 그 아이의 손을 잡고 교실을 나가서 산책을 한 후 들어왔다. 한 아이 때문에 반 아이 전체를 두고 나가면서 이렇게 힘들 때 누가 좀 도와주면 좋겠다는 생각이 간절했다. 그래서 교장공모제 때 교사들에게 이런 말을 했다.

"한창 수업 중인데 갑자기 아이가 수업을 방해할 때가 있어요. 그 아이를 데리고 잠시 산책을 하거나 대화를 하면 될 텐데 그러면 다른 아이들을 볼 수가 없지요. 교사들이 참 힘들다고 느낄 때에요. 그럴 때 제가 도움을 주는 역할을 할게요."

실제 교장이 되어 담임을 안 하면 시간 여유가 많을 것이므로 힘든 교실에서 부르면 얼른 뛰어갈 생각이었다. 그런데 급한 회의 중에 도움 요청이 들어오거나 동시에 두 교실에서 요청이 들어오면 참 난감했다. 또 나 혼자 이리 뛰고 저리 뛰기만 할 뿐 정작 도움은 못 되는 상황도 안타까웠다. 고민을 하다가 평화샘의 학교 매뉴얼 가운데 '학교위험구역관리 및 위기개입 매뉴얼'이 생각나서 우리 학교의 구성원 가운데 오전에 도움을 줄 수 있는 사람들을 모두 교장실로 모았다. 교감, 보건, 상담, 교육복지사, 돌봄 전담사 세 분. 이분들에게 이런 상황을 얘기하고 우리가 다 같이 한 반씩만 도와도 좋겠다는 말을 했다. 모두 고개를 끄덕이며 동의를 해 주어서 한솔초에 '위기상황 도우미'가 조직되었다. 협의가 끝난 후 교감이 이런 취지를 담임교사들에게 메신저로 알렸다. 그다음 날 도움을 요청했던 교사들 가운데 한 명이 오더니 그 메신저를 보는데 가슴이 울컥했다고 해서 나도 먹먹해졌다.

요즘 학교폭력 사건은 학급 차원을 벗어나는 경우가 많다. 우리 학교에 3월 초 학교폭력 문제가 생겼다. 퇴근 시간을 20분 남겨 놓고 3학년 학년부장인 권 선생이 상의할 일이 있다며 교장실로 왔다.

"유 선생님 반 정훈이가 같은 반 준우와 윤수, 그리고 우리 반 현준이를 카톡에 초대했어요. 그런 다음 같은 학년 세 아이의 이름을 써 놓고 투표를 하자고 한 거예요. 그때 윤수가 얼른 엄마에게 카톡 문자를 보여 줬어요. 그래서 엄마가 친구인 듯 문자로 무엇을 투표하는 거냐고 물었어요. 그러자 정훈이가 누가 가장 나쁘고 짜증 나는지 뽑는 거라고 했고 그 가운데 2명은 '이런 걸 왜 해', '그만하자'라며 나갔고, 한 아이는 투표를 한 후에 '그만하자' 하고 나왔어요. 이걸 윤수가 담임인 유 선생에게 얘길 해서 알게 된 거예요. 유 선생과 상의를 해서 피해자 아이 가운데 우람이 부모님께 연락을 했어요. 먼저 우람이 엄마는 1, 2학년 때부터 지속적인 따돌림과 괴롭힘이 있었는데, 아직 어려서 그러려니 하고 참았지만 이제 3학년이라 더 참을 수 없으니 학교 차원에서 단호하게 대처해 달라고 하시네요."

아이들이 새로운 학년과 학급에서 서열을 다투기 시작하는 3월 둘째 주에 생긴 이 문제는 가해자 네 명 가운데 두 명이 '멈춰!'를 했고, 한 명은 부모와 담임교사에게 알리고 솔직하게 이야기를 해서 대책을 세울 수 있었다. 발령 2년 차인 유 선생도 차분하게 동학년 선배 교사와 상의를 했고, 생활부장과도 상의한 후엔 자연스럽게 나에게 알려 교장이 협력할 수 있게 했다. 3학년 교사 둘과 생활부장, 교장인 나는 이 문제를 풀어 갈 방법을 함께 의논했고 혼란스럽거나 자신이 없는 부분은 마을배움길연구소에 조언을 구했다.

"학교폭력 문제가 발생하면 원칙이 있어요. 가장 먼저 피해자를 보호하고 피해자의 목소리를 듣는 거예요. 가해자에게 '왜 그랬니?' 하고 묻는 순간 이런저런 핑계를 대기 때문에 문제를 정확히 볼 수 없어요. 그래서 모든 사건의 기준이 '바로 지금, 이 사건'이어야 해요. 지금 이 사건에서 너는 가해 행동을 한 것이라고 알려 줘야 하지요. 그다음은 부모 모임인데 가장 먼저 피해자 부모들의 모임을 먼저 해야 해요. 그래서 피해 사실을 숨기지 말고 아이에게 정확히 알려 주고 아이가 자신을 방어할 수 있게 도와줘야 해요. 이 과정에서 피해 아이도 보호하고 가해 아이도 반성할 기회를 줘서 모든 아이들을 돕는다는 생각을 가져야 하지요."

이후 피해자 부모 모임을 했는데 부모들도 아이들에게 들어서 '멈춰!'와 '4대 규칙'에 대해 알고 있었고, 학교와 교사에 대한 신뢰가 있었다. 이런 힘들이 모여서 괴롭힘 상황이 빨리 발견되고 부모들에게도 협조적인 태도가 만들어져 훨씬 쉽게 풀리는 느낌이 들었다. 그 밖에도 여러 가지 사건들이 교사들의 협력을 통해 해결되고 있다. 한 학급에 문제가 생기면 관련된 교사들이 모두 달려들어 해결하니, 왕따문제를 떠안게 된 담임교사도 힘든 것보다는 지지와 연대의 힘을 느낀다. 이제 문제가 있을 때 감추는 것이 아니라 드러내서 함께 해결하는 것이 모두에게 도움이 된다는 인식이 자리를 잡게 된 것 같다. 곰팡이는 햇볕을 쬐어야 없어지는 것처럼.

한솔초는 학년 초 '3월 관계형성 주간'을 놀이로 시작하여 친하고 평등한 관계 맺기에 집중한다. 그러면서 하루에 한 가지씩 교실평화를 위한 4대 규칙을 약속하고, 모두가 방어자가 되자고 약속한다. 이런 실천이 몇 년째 쌓이면서 어느새 자연스러운 생활규칙이 되어 아이들은 괴롭힘을 보면 '멈춰!'를 실천하고 있고, 부모들도 이런 상황을 알고 있다. 이렇듯 교사들이 교실을 넘나들며 협력하고 모두가 공유하는 원칙을 중심으로 학교 전체가 보살핌 상황을 만드는 것이야말로 진정한 학교폭력 예방이자 해결책이다. 이런 실천을 이미 하고 있는 학교에 억지로 어울림 프로그램을 하라고 지시 감독하겠다는 것은 얼마나 어리석은 행정인가?


## 교장들의 네트워크

현재 전국의 교장들 중에 평화샘 교장이 두 명 있다. 햇병아리 교장인 나와 달리 서울의 송 선생님은 공모교장 3년 차라 도움을 받을 일이 많았다. 지난겨울 교장공모제 응모 때도 온갖 서류를 작성하는 것부터 교장이 되면 어떤 일을 하는지를 물었다.

송 선생님은 처음 교장으로 부임했을 때 교사들에게 '학급에서 힘든 상황을 일으키는 아이가 있을 때 도와주겠다'는 말을 했는데 한 교사가 도움을 요청했다고 했다. 그래서 그 반에 들어가 아이들과 놀이도 하고 4대 규칙도 가르쳐 주었는데, 유독 힘든 한 아이는 학교 구성원들이 모여 회의도 하면서 도와주었다고 했다. 그때 도움을 받은 교사가 이듬해 교사들 다모임 때 당시의 느낌을 이렇게 말했다고 한다.

"저는 그때 너무 힘들어서 휴직을 하고 싶었어요. 그런데 여러분이 도와주셔서 저 혼자가 아니라 공동체가 있구나 하는 느낌을 받았어요."

송 선생님은 누군가 힘들어할 때 서로 돕는 과정을 만드는 자체가 그 사람에게 얼마나 큰 힘이 되는지를 느꼈다고 했고, 이 말을 들으며 나도 뭉클했다. 지금도 송 선생님은 도움을 요청하는 학급에 기꺼이 뛰어가 선생님을 돕고 아이들과 놀이를 하고 있다. 그래서 나도 교장공모 계획서에 어려운 학급을 돕고 아이들과 놀며 나들이하고 친해지는 교장이 되겠다고 썼고, 지금도 노력하고 있다.

우리 둘은 가끔 전화를 걸어 수다를 떤다. 우리 학교의 '위기상황 도우미'에 대해서도 이야기하고, 3학년의 괴롭힘 문제를 해결해 간 과정도 나눈다. 38학급 규모의 서울 학교와 16학급의 우리 학교는 규모도 다르고 아이들이 처한 상황도 다르지만 생기는 문제의 본질은 다르지 않다. 그래서 문제를 풀어 가는 원칙을 공유하고 피해자를 보호하며 피해자의 목소리를 어떻게 드러낼 수 있는지에 대해 이야기를 나누었다. 그리고 학교폭력 문제를 해결하기 위한 학교 차원의 실천이 얼마나 중요한지를 느끼게 되었다. 전국 교장 연수 때 이렇게 생생한 학교현장의 목소리를 나누고 학교 구성원들이 어떻게 협력하며 힘든 교사와 아이들을 도울 수 있는지를 토론하는 것이 진정한 교육정책일 것이다.

나는 요즘 교장 자격연수를 받고 있다. 한 학교를 책임지고 교사들을 지원하며 민주적인 학교에 대한 비전을 생각하는 중요한 연수다. 그래서 묻고 싶은 것도 많고 말하고 싶은 것도 많은데 한마디도 못하고 연수시간 내내 꼼짝없이 앉아서 남이 하는 이야기를 들었다. 교장으로서 첫출발인 자격연수에서 교장들의 민주성과 자발성의 싹을 몽땅 도려내고 있다는 생각이 들었다. 학교장이 될 사람들이니 학교 전체를 바라보는 자신의 입장도 있을 것이고 학교현장의 문제를 해결하고자 하는 의지도 클 것이다. 그렇다면 그런 사람들에게 학교에서 일어나는 문제들 가운데 어떤 것을 가장 심각하게 생각하는지, 그럼 그 문제를 다른 사람들은 어떻게 해결하고 있는지를 묻고 함께 토론하는 연수가 되어야 할 것이다. 그런 뒤에 전국의 학교장들이 서로 협의하고 도와주는 네트워크를 만들면 얼마나 든든할까?

얼마 전 중앙교육연수원에서 '학교공간 구성'에 대한 관리자 연수에 참여했다. 처음엔 낡은 학교를 밝고 환하게 바꾸는 내용일 것이라고 생각했는데 '공간주권'이라는 개념이 나와서 내심 놀랐다. 교도소 같은 획일적인 학교를 학교의 주인인 아이들의 의견을 들어서 바꾸자는 취지였다. 나는 그 자리가 반가우면서도 한편 씁쓸했다. 과연 아이들의 시선으로 공간을 보았는지, 아이들의 요구를 들어 보았는지를 추궁하는 듯한 연수 내용 때문에 그 자리에 참석한 모든 관리자들이 마치 죄인이 된 것 같았기 때문이다.

연수 참가자 가운데 쉬는 시간마다 학교와 통화를 하는 교장이 한명 있었는데, 전체 토론시간에 그 교장이 손을 들고 일어나 이렇게 말했다.

"우리 학교는 올해 건물을 새로 지었어요. 5층인데 얼마나 예쁜지 몰라요. 진짜 예쁩니다. 그런데 문제가 있어요. 아이들이 쉬는 시간에도 운동장에 안 나가고 교실에만 있는데 학교폭력이 끊이지 않아요. 옆 교실에 들어가서 그 반 선생님이 있는데도 친구를 때려요. 오늘도 학교에서 아이들끼리 다툼이 있다고 연락을 받았어요. 어떻게 해야 할지 모르겠어요."

공간이 예뻐지면 아이들이 행복하고 늘 웃음꽃이 끊이지 않을 것처럼 발표하던 건축 전문가들도, 우리 학교를 어떻게 예쁘게 바꿔볼까를 고민하던 전국에서 모인 교장들도 모두 침묵할 수밖에 없었다.

지금 우리나라의 학교폭력 문제는 전 사회가 머리를 맞대고 함께 해결 방안을 찾아야 하는 가장 중요한 사회문제다. 어울림 프로그램에서 말하는 것처럼 사소한 갈등이니 서로 조금씩 양보하고 마음만 고쳐먹으면 없는 일이 되는 '눈 가리고 아웅'식으로 볼 일이 아니다. 학교는 날마다 전쟁터다.

단 올베우스 지음.『올베우스 프로그램 교사용 매뉴얼 번역본』. 강현주 옮김. 마을배움길연구소(2010).

마을공동체교육연구소.『집단 괴롭힘 없는 평화로운 교실 공동체 만들기 교사 매뉴얼 I』. 마을공동체교육연구소(2011).

문재현 외.『왕따, 이렇게 해결할 수 있다』. 살림터(2012).

문재현 외.『평화! 행복한 학교의 시작』. 살림터(2013).

문재현 외.『학교폭력, 멈춰!』. 살림터(2012).

문재현 외.『학교폭력, 멈춰!』. 살림터(2013).

문재현 외.『학교폭력 어떻게 만들어지는가』. 살림터(2012).

문재현.「놀이는 공동체의 밥이다」(충청북도의회 놀이정책토론회 자료집 원고) (2018년 10월).

문재현.『마을에 배움의 길이 있다』. 살림터(2015).

박미라.『덴마크식 행복육아』. 북랩(2017).

오자와 마키코.『마음의 전문가는 필요 없다』. 서현사(2016).

요아힘 바우어.『공감의 심리학』. 에코리브르(2006).

한국교원대학교 종합교육연수원.『2018년 하반기 어울림 프로그램 이해 제고를 위한 학교장 직무연수(충북)』(2018년 2월).

한국교육개발원.『2017년 하반기 어울림 프로그램 운영 컨설팅 자료집 2권 역』(2017년 8월).

한국청소년정책연구원 학교폭력 예방교육지원센터.『학교폭력예방교육 운영학교 우수사례집 어울림 프로그램 운영』(2019년 1월 31일).

## 어울림 프로그램

### [공감 모듈]

한국교육개발원, 개정판 어울림 학교폭력 예방 프로그램(2차)(공감 초등학교 저학년 학생용), (2018년 2월).

한국교육개발원, 초 저학년 공감지도안(개정), (기록 없음).

한국교육개발원, 개정판 어울림 학교폭력 예방 프로그램(공감 초등학교 저학년 교사용), (2014년 8월).

한국교육개발원, 개정판 어울림 학교폭력 예방 프로그램(공감 초등학교 저학년 학부모용), (2014년 8월).

한국교육개발원, 개정판 어울림 학교폭력 예방 프로그램(2차)(공감 초등학교 고학년 학생용), (2018년 2월).

한국교육개발원, 초 고학년 공감지도안(개정), (기록 없음).

한국교육개발원, 개정판 어울림 학교폭력 예방 프로그램(공감 초등학교 고학년 교사용), (2014년 8월).

한국교육개발원, 개정판 어울림 학교폭력 예방 프로그램(공감 초등학교 고학년 학부모용), (2014년 8월).

한국교육개발원, 개정판 어울림 학교폭력 예방 프로그램(2차)(공감 중학교 학생용), (2018년 2월).

한국교육개발원, 중[심화] 공감지도안(개정), (기록 없음).

한국교육개발원, 개정판 어울림 학교폭력 예방 프로그램(공감 중학교 교사용), (2014년 8월).

한국교육개발원, 개정판 어울림 학교폭력 예방 프로그램(공감 중학교 학부모용), (2014년 8월).

한국교육개발원, 개정판 어울림 학교폭력 예방 프로그램(2차)(공감 고등학교 학생용), (2018년 2월).

한국교육개발원, 어울림 학교폭력 예방 프로그램 공감 심화, (기록 없음).

한국교육개발원, 개정판 어울림 학교폭력 예방 프로그램(공감 고등학교 교사용), (2014년 8월).

한국교육개발원, 개정판 어울림 학교폭력 예방 프로그램(공감 고등학교 학부모용), (2014년 8월).

[의사소통 모듈]

한국교육개발원, 개정판 어울림 학교폭력 예방 프로그램(2차)(의사소통 초등학교 저학년 학생용), (2018년 2월).

한국교육개발원, 초 저학년 의사소통지도안(개정), (기록 없음).

한국교육개발원, 개정판 어울림 학교폭력 예방 프로그램(의사소통 초등학교 저학년 교사용), (2014년 8월).

한국교육개발원, 개정판 어울림 학교폭력 예방 프로그램(의사소통 초등학교 저학년 학부모용), (2014년 8월).

한국교육개발원, 개정판 어울림 학교폭력 예방 프로그램(2차)(의사소통 초등학교 고학년 학생용), (2018년 2월).

한국교육개발원, 초 고학년 의사소통지도안(개정), (기록 없음).

한국교육개발원, 개정판 어울림 학교폭력 예방 프로그램(의사소통 초등학교 고학년 교사용), (2014년 8월).

한국교육개발원, 개정판 어울림 학교폭력 예방 프로그램(의사소통 초등학교 고학년 학부모용), (2014년 8월).

한국교육개발원, 개정판 어울림 학교폭력 예방 프로그램(2차)(의사소통 중학교 학생용), (2018년 2월).

한국교육개발원, 어울림 심화 학교폭력 예방 프로그램(의사소통 중학교 학생용), (기록 없음).

한국교육개발원, 개정판 어울림 학교폭력 예방 프로그램(의사소통 중학교 교사용), (2014년 8월).

한국교육개발원, 어울림 학교폭력 예방 프로그램(감정조절 중학교 학부모용), (2013년 12월).

한국교육개발원, 개정판 어울림 학교폭력 예방 프로그램(2차)(의사소통 고등학교 학생용), (2018년 2월).

한국교육개발원, 의사소통 심화 고등학교 개정 지도안, (기록 없음).

한국교육개발원, 개정판 어울림 학교폭력 예방 프로그램(의사소통 고등학교 교사용), (2014년 8월).

한국교육개발원, 개정판 어울림 학교폭력 예방 프로그램(의사소통 고등학교 학부모용), (2013년 12월).

[갈등해결 모듈]

한국교육개발원, 개정판 어울림 학교폭력 예방 프로그램(2차)(갈등해결 초등
학교 저학년 학생용), (2018년 2월).

한국교육개발원, 어울림 학교폭력 예방 프로그램 갈등해결(심화) 초등학교
저학년 학생용, (기록 없음).

한국교육개발원, 어울림 학교폭력 예방 프로그램(갈등해결 초등학교 저학년 교
사용), (2013년 12월).

한국교육개발원, 어울림 학교폭력 예방 프로그램(갈등해결 초등학교 저학년 학
부모용), (2013년 12월).

한국교육개발원, 개정판 어울림 학교폭력 예방 프로그램(2차)(갈등해결 초등
학교 고학년 학생용), (2018년 2월).

한국교육개발원, 갈등해결 초고 심화 프로그램 수정, (기록 없음).

한국교육개발원, 어울림 학교폭력 예방 프로그램(갈등해결 초등학교 고학년 교
사용), (2013년 12월).

한국교육개발원, 어울림 학교폭력 예방 프로그램(갈등해결 초등학교 고학년 학
부모용), (2013년 12월).

한국교육개발원, 개정판 어울림 학교폭력 예방 프로그램(2차)(갈등해결 중학
교 학생용), (2018년 2월).

한국교육개발원, 어울림 학교폭력 예방 프로그램 갈등해결(심화), (기록 없음).

한국교육개발원, 어울림 학교폭력 예방 프로그램(갈등해결 중학교 교사용),
(2013년 12월).

한국교육개발원, 어울림 학교폭력 예방 프로그램(갈등해결 중학교 교사용),
(2013년 12월).

한국교육개발원, 개정판 어울림 학교폭력 예방 프로그램(2차)(갈등해결 고등
학교 학생용), (2018년 2월).

한국교육개발원, 어울림 학교폭력 예방 프로그램 갈등해결(심화), (기록 없음).

한국교육개발원, 어울림 학교폭력 예방 프로그램(갈등해결 고등학교 교사용),
(2013년 12월).

한국교육개발원, 어울림 학교폭력 예방 프로그램(갈등해결 고등학교 학부모
용), (2013년 12월).

[감정조절 모듈]

한국교육개발원, 개정판 어울림 학교폭력 예방 프로그램(2차)(감정조절 초등학교 저학년 학생용), (2018년 2월).

한국교육개발원, 개정판 어울림 심화 학교폭력 예방 프로그램(2차)(감정조절 초등학교 저학년 학생용), (2018년 2월).

한국교육개발원, 어울림 학교폭력 예방 프로그램(감정조절 초등학교 저학년 교사용), (2013년 12월).

한국교육개발원, 어울림 학교폭력 예방 프로그램(감정조절 초등학교 저학년 학부모용), (2013년 12월).

한국교육개발원, 개정판 어울림 학교폭력 예방 프로그램(2차)(감정조절 초등학교 고학년 학생용), (2018년 2월).

한국교육개발원, 개정판 어울림 심화 학교폭력 예방 프로그램(2차)(감정조절 초등학교 고학년 학생용), (2018년 2월).

한국교육개발원, 어울림 학교폭력 예방 프로그램(감정조절 초등학교 고학년 교사용), (2013년 12월).

한국교육개발원, 어울림 학교폭력 예방 프로그램(감정조절 초등학교 고학년 학부모용), (2013년 12월).

한국교육개발원, 개정판 어울림 학교폭력 예방 프로그램(2차)(감정조절 중학교 학생용), (2018년 2월).

한국교육개발원, 개정판 어울림 심화 학교폭력 예방 프로그램(2차)(감정조절 중학교 학생용), (2018년 2월).

한국교육개발원, 어울림 학교폭력 예방 프로그램(감정조절 중학교 교사용), (2013년 12월).

한국교육개발원, 어울림 학교폭력 예방 프로그램(감정조절 중학교 학부모용), (2013년 12월).

한국교육개발원, 개정판 어울림 학교폭력 예방 프로그램(2차)(감정조절 고등학교 학생용), (2018년 2월).

한국교육개발원, 어울림 학교폭력 예방 프로그램 감정조절(심화), (기록 없음).

한국교육개발원, 어울림 학교폭력 예방 프로그램(감정조절 고등학교 교사용), (2013년 12월).

한국교육개발원, 어울림 학교폭력 예방 프로그램(감정조절 고등학교 학부모용), (2013년 12월).

[자기존중감 모듈]

한국교육개발원, 개정판 어울림 학교폭력 예방 프로그램(2차)(자기존중감 초등학교 저학년 학생용), (2018년 2월).

한국교육개발원, 개정판 어울림 심화 학교폭력 예방 프로그램(2차)(자기존중감 초등학교 고학년 학생용), (2018년 2월).

한국교육개발원, 개정판 어울림 학교폭력 예방 프로그램(자기존중감 초등학교 저학년 교사용), (2013년 12월).

한국교육개발원, 개정판 어울림 학교폭력 예방 프로그램(자기존중감 초등학교 저학년 학부모용), (2013년 12월).

한국교육개발원, 개정판 어울림 학교폭력 예방 프로그램(2차)(자기존중감 초등학교 고학년 학생용), (2018년 2월).

한국교육개발원, 개정판 어울림 심화 학교폭력 예방 프로그램(2차)(자기존중감 초등학교 고학년 학생용), (2018년 2월).

한국교육개발원, 어울림 학교폭력 예방 프로그램(자기존중감 초등학교 고학년 교사용), (2013년 12월).

한국교육개발원, 어울림 학교폭력 예방 프로그램(자기존중감 초등학교 고학년 학부모용), (2013년 12월).

한국교육개발원, 개정판 어울림 학교폭력 예방 프로그램(2차)(자기존중감 중학교 학생용), (2018년 2월).

한국교육개발원, 개정판 어울림 심화 학교폭력 예방 프로그램(2차)(자기존중감 중학교 학생용), (2018년 2월).

한국교육개발원, 개정판 어울림 학교폭력 예방 프로그램(자기존중감 중학교 교사용), (2013년 12월).

한국교육개발원, 개정판 어울림 학교폭력 예방 프로그램(자기존중감 중학교 학부모용), (2013년 12월).

한국교육개발원, 개정판 어울림 학교폭력 예방 프로그램(2차)(자기존중감 고등학교 학생용), (2018년 2월).

한국교육개발원, 개정판 어울림 심화 학교폭력 예방 프로그램(2차)(자기존중
감 고등학교 학생용), (2018년 2월).

한국교육개발원, 어울림 학교폭력 예방 프로그램(자기존중감 고등학교 교사
용), (2013년 12월).

한국교육개발원, 어울림 학교폭력 예방 프로그램(자기존중감 고등학교 학부모
용), (2013년 12월).


[학교폭력 인식 및 대처 모듈]

한국교육개발원, 개정판 어울림 학교폭력 예방 프로그램(2차)(학교폭력 인식
및 대처 초등학교 저학년 학생용), (2018년 2월).

한국교육개발원, 심화 어울림 언어폭력 예방 프로그램(학교폭력 인식 및 대처
초등학교 저학년용), (기록 없음).

한국교육개발원, 심화 어울림 사이버폭력 예방 프로그램(학교폭력 인식 및 대
처 초등학교 저학년용), (기록 없음).

한국교육개발원, 심화 어울림 집단 따돌림 예방 프로그램(학교폭력 인식 및 대
처 초등학교 저학년용), (기록 없음).

한국교육개발원, 개정판 어울림 학교폭력 예방 프로그램(학교폭력 인식 및 대
처 초등학교 저학년 교사용), (2014년 8월).

한국교육개발원, 개정판 어울림 학교폭력 예방 프로그램(학교폭력 인식 및 대
처 초등학교 저학년 학부모용), (2014년 8월).

한국교육개발원, 개정판 어울림 학교폭력 예방 프로그램(2차) (학교폭력 인식
및 대처 초등학교 고학년 학생용), (2018년 2월).

한국교육개발원, 심화 어울림 언어폭력 예방 프로그램(학교폭력 인식 및 대처
초등학교 고학년용), (기록 없음).

한국교육개발원, 심화 어울림 사이버폭력 예방 프로그램(학교폭력 인식 및 대
처 초등학교 고학년용), (기록 없음).

한국교육개발원, 심화 어울림 학교폭력 예방(집단 따돌림) 프로그램(학교폭력
인식 및 대처 초등고학년 학생용), (2014년 8월).

한국교육개발원, 개정판 어울림 학교폭력 예방 프로그램(학교폭력 인식 및 대
처 초등학교 고학년 교사용), (2014년 8월).

한국교육개발원, 개정판 어울림 학교폭력 예방 프로그램(학교폭력 인식 및 대처 초등학교 고학년 학부모용), (2014년 8월).

한국교육개발원, 개정판 어울림 학교폭력 예방 프로그램(2차)(학교폭력 인식 및 대처 중학교 학생용), (2018년 2월).

한국교육개발원, 심화 어울림 언어폭력 예방프로그램 중학생용, (기록 없음).

한국교육개발원, 심화 어울림 사이버폭력 예방 프로그램 중학생용, (기록 없음).

한국교육개발원, 심화 어울림 집단 따돌림 예방 프로그램 중학생용, (기록 없음).

한국교육개발원, 개정판 어울림 학교폭력 예방 프로그램(학교폭력 인식 및 대처 중학교 교사용), (2014년 8월).

한국교육개발원, 개정판 어울림 학교폭력 예방 프로그램(학교폭력 인식 및 대처 중학교 학부모용), (2014년 8월).

한국교육개발원, 개정판 어울림 학교폭력 예방 프로그램(2차)(학교폭력 인식 및 대처 고등학교 학생용), (2018년 2월).

한국교육개발원, 심화 어울림 언어폭력 예방 프로그램 고등학생용, (기록 없음).

한국교육개발원, 심화 어울림 사이버폭력 예방 프로그램 고등학생용, (기록 없음).

한국교육개발원, 심화 어울림 집단 따돌림 예방 프로그램 고등학생용, (기록 없음).

한국교육개발원, 개정판 어울림 학교폭력 예방 프로그램(학교폭력 인식 및 대처 고등학교 교사용), (2014년 8월).

한국교육개발원, 개정판 어울림 학교폭력 예방 프로그램(학교폭력 인식 및 대처 고등학교 학부모용), (2014년 8월).

[심층 프로그램]

한국청소년정책연구원 학교폭력예방지원센터, 2019년 학교폭력 예방 어울림 심층 프로그램, (2019년 2월 28일).

# 삶의 행복을 꿈꾸는 교육은 어디에서 오는가?

미래 100년을 향한 새로운 교육 혁신교육을 실천하는 교사들의 **필독서**

## ▶ 교육혁명을 앞당기는 배움책 이야기
혁신교육의 철학과 잉걸진 미래를 만나다!

### 한국교육연구네트워크 총서

**01 핀란드 교육혁명**
한국교육연구네트워크 엮음 | 320쪽 | 값 15,000원

**02 일제고사를 넘어서**
한국교육연구네트워크 엮음 | 284쪽 | 값 13,000원

**03 새로운 사회를 여는 교육혁명**
한국교육연구네트워크 엮음 | 380쪽 | 값 17,000원

**04 교장제도 혁명**
한국교육연구네트워크 엮음 | 268쪽 | 값 14,000원

**05 새로운 사회를 여는 교육자치 혁명**
한국교육연구네트워크 엮음 | 312쪽 | 값 15,000원

**06 혁신학교에 대한 교육학적 성찰**
한국교육연구네트워크 엮음 | 308쪽 | 값 15,000원

**07 진보주의 교육의 세계적 동향**
한국교육연구네트워크 엮음 | 324쪽 | 값 17,000원
2018 세종도서 학술부문

**08 더 나은 세상을 위한 학교혁명**
한국교육연구네트워크 엮음 | 404쪽 | 값 21,000원
2018 세종도서 교양부문

**09 비판적 실천을 위한 교육학**
이윤미 외 지음 | 448쪽 | 값 23,000원

**10 마을교육공동체운동: 세계적 동향과 전망**
심성보 외 지음 | 376쪽 | 값 18,000원

### 한국교육연구네트워크 번역 총서

**01 프레이리와 교육**
존 엘리아스 지음 | 한국교육연구네트워크 옮김
276쪽 | 값 14,000원

**02 교육은 사회를 바꿀 수 있을까?**
마이클 애플 지음 | 강희룡·김선우·박원순·이형빈 옮김
356쪽 | 값 16,000원

**03 비판적 페다고지는
세상을 변화시킬 수 있는가?**
Seewha Cho 지음 | 심성보·조시화 옮김 | 280쪽 | 값 14,000원

**04 마이클 애플의 민주학교**
마이클 애플·제임스 빈 엮음 | 강희룡 옮김 | 276쪽 | 값 14,000원

**05 21세기 교육과 민주주의**
넬 나딩스 지음 | 심성보 옮김 | 392쪽 | 값 18,000원

**06 세계교육개혁:
민영화 우선인가 공적 투자 강화인가?**
린다 달링-해먼드 외 지음 | 심성보 외 옮김 | 408쪽 | 값 21,000원

**07 콩도르세, 공교육에 관한 다섯 논문**
니콜라 드 콩도르세 지음 | 이주환 옮김 | 300쪽 | 값 16,000원

---

**혁신학교**
성열관·이순철 지음 | 224쪽 | 값 12,000원

**행복한 혁신학교 만들기**
초등교육과정연구모임 지음 | 264쪽 | 값 13,000원

**서울형 혁신학교 이야기**
이부영 지음 | 320쪽 | 값 15,000원

**대한민국 교사, 어떻게 가르칠 것인가?**
윤성관 지음 | 320쪽 | 값 15,000원

**아이들을 어떻게 가르칠 것인가**
사토 마나부 지음 | 박찬영 옮김 | 232쪽 | 값 13,000원

**모두를 위한 국제이해교육**
한국국제이해교육학회 지음 | 364쪽 | 값 16,000원

**혁신교육, 철학을 만나다**
브렌트 데이비스·데니스 수마라 지음
현인철·서용선 옮김 | 304쪽 | 값 15,000원

 **혁신교육 존 듀이에게 묻다**
서용선 지음 | 292쪽 | 값 14,000원

 **다시 읽는 조선 교육사**
이만규 지음 | 750쪽 | 값 33,000원

 **대한민국 교육혁명**
교육혁명공동행동 연구위원회 지음 | 224쪽 | 값 12,000원

 **경쟁을 넘어 발달 교육으로**
현광일 지음 | 288쪽 | 값 14,000원

 **독일 교육, 왜 강한가?**
박성희 지음 | 324쪽 | 값 15,000원

 **핀란드 교육의 기적**
한넬레 니에미 외 엮음 | 장수명 외 옮김 | 456쪽 | 값 23,000원

 **한국 교육의 현실과 전망**
심성보 지음 | 724쪽 | 값 35,000원

## ▶ 비고츠키 선집 시리즈
발달과 협력의 교육학 어떻게 읽을 것인가?

 **생각과 말**
레프 세묘노비치 비고츠키 지음
배희철·김용호·D. 켈로그 옮김 | 690쪽 | 값 33,000원

 **도구와 기호**
비고츠키·루리야 지음 | 비고츠키 연구회 옮김
336쪽 | 값 16,000원

 **어린이 자기행동숙달의 역사와 발달 I**
L.S. 비고츠키 지음 | 비고츠키 연구회 옮김
564쪽 | 값 28,000원

 **어린이 자기행동숙달의 역사와 발달 II**
L.S. 비고츠키 지음 | 비고츠키 연구회 옮김
552쪽 | 값 28,000원

 **어린이의 상상과 창조**
L.S. 비고츠키 지음 | 비고츠키 연구회 옮김
280쪽 | 값 15,000원

 **비고츠키와 인지 발달의 비밀**
A.R. 루리야 지음 | 배희철 옮김 | 280쪽 | 값 15,000원

 **수업과 수업 사이**
비고츠키 연구회 지음 | 196쪽 | 값 12,000원

 **비고츠키의 발달교육이란 무엇인가?**
비고츠키교육학실천연구모임 지음 | 412쪽 | 값 21,000원

 **비고츠키 철학으로 본 핀란드 교육과정**
배희철 지음 | 456쪽 | 값 23,000원

 **성장과 분화**
L.S. 비고츠키 지음 | 비고츠키 연구회 옮김
308쪽 | 값 15,000원

 **연령과 위기**
L.S. 비고츠키 지음 | 비고츠키 연구회 옮김
336쪽 | 값 17,000원

 **의식과 숙달**
L.S 비고츠키 | 비고츠키 연구회 옮김
348쪽 | 값 17,000원

 **분열과 사랑**
L.S. 비고츠키 지음 | 비고츠키 연구회 옮김
260쪽 | 값 16,000원

 **성애와 갈등**
L.S. 비고츠키 지음 | 비고츠키 연구회 옮김
268쪽 | 값 17,000원

 **관계의 교육학, 비고츠키**
진보교육연구소 비고츠키교육학실천연구모임 지음
300쪽 | 값 15,000원

 **비고츠키 생각과 말 쉽게 읽기**
진보교육연구소 비고츠키교육학실천연구모임 지음
316쪽 | 값 15,000원

 **교사와 부모를 위한 비고츠키 교육학**
카르포프 지음 | 실천교사번역팀 옮김 | 308쪽 | 값 15,000원

## ▶ 살림터 참교육 문예 시리즈
영혼이 있는 삶을 가르치는 온 선생님을 만나다!

**꽃보다 귀한 우리 아이는**
조재도 지음 | 244쪽 | 값 12,000원

**선생님이 먼저 때렸는데요**
강병철 지음 | 248쪽 | 값 12,000원

**성깔 있는 나무들**
최은숙 지음 | 244쪽 | 값 12,000원

**서울 여자, 시골 선생님 되다**
조경선 지음 | 252쪽 | 값 12,000원

**아이들에게 세상을 배웠네**
명혜정 지음 | 240쪽 | 값 12,000원

**행복한 창의 교육**
최창의 지음 | 328쪽 | 값 15,000원

**밥상에서 세상으로**
김흥숙 지음 | 280쪽 | 값 13,000원

**북유럽 교육 기행**
정애경 외 14인 지음 | 288쪽 | 값 14,000원

**우물쭈물하다 끝난 교사 이야기**
유기창 지음 | 380쪽 | 값 17,000원

---

## ▶ 4·16, 질문이 있는 교실 마주이야기
통합수업으로 혁신교육과정을 재구성하다!

**통하는 공부**
김태호·김형우·이경석·심우근·허진만 지음
324쪽 | 값 15,000원

**미래교육의 열쇠, 창의적 문화교육**
심광현·노명우·강정석 지음 | 368쪽 | 값 16,000원

**내일 수업 어떻게 하지?**
아이함께 지음 | 300쪽 | 값 15,000원
2015 세종도서 교양부문

**주제통합수업, 아이들을 수업의 주인공으로!**
이윤미 외 지음 | 392쪽 | 값 17,000원

**인간 회복의 교육**
성래운 지음 | 260쪽 | 값 13,000원

**수업과 교육의 지평을 확장하는 수업 비평**
윤양수 지음 | 316쪽 | 값 15,000원
2014 문화체육관광부 우수교양도서

**교과서 너머 교육과정 마주하기**
이윤미 외 지음 | 368쪽 | 값 17,000원

**교사, 선생이 되다**
김태은 외 지음 | 260쪽 | 값 13,000원

**수업 고수들 수업·교육과정·평가를 말하다**
박현숙 외 지음 | 368쪽 | 값 17,000원

**교사의 전문성, 어떻게 만들어지나**
국제교원노조연맹 보고서 | 김석규 옮김 392쪽 | 값 17,000원

**도덕 수업, 책으로 묻고 윤리로 답하다**
울산도덕교사모임 지음 | 320쪽 | 값 15,000원

**수업의 정치**
윤양수·원종희·장군 지음 | 280쪽 | 값 14,000원

**체육 교사, 수업을 말하다**
전용진 지음 | 304쪽 | 값 15,000원

**학교협동조합,**
**현장체험학습과 마을교육공동체를 잇다**
주수원 외 지음 | 296쪽 | 값 15,000원

▶ **4·16, 질문이 있는 교실 마주이야기**
통합수업으로 혁신교육과정을 재구성하다!

**교실을 위한 프레이리**
아이러 쇼어 엮음 | 사람대사람 옮김 | 412쪽 | 값 18,000원

**마을교육공동체란 무엇인가?**
서용선 외 지음 | 360쪽 | 값 17,000원

**교사, 학교를 바꾸다**
정진화 지음 | 372쪽 | 값 17,000원

**함께 배움**
학생 주도 배움 중심 수업 이렇게 한다
니시카와 준 지음 | 백경석 옮김 | 280쪽 | 값 15,000원

**공교육은 왜?**
홍섭근 지음 | 352쪽 | 값 16,000원

자기혁신과 공동의 성장을 위한
**교사들의 필리버스터**
윤양수·원종희·장군·조경삼 지음 | 280쪽 | 값 14,000원

**함께 배움 이렇게 시작한다**
니시카와 준 지음 | 백경석 옮김 | 196쪽 | 값 12,000원

**함께 배움 교사의 말하기**
니시카와 준 지음 | 백경석 옮김 | 188쪽 | 값 12,000원

**교육과정 통합, 어떻게 할 것인가?**
성열관 외 지음 | 192쪽 | 값 13,000원

**학교 혁신의 길, 아이들에게 묻다**
남궁상운 외 지음 | 272쪽 | 값 15,000원

**프레이리의 사상과 실천**
사람대사람 지음 | 352쪽 | 값 18,000원
2018 세종도서 학술부문

**혁신학교, 한국 교육의 미래를 열다**
송순재 외 지음 | 608쪽 | 값 30,000원

**페다고지를 위하여**
프레네의 『페다고지 불변요소』 읽기
박찬영 지음 | 296쪽 | 값 15,000원

**노자와 탈현대 문명**
홍승표 지음 | 284쪽 | 값 15,000원

**거꾸로교실,**
잠자는 아이들을 깨우는 수업의 비밀
이민경 지음 | 280쪽 | 값 14,000원

**교사는 무엇으로 사는가**
정은균 지음 | 292쪽 | 값 15,000원

**마음의 힘을 기르는 감성수업**
조선미 외 지음 | 300쪽 | 값 15,000원

**작은 학교 아이들**
지경준 엮음 | 376쪽 | 값 17,000원

**아이들의 배움은 어떻게 깊어지는가**
이시이 준지 지음 | 방지현·이창희 옮김 | 200쪽 | 값 11,000원

**대한민국 입시혁명**
참교육연구소 입시연구팀 지음 | 220쪽 | 값 12,000원

**교사를 세우는 교육과정**
박승열 지음 | 312쪽 | 값 15,000원

전국 17명 교육감들과 나눈
**교육 대담**
최창의 대담·기록 | 272쪽 | 값 15,000원

들뢰즈와 가타리를 통해
**유아교육 읽기**
리세롯 마리엣 올슨 지음 | 이연선 외 옮김 | 328쪽 | 값 17,000원

**학교 민주주의의 불한당들**
정은균 지음 | 276쪽 | 값 14,000원

**교육과정, 수업, 평가의 일체화**
리사 카터 지음 | 박승열 외 옮김 | 196쪽 | 값 13,000원

**학교를 개선하는 교장**
지속가능한 학교 혁신을 위한 실천 전략
마이클 풀란 지음 | 서동연·정효준 옮김 | 216쪽 | 값 13,000원

**공자뎐, 논어는 이것이다**
유문상 지음 | 392쪽 | 값 18,000원

교사와 부모를 위한
**발달교육이란 무엇인가?**
현광일 지음 | 380쪽 | 값 18,000원

선생님, 민주시민교육이 뭐예요?
염경미 지음 | 244쪽 | 값 15,000원

 어쩌다 혁신학교
유우석 외 지음 | 380쪽 | 값 17,000원

 미래, 교육을 묻다
정광필 지음 | 232쪽 | 값 15,000원

 대학, 협동조합으로 교육하라
박주희 외 지음 | 252쪽 | 값 15,000원

 입시, 어떻게 바꿀 것인가?
노기원 지음 | 306쪽 | 값 15,000원

 촛불시대, 혁신교육을 말하다
이용관 지음 | 240쪽 | 값 15,000원

 라운드 스터디
이시이 데루마사 외 엮음 | 224쪽 | 값 15,000원

 미래교육을 디자인하는 학교교육과정
박승열 외 지음 | 348쪽 | 값 18,000원

 흥미진진한 아일랜드 전환학년 이야기
제리 제퍼스 지음 | 최상덕·김호원 옮김 | 508쪽 | 값 27,000원

 폭력 교실에 맞서는 용기
따돌림사회연구모임 학급운영팀 지음 | 272쪽 | 값 15,000원

 그래도 혁신학교
박은혜 외 지음 | 248쪽 | 값 15,000원

 학교는 어떤 공동체인가?
성열관 외 지음 | 228쪽 | 값 15,000원

 교사 전쟁
다나 골드스타인 지음 | 유성상 외 옮김 | 468쪽 | 값 23,000원

 인공지능 시대의 사회학적 상상력
홍승표 지음 | 260쪽 | 값 15,000원

 교사, 이오덕에게 길을 묻다
이무완 지음 | 328쪽 | 값 15,000원

 낙오자 없는 스웨덴 교육
레이프 스트란드베리 지음 | 변광수 옮김 | 208쪽 | 값 13,000원

 끝나지 않은 마지막 수업
장석웅 지음 | 328쪽 | 값 20,000원

 경기꿈의학교
진흥섭 외 지음 | 360쪽 | 값 17,000원

 학교를 말한다
이성우 지음 | 292쪽 | 값 15,000원

 행복도시 세종, 혁신교육으로 디자인하다
곽순일 외 지음 | 392쪽 | 값 18,000원

 나는 거꾸로 교실 거꾸로 교사
류광모·임정훈 지음 | 212쪽 | 값 13,000원

 교실 속으로 간 이해중심 교육과정
온정덕 외 지음 | 224쪽 | 값 13,000원

 교실, 평화를 말하다
따돌림사회연구모임 초등우정팀 지음 | 268쪽 | 값 15,000원

 학교자율운영 2.0
김용 지음 | 240쪽 | 값 15,000원

 학교자치를 부탁해
유우석 외 지음 | 252쪽 | 값 15,000원

 국제이해교육 페다고지
강순원 외 지음 | 256쪽 | 값 15,000원

 미래교육, 어떻게 만들어갈 것인가?
송기상·김성천 지음 | 300쪽 | 값 16,000원

 선생님, 페미니즘이 뭐예요?
염경미 지음 | 280쪽 | 값 15,000원

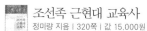

## ▶ 더불어 사는 정의로운 세상을 여는 인문사회과학
사람의 존엄과 평등의 가치를 배운다

**밥상혁명**
강양구·강이현 지음 | 298쪽 | 값 13,800원

**도덕 교과서 무엇이 문제인가?**
김대용 지음 | 272쪽 | 값 14,000원

**자율주의와 진보교육**
조엘 스프링 지음 | 심성보 옮김 | 320쪽 | 값 15,000원

**민주화 이후의 공동체 교육**
심성보 지음 | 392쪽 | 값 15,000원
2009 문화체육관광부 우수학술도서

**갈등을 넘어 협력 사회로**
이창언·오수길·유문종·신윤관 지음 | 280쪽 | 값 15,000원

**동양사상과 마음교육**
정재걸 외 지음 | 356쪽 | 값 16,000원
2015 세종도서 학술부문

**교과서 밖에서 배우는 철학 공부**
정은교 지음 | 280쪽 | 값 14,000원

**교과서 밖에서 배우는 사회 공부**
정은교 지음 | 304쪽 | 값 15,000원

**교과서 밖에서 배우는 윤리 공부**
정은교 지음 | 292쪽 | 값 15,000원

**한글 혁명**
김슬옹 지음 | 388쪽 | 값 18,000원

**우리 안의 미래교육**
정재걸 지음 | 484쪽 | 값 25,000원

**왜 그는 한국으로 돌아왔는가?**
황선준 지음 | 364쪽 | 값 17,000원

**좌우지간 인권이다**
안경환 지음 | 288쪽 | 값 13,000원

**민주시민교육**
심성보 지음 | 544쪽 | 값 25,000원

**민주시민을 위한 도덕교육**
심성보 지음 | 500쪽 | 값 25,000원
2015 세종도서 학술부문

**교과서 밖에서 배우는 인문학 공부**
정은교 지음 | 280쪽 | 값 13,000원

**오래된 미래교육**
정재걸 지음 | 392쪽 | 값 18,000원

**대한민국 의료혁명**
전국보건의료산업노동조합 엮음 | 548쪽 | 값 25,000원

**교과서 밖에서 배우는 고전 공부**
정은교 지음 | 288쪽 | 값 14,000원

**전체 안의 전체 사고 속의 사고**
김우창의 인문학을 읽다
현광일 지음 | 320쪽 | 값 15,000원

**카스트로, 종교를 말하다**
피델 카스트로·프레이 베토 대담 | 조세종 옮김
420쪽 | 값 21,000원

**일제강점기 한국철학**
이태우 지음 | 448쪽 | 값 25,000원

**한국 교육 제4의 길을 찾다**
이길상 지음 | 400쪽 | 값 21,000원

## ▶ 평화샘 프로젝트 매뉴얼 시리즈
학교폭력에 대한 근본적인 예방과 대책을 찾는다

### 학교폭력 어떻게 만들어지는가
문재현 외 지음 | 300쪽 | 값 14,000원

### 아이들을 살리는 동네
문재현·신동명·김수동 지음 | 204쪽 | 값 10,000원

### 학교폭력, 멈춰!
문재현 외 지음 | 348쪽 | 값 15,000원

### 평화! 행복한 학교의 시작
문재현 외 지음 | 252쪽 | 값 12,000원

### 왕따, 이렇게 해결할 수 있다
문재현 외 지음 | 236쪽 | 값 12,000원

### 마을에 배움의 길이 있다
문재현 지음 | 208쪽 | 값 10,000원

### 젊은 부모를 위한 백만 년의 육아 슬기
문재현 지음 | 248쪽 | 값 13,000원

### 별자리, 인류의 이야기 주머니
문재현·문한뫼 지음 | 444쪽 | 값 20,000원

### 우리는 마을에 산다
유양우·신동명·김수동·문재현 지음 | 312쪽 | 값 15,000원

### 동생아, 우리 뭐 하고 놀까?
문재현·김미자·윤재화·임오규·권옥화 지음 | 280쪽 | 값 15,000원

### 누가, 학교폭력 해결을 가로막는가?
문재현 김수동 최진숙 이명순 김명신 서영자 허정남 임오규
김미자 신용대 김두환 윤재화 지음 | 312쪽 | 값 15,000원

## ▶ 남북이 하나 되는 두물머리 평화교육
분단 극복을 위한 치열한 배움과 실천을 만나다

### 10년 후 통일
정동영·지승호 지음 | 328쪽 | 값 15,000원

### 선생님, 통일이 뭐예요?
정경호 지음 | 252쪽 | 값 13,000원

### 분단시대의 통일교육
성래운 지음 | 428쪽 | 값 18,000원

### 김창환 교수의 DMZ 지리 이야기
김창환 지음 | 264쪽 | 값 15,000원

### 한반도 평화교육 어떻게 할 것인가
이기범 외 지음 | 252쪽 | 값 15,000원

## ▶ 창의적인 협력 수업을 지향하는 삶이 있는 국어 교실
우리말 글을 배우며 세상을 배운다

### 중학교 국어 수업 어떻게 할 것인가?
김미경 지음 | 340쪽 | 값 15,000원

### 토론의 숲에서 나를 만나다
명혜정 엮음 | 312쪽 | 값 15,000원

### 토닥토닥 토론해요
명혜정·이명선·조선미 엮음 | 288쪽 | 값 15,000원

### 인문학의 숲을 거니는 토론 수업
순천국어교사모임 엮음 | 308쪽 | 값 15,000원

### 어린이와 시
오인태 지음 | 192쪽 | 값 12,000원

### 수업, 슬로리딩과 함께
박경숙 외 지음 | 268쪽 | 값 15,000원

### 언어던
정은균 지음 | 268쪽 | 값 15,000원

## ▶ 출간 예정

# 참된 삶과 교육에 관한
# 생각 줍기